当代中国 政务公开研究系列

中国政务公开发展报告

REPORT ON THE DEVELOPMENT
OF CHINA'S GOVERNMENT OPENNESS

2024

田 禾 吕艳滨 —— 主编

当代中国出版社
Contemporary China Publishing House

图书在版编目（CIP）数据

中国政务公开发展报告．2024／田禾，吕艳滨主编．
北京：当代中国出版社，2024．9．-- ISBN 978-7-5154-1452-2

Ⅰ．D630．1

中国国家版本馆 CIP 数据核字第 202496R3W8 号

出 版 人　王　茵
责任编辑　刘　照
责任校对　贾云华　康　莹
印刷监制　刘艳平
封面设计　宋　涛　鲁　娟
出版发行　当代中国出版社
地　　址　北京市地安门西大街旌勇里 8 号
网　　址　http://www.ddzg.net
邮政编码　100009
编 辑 部　（010）66572148
市 场 部　（010）66572281　66572157
印　　刷　中国电影出版社印刷厂
开　　本　710 毫米 × 1000 毫米　1/16
印　　张　18 印张　1 插页　303 千字
版　　次　2024 年 9 月第 1 版
印　　次　2024 年 9 月第 1 次印刷
定　　价　88.00 元

目　录
CONTENTS

第一编　总报告

第二编　政务公开高质量发展

第三编　政务公开助力法治政府建设

第四编　政务公开助力推进社会治理

第五编　政策解读创新推进政务公开建设

第六编 政务公开平台建设

第七编 政务公开第三方评估

第一编 总报告

2023 年政务公开发展及 2024 年展望

中国社会科学院国家法治指数研究中心项目组*

摘　要： 2023 年，中国社会科学院国家法治指数研究中心项目组围绕民主科学决策、优化营商环境、规范政府管理、加强民生保障、平台机制建设等方面，对 48 家国务院部门、31 家省级政府、106 家地级市政府、120 家县（市、区）政府的政务公开情况进行了第三方评估。评估显示，2023 年各级政府持续推进民主科学决策信息公开，重视利用政务公开助推优化营商环境、规范政府管理、加强民生保障，政务公开平台机制建设总体较好。未来仍需进一步提升各级政府公开意识，细化落实政务公开各项要求，不断满足人民群众日益增长的公开需求。

关键词： 政务公开　政府信息公开　政府透明度　法治指数　政府网站

* 项目组负责人：田禾，中国社会科学院国家法治指数研究中心主任、法学研究所研究员，中国社会科学院大学法学院特聘教授；吕艳滨，中国社会科学院法学研究所法治国情调研室主任、研究员，中国社会科学院大学法学院行政法教研室主任、教授。项目组成员：丁晨妤、王小梅、王祎茗、王淑敏、车宇婷、伍南希、刘定、刘海啸、刘雁鹏、牟璐宁、苏卓君、杜文杰、李自旺、李亦辰、李玥、李莫愁、张燕、周远平、昝蓉蓉、栗燕杰、崔力健、葛世杰、葛鑫鑫、韩佳恒、詹雨青、戴泰航（按姓氏笔画排序）。执笔人：吕艳滨、田禾。本报告为中国社会科学院法学研究所“新时代法治指数研究方法创新与实践应用”创新工程项目组成果。

2023 年，中国社会科学院国家法治指数研究中心项目组（以下简称项目组）继续开展政府透明度指数评估，观察和分析各级政府政务公开情况。

一 评估概况

（一）评估对象

2023 年，项目组从上一年度评估的 49 家较大的市政府中剔除了排名靠后的 7 家，从最新的 GDP 百强市中按照排名由高到低依次选取了 64 家地级市，共涉及 106 家地级市政府；从最新的百强县、百强区中按照排名由高到低依次选取了部分县（市、区），替换了原 120 家县（市、区）政府中排名靠后的 20 家。最终的评估对象为：48 家对外有行政管理权限的国务院部门、31 家省级政府（不包括港澳台地区）、106 家地级市政府、120 家县（市、区）政府。

（二）评估指标及方法

参照党和国家近年来对政务公开的新要求和新定位，结合当前政务公开在经济社会发展和政府管理中的功能与作用，2023 年项目组对指标体系进行了优化整合。首先，依照党和国家贯彻全过程人民民主和推进治理体系与治理能力现代化的要求，突出依法、民主、科学决策及保障公众获知决策信息的权利。在国务院部门的评估中，加大了决策公开的权重。其次，结合地方政府近年来工作重点，将优化营商环境、规范政府管理、加强民生保障作为主要评估指标。

调整后，国务院部门的一级指标包括民主科学决策、管理服务公开、公开平台建设、公开机制建设，权重依次为 40%、20%、20%、20%（详见表 1）。地方政府的一级指标包括民主科学决策、优化营商环境、规范政府管理、民生保障信息公开、平台与机制建设，权重依次为 20%、20%、25%、20%、15%（详见表 2）。其中，民主科学决策包括决策预公开、行政规范性文件公开、政策解读、建议提案办理结果公开；优化营商环境包括政务服务信息公开、反垄断与反不正当竞争执法信息公开、惠企政策信息公开等；规范政府管理包括权力清单、规划信息公开、行政执法信息公开、财政信息公开、审计信息公开、政府债务信息公开、法治政府建设年度报告发布；民生保障信息公开包括义务教育信息公开、公共企事业单位信息公开、欠薪治理信息公开、基本养老服务信息公开；平台与机制建设包括网站平台建设、新媒体运维、政府公报（仅考察省级政府）、依申请公开、政府信息公开工作年度报告。

评估采取观察各级政府网站公开政府信息的情况和对依申请公开进行验证的方法，评估日期为2023年7月1日至2023年11月13日。依申请公开验证采取在线申请和信函提出两种方式，重点观察依申请渠道的畅通性和依申请公开答复的规范化程度。

表1 政府透明度指数指标体系（国务院部门）

一级指标	二级指标
民主科学决策（40%）	决策预公开（30%）
	行政规范性文件公开（25%）
	政策解读（25%）
	建议提案办理结果公开（20%）
管理服务公开（20%）	权力清单（35%）
	政务服务信息公开（25%）
	行政执法信息公开（25%）
	法治政府建设年度报告公开（15%）
公开平台建设（20%）	网站平台建设（60%）
	新媒体运维（40%）
公开机制建设（20%）	依申请公开（40%）
	政府信息公开工作年度报告（30%）
	基层政务公开工作规范化标准化指引（30%）

表2 政府透明度指数指标体系（地方政府）

一级指标	二级指标
民主科学决策（20%）	决策预公开（30%）
	行政规范性文件公开（25%）
	政策解读（25%）
	建议提案办理结果公开（20%）

续表

一级指标	二级指标
优化营商环境（20%）	政务服务信息公开（20%）
	反垄断与反不正当竞争执法信息公开（20%）［省级政府（10%）］
	惠企政策信息公开（10%）
	涉企补贴资金信息公开（10%）
	涉企优惠政策信息公开（10%）
	行业协会商会收费行为监管信息公开（10%）
	行政许可中介服务事项信息公开（10%）（仅适用于省级政府）
	行政许可中介服务收费项目信息公开（10%）
	政府定价收费项目信息公开（10%）
规范政府管理（25%）	权力清单（15%）
	规划信息公开（15%）
	行政执法信息公开（15%）
	财政信息公开（15%）
	审计信息公开（15%）
	政府债务信息公开（15%）
	法治政府建设年度报告发布（10%）
民生保障信息公开（20%）	义务教育信息公开（40%）
	公共企事业单位信息公开（30%）
	欠薪治理信息公开（15%）
	基本养老服务信息公开（15%）
平台与机制建设（15%）	网站平台建设（20%）［地级市政府（30%）］
	新媒体运维（30%）［省级政府（10%）、县（市、区）级政府（15%）］
	政府公报（20%）（仅考察省级政府）
	依申请公开（30%）（地级市政府不适用）
	政府信息公开工作年度报告（40%）［省级政府（20%）、县（市、区）政府（35%）］

（三）评估总体情况

2023 年是全面贯彻落实党的二十大精神的开局之年。党的二十大报告指出："法治政府建设是全面依法治国的重点任务和主体工程。"伴随《法治政府建设实施纲要（2021—2025 年）》深入实施，法治政府的理念不断深入人心，人民群众对政务公开的需求相应提高。

相较于 2022 年，各地政府政务公开工作总体进步明显，其中，省级政府和地级市政府表现较为突出，仅有 2 家省级政府总分低于 70 分，同比增长 20.83%；有 11 家地级市政府总分低于 60 分，同比增长 7.11%。同时，各地政务公开工作仍呈现出地域性集中的特点。其中，排名前十位的地级市政府有 4 家位于山东省、3 家位于广东省；排名前 20 位的地级市政府中有 9 家位于山东省，各有 3 家位于广东省和安徽省；排名前 10 位的县（市、区）政府主要集中于浙江省（3 家）、上海市（2 家）、广东省（2 家）、山东省（2 家），排名前 20 位的县（市、区）政府则主要集中于浙江省（7 家）、上海市（4 家）、广东省（2 家）、山东省（2 家）、北京市（2 家）。县（市、区）政府排名前 20 位集中分布的省份在省级政府排名中居于前 6 位，这表明各级政府在省级政府领导下形成了有机联动的高效工作模式，政务公开工作整体水平较高。

二 落实公开要求、提升公开质效

（一）推进民主科学决策信息公开

推进民主科学决策信息公开是提高政府决策水平、促进政府治理能力现代化的重要举措。党的二十大提出，发展全过程人民民主，保障人民当家作主。各级政府及其部门在重大行政决策中，不断扩大公众参与，是在法治政府建设中落实全过程人民民主的重要方面。评估显示，各级政府在依靠政务公开推动民主科学决策方面积极探索，成效显著。

首先，重大决策预公开总体上在稳步推进。有 20 家省级政府、89 家地级市政府、89 家县（市、区）政府门户网站主动公开了 2023 年重大决策事项目录，分别占比 64.52%、83.96%、74.17%。而且，2023 年意见征集与反馈情况的公开程度显著提高。有 40 家国务院部门、30 家省级政府、106 家地级市政府、118 家县（市、区）政府在其门户网站设置专栏集中发布决策预公开信息，分别占比 83.33%、96.77%、100%、98.33%。其中，有 17 家国务院部门、23 家省级政府、76 家地级市政府、94 家县（市、区）政府在专栏中注明了意见征集的状态，如“正在进行”“已经结束”，分别占比 35.42%、74.19%、71.70%、78.33%。

其次，规范性文件信息发布日趋规范有序。所有评估对象的门户网站都设置了专栏集中公开规范性文件。有 37 家国务院部门、30 家省级政府、101 家地级市政府、112 家县（市、区）政府网站或其政府法制部门网站发布了近 3 年的规范性文件清理信息，分别占比 77.08%、96.77%、95.28%、93.33%。有 31 家国务院部门、24 家省级政府、69 家地级市政府、90 家县（市、区）政府门户网站或者其政府法制部门网站发布了 2023 年规范性文件清理信息，分别占比 64.58%、77.42%、65.09%、75.00%。公开 2023 年规范性文件备案审查信息的有 20 家省级政府、51 家地级市政府、53 家县（市、区）政府，分别占比 64.52%、48.11%、44.17%，相较于上一年均有所提升，其中，省级政府评估对象增长最多。

最后，政策解读信息发布更加规范。评估显示，只有 1 家国务院部门没有设置政策解读专门栏目。有 46 家国务院部门、31 家省级政府、106 家地级市政府、119 家县（市、区）政府对政策的主要条款进行了解读，分别占比 95.83%、100%、100%、99.17%。在设置政策解读专门栏目的评估对象中，有 28 家国务院部门、31 家省级政府、91 家地级市政府、111 家县（市、区）政府对政策文件进行了文字解读、图解、音视频解读、新闻发布会解读等多样化的解读，还有的采取了漫画解读、H5 视频解读、动漫解读，趣味性、可读性较强。有 35 家国务院部门、21 家省级政府、99 家地级市政府、108 家县（市、区）政府发布的政策文件与解读信息能够基本上做到同时发布，分别占比 72.92%、67.74%、93.40%、90.00%。

（二）营商环境优化相关信息的公开

深化政务公开是优化法治化营商环境的重要环节。做好政务信息公开有利于降低企业投资和经营风险，为企业提供更加透明、公正、平等的市场环境，推动有效市场和有为政府的进一步结合，促进社会主义市场经济健康高质量发展。

优化政务服务是加快转变政府职能、深化“放管服”改革、持续优化营商环境的重要内容。评估显示，有40家国务院部门（有3家国务院部门没有审批事项，不适用本指标）、30家省级政府、104家地级市政府、120家县（市、区）政府在政务服务网中公开了政务服务事项目录，总体公开率为97.35%。二是专栏设置比例高。有24家省级政府、86家地级市政府、118家县（市、区）政府在政务服务网中设置了市场主体（企业）“全生命周期”相关专栏，设置比例达88.72%；有24家省级政府、88家地级市政府、118家县（市、区）政府设置了个人“全生命周期”办事服务相关专栏，设置比例达89.49%。

公开反垄断与反不正当竞争执法信息是营商环境信息公开中的重要环节，部分单位网站内设置了反垄断与反不正当竞争执法信息专栏。例如，贵阳市人民政府网站在政府信息公开平台下“重点领域信息公开”一栏中设置反不正当竞争与直销监督管理专栏，栏内集中发布反不正当竞争执法工作情况通报；合肥市市场监管局部门网站在政府信息公开平台下“法定主动公开内容”一栏中也设有反垄断与反不正当竞争执法信息专栏，栏内详细地集中发布了反不正当竞争执法信息、工作动态信息、投诉渠道等内容，便于查阅。又如，部分政府网站发布了反不正当竞争执法典型案例，内容详细，质量较高。其中，无锡市人民政府网站内发布“无锡市市场监管系统2022年度反不正当竞争十大典型案例”，介绍了各个典型案例的简要情况及其典型意义，充分发挥示范作用；兰州市人民政府网站内发布“2023年反不正当竞争‘守护’专项执法行动典型案例（侵犯商业秘密篇）”，介绍了各个案例的基本案情及对其作出处罚所依据的法律规定，内容详实。

政府定价、政府指导价的服务和收费项目一律实行清单管理能有效减少涉企收费自由裁量权，大力清理和规范涉企收费对优化营商环境、降低制度性交易成本、减轻市场主体负担、激发市场活力具有重要意义。随着收费目录清单制度的深入实施，近年来，收费秩序明显好转，收费项目大幅减少，收费标准更加规范透明。评估发现，各地普遍公开了收费清单。有31家省级政府、97家地级市政府、71家县（市、区）政府公开了本地区执行的政府定价、政府指导价经营服务性收费清单，分别占比100%、91.51%、59.17%；其中有26家省级政府、71家地级市政府、36家县（市、区）政府评估对象公开的政府定价、政府指导价经营服务性收费清单为最新版，分别占比83.87%、66.98%、30.00%。

不少地方政府公开了行业、协会、商会收费信息。乱收费专项整治工作有序开展公开投诉举报渠道和方式有利于维护市场主体权益、树立协会商会公正、透明的形象。有16家省级政府、53家地级市政府、32家县（市、区）政府发布了相关公告，公开了行业、协会、商会乱收费问题投诉举报渠道、方式，总体公开比例达39.30%。专项抽查检查开展情况良好，能有效规范和引导行业、协会、商会合法合理收费，进一步降低行业、协会、商会涉企收费规模，增强行业、协会、商会服务企业能力。已公开行业、协会、商会收费事项清单中未出现违反要求事项，如12家公开行业、协会、商会收费事项清单的市政府清单中均未出现违反“严禁强制入会和强制收费”“严禁利用法定职责和行政机关委托、授权事项违规收费”“严禁通过评比达标表彰活动收费”“严禁通过职业资格认定违规收费”“严禁只收费不服务或多头重复收费”等要求的事项。

《国务院办公厅关于进一步优化营商环境降低市场主体制度性交易成本的意见》明确，全面实施行政许可中介服务收费项目清单管理。评估显示，各地重视行政审批中介服务事项清单公开，全部评估对象公开了保留的行政审批中介服务事项清单。

强化惠企政策公开，提供高效优质服务，有助于帮助企业纾困解难，通过“政务公开＋惠企政策宣传”形式，能扩大惠企政策知晓率及认可度。评估发现，惠企政策专区建设情况较好，有31家省级政府、98家地级市政府、114家县（市、区）政府设有惠企政策专区或者相关栏目，分别占比100%、92.45%、95.00%，如广东省佛山市开设涉企政策“一站式”服务平台，并下设政策库、解读库、报项目、查结果、精准搜、互动交流、热点专题等板块。惠企政策汇集方面，有31家省级政府、89家地级市政府、116家县（市、区）政府汇集了本级及上级政府本领域市场主体适用的惠企政策，分别占比100%、83.96%、96.67%。惠企政策解读方面，有29家省级政府、66家地级市政府、117家县（市、区）政府公开了本级及上级惠企政策解读，分别占比93.55%、62.26%、97.50%。惠企政策落实情况公开方面，有27家省级政府、106家地级市政府、109家县（市、区）政府均积极落实2023年惠企政策，落实情况公开率分别为87.10%、100%、90.83%。涉企补贴资金相关政策、办事指南公开较为全面，有31家省级政府、103家地级市政府、118家县

（市、区）政府公开了涉企补贴资金的相关政策文件，公开率达 98.05%。有 24 家省级政府、85 家地级市政府、91 家县（市、区）政府设置了免审即享栏目，让企业更精准、更全面、更便利地享受政策红利，分别占比 77.42%、80.19%、75.83%。25 家省级政府、93 家地级市政府、93 家县（市、区）政府设置了涉企补贴的公告或办事指南，分别占比 80.65%、87.74%、77.50%，方便企业快速了解涉企补贴相关内容。

（三）规范政府权力信息的公开

权力要在阳光下运行，这是现代民主政治的基本要求，也是建设法治国家的重要保障。要实现政府权力在阳光下运行需要依靠自我约束，也需要建立有效的监督制约机制，更重要的是需要公开透明，向公众公开政府权力运行情况，以便于公众了解和监督，增强政府的公信力和执行力，更好地保障人民的权利和利益。评估显示，各级政府从公开权力清单、公开行政执法、公示资金使用等多个方面入手，以公开助推权力规范运行。权力清单是各级人民政府及其工作部门行使行政权力的基础和依据，以清单的形式明确具体地列举行政权力的产生依据、执行主体、工作过程以及相应责任，旨在规范、透明地运行政府权力，公开行政权力运行的各个阶段，主动接受全社会监督。权力清单将政府权力公开透明地展示给公众，对于构建廉洁政府、法治政府、创新政府和服务型政府具有重要意义。

首先，省、市、县（市、区）政府权力清单公开情况整体较好。有 29 家省级政府、102 家地级市政府、114 家县（市、区）政府公开了本级政府工作部门权力清单，分别占比 93.55%、96.23%、95.00%。多数地区权力清单集中公示页面提供关键词检索功能，且可按单位、权力事项类型精准筛选，如广东省政务服务网设置“地市权责清单（按部门）”“地市权责清单（按类型）”栏目，栏目中均设置检索，同时设置“区县权责清单”栏目，便于群众快速查阅权力事项具体信息，缩短信息查找时间。

其次，随机抽查事项清单发布情况较好。有 17 家省级政府、85 家地级市政府、77 家县（市、区）政府在门户网站集中发布了本级政府各部门随机抽查事项清单，分别占比 54.84%、80.19%、64.17%。其中部分评估对象设置了标准信息公共服务平台，实现各个部门信息互联互通。例如，浙江省政务服务网双随机检查公开平台，设有抽查事项、实施细则、计划公告、任务公告、结果公告五个版块，提供了标准化信息，有助于实现多部门信息互联。

再次，行政处罚信息公开比例较高。有 29 家省级政府、99 家地级市政府、97 家县（市、区）政府公开了市场监督管理局作出的 2023 年行政处罚结果，占比 87.55%。其中，部分地区积极开设行政处罚信息公开专栏，充分发挥行政执法平台效能，集成公开行政处罚决定信息，提高群众查阅便捷度。例如，广东省行政执法公示平台“行政执法事后公开”版块下设置“执法结果—行政处罚”子栏目，集中公开各级执法部门行政处罚信息。

抽查显示，应急管理行政执法事项清单公开情况总体较好。在 106 家地级市政府应急管理部门中，有 93 家评估对象做到及时有效公开 2023 年度应急管理行政执法事项清单，占比 87.74%；同时，应急管理综合行政执法监督渠道建设较为完备，在 106 家地级市政府应急管理部门中，有 97 家评估对象公开了行政执法投诉受理和结果反馈渠道，占比 91.51%。明确监督路径，能够切实增强监督效果，有力提升执法效能。

最后，财政、审计信息公开内容较为完备。相较于地级市政府教育主管部门和县（市、区）政府教育主管部门，省级政府教育主管部门预算信息公开情况较好。评估显示，31 家省级政府教育主管部门全部公开了 2023 年所属单位年度预算，占比高达 100%；92 家地级市政府教育主管部门公开了 2023 年所属单位年度预算，占比 86.79%；115 家县（市、区）政府教育主管部门公开了 2023 年所属单位年度预算，占比 95.83%。同时，省级政府审计结果信息公开情况也较为完备。有 30 家省级政府公布了 2022 年本级预算执行情况和其他财政收支审计报告，占比高达 96.77%，且各评估对象的 2022 年本级预算执行情况和其他财政收支审计报告公布质量较高。此外，还有 6 家省级政府公布了问题整改情况。

（四）普遍重视民生保障信息公开

民生保障信息公开是政府履行职责的重要内容之一，对于保障公众的知情权和监督权，促进社会公平正义和可持续发展有重要意义。本次选取的评估事项分别为公共企事业单位信息公开和义务教育领域信息公开以及欠薪治理信息公开、制定落实基本养老服务清单、建立老年人状况统计调查和发布制度信息公开。评估显示，各级政府普遍重视民生保障信息公开，对于提高政府透明度、加强公众对政府监督具有积极意义。

重视公共企事业单位信息公开。公共企事业单位作为政府履行社会公共服务职能的重要载体，是政府向人民群众提供公共产品和公共服务的重要平台，事关群众最关心、最直接、最现实的利益问题，同时，公共企事业单位拥有大量的社会资源，承担一定的公共服务职能，一些行业和单位兼具一定的行政职能，有的具有行政执法主体资格。因此，在公共企事业单位深入推行办事公开制度，是深化政务公开、优化公共服务的一项重要举措，是政府信息公开的延伸和拓展。评估显示，有 68 家地级市政府在门户网站设置了公共企事业单位信息公开专栏，占比 64.15%。有 106 家地级市政府在供气领域的信息公开，设置线上信息公开咨询窗口、价格收费标准、用气申请服务项目办事指南、供气服务范围信息、燃气停复供气信息、燃气安全检查信息、咨询服务电话 7 个方面平均公开率达 36.79%，其中各地市供气线上信息公开咨询窗口设置率达 51.89%，对比供水、供电、供热等领域信息平均公开率，供气领域信息公开情况较好。

义务教育招生入学政策相关信息总体公开较为全面。招生入学政策方面，有 115 家县（市、区）政府公开了本地 2023 年义务教育阶段入学工作文件（如招生工作实施方案），占比 95.83%，其中有 105 家县（市、区）政府在工作文件中公开本县区义务教育阶段入学政策咨询电话，有助于公众针对自身疑点向相关单位与学校咨询政策内容；招生范围方面，有 105 家县（市、区）政府在门户网站、义务教育相关平台或微信公众号中公布了 2023 年公办小学学区划分情况，有 102 家县（市、区）政府公布了 2023 年公办初中学区划分情况，分别占比 87.50%、85.00%；招生条件方面，有 115 家县（市、区）政府公开了本地 2023 年义务教育阶段招生入学工作文件，占 95.83%，且 115 家单位公开的入学条件皆表述明确。有 111 家县（市、区）政府公开了义务教育随迁子女入学条件，占 92.50%，其中 108 家单位公开的入学条件表述明确。各地区均设置了义务教育信息公开专栏，集中发布了辖区内义务教育学校介绍、招生入学政策等信息，设计美观、内容全面。

欠薪治理信息公开是治理拖欠农民工工资问题的手段之一，事关广大农民工切身利益，事关社会公平正义和社会和谐稳定。党中央、国务院历来高度重视，先后出台了一系列政策措施，各地区、各有关部门加大工作力度，经过多年治理取得了明显成效。评估显示，首先，部分单位标准化治理平台建设较好。有 30 家省级政府、72 家地级市政府、66 家县（市、区）政府的标准化治理平台建设比较完善，分别占比 96.77%、67.92%、55.00%。其次，部分评估对象欠薪治理典型案例公布情况较好。有 31 家省级政府、80 家地级市政府、55 家县（市、区）政府在其官网或者所属人力资源与社会保障部门官网上公布了相关典型案例，分别占比 100%、75.47%、45.83%。大部分单位在其欠薪相关专栏中设置“曝光台”栏目，公布重大欠薪案件。总体而言，省级政府信息公布情况较好。评估发现，有 30 家省级政府在其官网或者所属人力资源与社会保障部门官网上设置了“欠薪”相关专栏，31 家省级政府都有在其政府或者所属人力资源与社会保障部门官网发布欠薪治理文件和专项行动，并公布了典型案例。

制定落实基本养老服务清单建立老年人状况统计调查和发布制度信息公开情况较好。其中，30 家省级政府、106 家地级市政府和 105 家县（市、区）政府在基层管理服务平台中提供了养老服务政策咨询、信息查询、业务办理等便民养老服务，分别占比 96.77%、100%、87.50%。有 31 家省级政府、105 家地级市政府、83 家县（市、区）政府印发了推动养老服务设施发展或体系建设的整体方案，分别占比 100%、99.06%、69.17%。与此同时，在完善基本养老服务保障机制方面，有 31 家省级政府、99 家地级市政府、98 家县（市、区）政府发布养老服务优惠扶持政策，鼓励社会力量参与提供基本养老服务，支持物业服务企业因地制宜提供居家社区养老服务，分别占比 100%、93.40%、81.67%。其中，有 3 家省级政府、2 家市级政府、35 家县（市、区）政府不仅发布了养老服务优惠扶持政策，还为养老机构及社区等提供了优惠扶持政策申请的网上办理流程和办事指南，相关做法值得肯定。

（五）公开平台建设较为完善

公开平台建设是政务公开的关键环节。评估显示，各级政府政务公开平台建设总体情况较好。

政府公报是刊登行政法规和规章标准文本的法定载体，是政府机关发布政令的权威渠道，在推进政务公开、加强政务服务、促进依法行政、密切党和政府同人民群众联系等方面发挥着重要作用。31 家省级政府均开设了政府公报专栏，占比 100%。部分网站电子版政府公报还提供公报目录导航和内容检索服务，方便公众查阅和了解政府重要文件和工作动态。

政务新媒体是移动互联网时代党和政府联系群众、服务群众、凝聚群众的重要渠道。评估显示，有 47 家国务院部门、31 家省级政府、106 家地级市政府、112 家县（市、区）政府开设了政务新媒体平台，分别占比 97.92%、100%、100%、93.33%。同时，政务新媒体平台上更新信息较为及时，在开设了新媒体平台的 296 家评估对象中，均能在一周内及时更新发布内容。

依申请公开是信息公开的重要方式之一，是政府主动公开信息的重要补充，做好依申请公开工作有利于保护公民的知情权，提高政府透明度，更好地推进治理体系和治理能力现代化。评估显示，依申请公开渠道畅通性显著提升。所有被评估对象中，依申请公开渠道均畅通，其中，部分对象在信息申请成功后以短信方式通知申请人申请信息，如上海市普陀区、上海市虹口区、广东省广州市、广东省广州市越秀区等。多数评估对象在申请人发出申请后通过电话与申请人进行沟通确认，如北京市朝阳区、北京市房山区、上海市普陀区、上海市虹口区、广东省广州市等。

三　正视面临问题、找准努力方向

（一）决策预公开仍需加大公开力度

决策草案解读说明工作有待深化。做好决策草案的解读说明，有利于促进公众的参与和决策的有效实施，提高决策的透明度和参与度。但评估发现，有 15 家国务院部门、9 家省级政府、68 家地级市政府、27 家县（市、区）政府单位在公开决策草案时未同步公开草案说明，分别占比 31.25%、29.03%、64.15%、22.50%；有 28 家国务院部门、28 家省级政府、53 家地级市政府、83 家县（市、区）政府未同步公开草案解读，分别占比 58.33%、90.32%、50.00%、69.17%。

（二）建议提案办理结果公开机制有待推进

建议提案办理结果的公开，是各级政府自觉接受人大及其常委会依法监督和政协民主监督的重要方式，对于建设法治政府，发展社会主义民主政治，保障人民群众的知情权、参与权、表达权、监督权具有重要意义。评估显示，有 29 家国务院部门、13 家省级政府、26 家地级市政府、96 家县（市、区）政府在门户网站上公开了2023年人大代表建议办理复文，分别占比60.42%、41.94%、24.53%、80.00%；有30家国务院部门、13家省级政府、25家地级市政府、89家县（市、区）政府公开了2023年政协委员提案办理复文，分别占比62.50%、41.94%、23.58%、74.17%。这说明，建议提案办理复文公开情况有待加强。同时，建议提案年度办理总体情况公开不佳。仅有10家国务院部门、19家省级政府、84家地级市政府、23家县（市、区）政府在门户网站发布了2023年度人大代表建议办理总体情况，分别占比20.83%、61.29%、79.25%、19.17%；10家国务院部门、19家省级政府、85家地级市政府、21家县（市、区）政府在门户网站发布了2023年度政协委员提案办理总体情况，分别占比20.83%、61.29%、80.19%、17.50%。各级政府对此类信息公开的重视程度仍有较大的进步空间。

（三）政务服务信息公开仍需补齐短板

政务服务信息公开是政府工作的重要内容之一，也是增强政府工作透明度的关键。评估显示，一是政务服务指南的公开水平有待进一步提高。有5家国务院部门、3家省级政府、31家地级市政府、47家县（市、区）政府都没有公布相关指南，分别占比10.42%、9.68%、29.25%、39.17%。二是公开的政务服务指南内容不全。公开"离退休老人投靠子女进本地入非农业户口事项"办事指南的29家地级市政府中，部分指南公开要素不全面，其中2家评估对象未公布办理依据；4家评估对象办理依据不明确，缺少条款数和条款内容；4家评估对象缺少申报条件；1家评估对象未提供申报材料；3家评估对象未标注办理地点；2家评估对象未明确办理流程；4家评估对象未显示办理时限；7家评估对象未公布收费标准；4家评估对象未公开联系方式。三是外商投资企业投诉信息公开情况不理想。有3家省级政府、40家地级市政府、51家县（市、区）政府未公开外商投资企业投诉工作规则、投诉方式、处理期限，分别占比9.68%、37.74%、42.50%，总体公开率为36.58%，较上一年度增长20.42%，这表明外商企业投诉信息公开水平在逐步提升。四是拖欠农民工工资的举报投诉渠道公开较差。有46家地级市政府、37家县（市、区）政府未公布拖延农民工工资的投诉举报渠道，包含投诉电话、网址信息，分别占比43.40%、30.83%。其中，地级市政府中有11家评估对象公布的投诉举报方式不完善，缺少网址。这表明政务服务公开信息公开还有较大的提升空间。

（四）政府定价等服务和收费项目清单公开仍需强化

《国务院办公厅关于进一步优化营商环境降低市场主体制度性交易成本的意见》提出，加强水、电、气、热、通信、有线电视等市政公用服务价格监管，坚决制止强制捆绑搭售等行为，对实行政府定价、政府指导价的服务和收费项目一律实行清单管理。但评估发现，有 24 家省级政府、69 家地级市政府、89 家县（市、区）政府所公开的本地区执行的政府定价、政府指导价经营服务性收费清单包含要素不全，均缺少定价方法要素，部分缺少定价部门、行业主管部门、收费标准等要素，分别占比 77.42%、65.09%、74.17%。

（五）行业协会商会收费信息公示情况不理想

行业协会商会收费信息向社会公示，有利于减轻行业协会商会乱收费问题，也有利于社会公众及时了解相关信息。但评估显示，此类信息公开情况不理想。有 26 家省级政府、98 家地级市政府、96 家县（市、区）政府未公开行业协会商会收费事项清单，分别占比 83.87%、92.45%、80.00%；有 27 家省级政府、103 家地级市政府、100 家县（市、区）政府公开的行业协会商会收费事项清单要素不全，缺少服务内容要素，分别占比 87.10%、97.17%、83.33%。

（六）行政许可中介服务类信息公开有待提升

首先，保留的行政审批中介服务事项清单内容不完整。公开了保留的行政审批中介服务事项清单的 28 家省级政府中有 26 家存在项目办理时限、工作流程、申报条件、收费标准不明确的问题，占公开总数的 92.86%。其次，行政审批中介服务收费目录清单公开情况不佳。有 29 家省级政府、54 家地级市政府、114 家县（市、区）政府未公开本地区执行的政府定价管理的行政审批中介服务收费目录清单，分别占比 93.55%、50.94%、95.00%。行政审批中介服务收费目录清单要素不全。在已公开行政审批中介服务收费目录清单的 60 家评估对象中，有 54 家清单缺少行业主管部门、收费项目、执收单位等要素，占公开对象总数的 90%。最后，行政审批中介服务行政事业性收费目录清单公开情况不佳。虽有 107 家评估对象将应纳入行政事业性收费管理的行政审批中介服务收费列入行政事业性收费目录清单中，但有 83 家评估对象清单要素公开不全，占公开对象总数的77.57%。

（七）惠企政策及涉企资金补贴、优惠政策目录公开力度

惠企政策的出台旨在通过提供优惠政策来增强企业的竞争力和活力，推动经济的快速发展。《中共中央　国务院关于促进民营经济发展壮大的意见》中提出，加大涉企补贴资金公开力度，接受社会监督；优化完善产业政策实施方式，建立涉企优惠政策目录清单并及时向社会公开。但评估发现，2022年涉企补贴资金兑现公开力度需进一步加大；涉企优惠政策目录清单建立情况不理想。只有9家省级政府、50家地级市政府、39家县（市、区）政府在其门户网站、财政局门户网站或政务服务网站公开了2022年涉企补贴资金兑现的具体情况，包含企业名单、兑现金额、兑现时间等，分别占比29.03%、47.17%、32.50%；有3家省级政府、14家地级市政府、23家县（市、区）政府仅公开企业名单，未公开兑现金额、兑现时间等，分别占比9.68%、13.21%、19.17%；有31家省级政府、61家地级市政府、115家县（市、区）政府建立涉企优惠政策目录清单并及时向社会公开，分别占比100%、57.55%、95.83%，涉企优惠政策目录清单建立情况仍有较大提升空间。

（八）权力清单动态调整情况还不够理想

权力清单是各级人民政府及其工作部门行使行政权力的基础和依据，需要根据法律法规、部门职能等适时更新完善，确保内容准确。评估显示，权力清单的动态调整情况不够理想。国务院部门权力清单及监管规则、标准发布情况不理想。评估发现，仅有8家国务院部门在门户网站上发布了近两年的权力清单，其中3家发布的为2023年版本。其次，部分部门权力清单发布内容不完整。有10家国务院部门仅发布了权力清单中的行政处罚、行政许可、行政审批、行政检查等权力类型中的一项或两项。从监管规则和标准发布情况看，仅有14家国务院部门制定并公开了全国统一、简明易行的监管规则和标准。省、市、县（市、区）政府的权力清单根据《生猪屠宰管理条例》《种子法》《噪声污染防治法》进行动态调整得不及时。仅有8家省级政府、15家地级市政府、32家县（市、区）政府的农业农村主管部门按照相关规定更新了权力清单中关于处罚力度的内容。仅有9家省级政府、8家地级市政府、24家县（市、区）政府的农业农村、林业草原主管部门在权力清单中更新了“生产经

营劣种子”违法行为的单位名称和裁量标准。有126家单位的农业农村、林业草原主管部门未对“生产经营劣种子”违法行为的单位名称和裁量标准进行更新。仅有4家单位的住房和城乡建设主管部门在权力清单中新增“对建设单位建设噪声敏感建筑物不符合民用建筑隔声设计相关标准要求”的行政处罚；仅有32家单位的生态环境主管部门在权力清单中新增“对无排污许可证或者超过噪声排放标准排放工业噪声”的行政处罚，动态调整水平有待提高。

（九）行政处罚信息公开规范化程度有待提高

评估发现，部分单位存在行政处罚信息公示不及时、行政处罚信息公开不理想以及缺少主要违法事实等关键信息。有31家国务院部门、2家省级政府、45家地级市政府、29家县（市、区）政府的市场监督管理局存在未在作出行政处罚决定之日起7个工作日内及时上网公开的情况，分别占比64.58%、6.45%、42.45%、24.17%。部分评估对象多平台公示的处罚信息不一致，其中，部分行政处罚信息公示栏目长期未更新或者在多个平台公开的信息不一致。

（十）地方审计信息公开仍需加强

审计工作是保障公共资源合理分配和有效利用的重要手段。但评估显示，2023年度审计计划公开仍有提升空间。有17家省级政府、57家地级市政府、91家县（市、区）政府未公布2023年度审计计划，分别占比54.84%、53.77%、75.83%。有42家地级市政府、74家县（市、区）政府未公布2022年本级预算执行情况和其他财政收支审计报告，分别占比39.62%、61.67%。有62家地级市政府、110家县（市、区）政府未发布2022年政府重大政策措施落实情况跟踪审计报告，分别占比58.49%、91.67%。

（十一）“双随机、一公开”工作有待细化

“双随机、一公开”是我国推进“放管结合”的重要创新性举措，近些年相关信息公开水平逐步提升，但仍有进步空间。一是公开形式有待统一，仅有5家国务院部门、15家省级政府、70家地级市政府、62家县（市、区）政府设有双随机专栏，分别占比10.42%、48.39%、66.04%、51.67%。二是随机抽查事项清单规范性有待增强。少数部门未公开随机抽查事项清单，如有24

家国务院部门、14 家省级政府、12 家地级市政府、42 家县（市、区）政府的生态环境部门无随机抽查事项清单，分别占比 50.00%、45.16%、11.32%、35.00%。其中，有 5 家国务院部门、3 家省级政府、24 家地级市政府、34 家县（市、区）政府生态环境部门公开的随机抽查事项清单未完整包含抽查依据、主体、内容和方式，分别占比 10.42%、9.68%、22.64%、28.33%。三是抽查结果公开质量有待提升。有 39 家国务院部门、14 家省级政府、21 家地级市政府、68 家县（市、区）政府的生态环境部门未公开 2022 年随机抽查结果及查处情况，分别占比 81.25%、45.16%、19.81%、56.67%；少数评估对象仅公开了随机抽查结果，未公开查处情况。

（十二）各类规划信息应逐步提升公开水平

公开各类规划信息有利于企业或者个人根据国家政策发展方向调整经营活动，保持经济社会的稳定发展。评估显示，各地政府规划公开的规范化程度还有待提升。一是国土空间规划、区域规划公开情况总体较差。23 家省级政府、36 家地级市政府、62 家县（市、区）政府门户网站和所属自然资源和规划部门网站未公开现行有效的国土空间规划，分别占比 74.19%、33.96%、51.67%。有 5 家省级政府、29 家地级市政府、50 家县（市、区）政府门户网站和所属自然资源和规划部门网站未公开现行有效的区域规划，分别占比 16.13%、27.36%、41.67%。二是历史规划信息归集公开情况不佳。全部公开国民经济和社会发展第十个到第十三个五年规划和规划完成情况的仅有 11 家省级政府、39 家地级市政府、16 家县（市、区）政府，分别占比 35.48%、36.79%、13.33%。

（十三）义务教育信息公开应加大落实力度

义务教育领域信息公开是接受群众监督、提高教育工作透明度的迫切需要，也有助于保障师生和社会公众的知情权、参与权、表达权和监督权。评估显示，招生计划和招生结果公开情况水平有待提高，义务教育公办学校基本情况、招生简章公开情况不理想。

招生计划人数方面，有 71 家评估对象未发布 2023 年公办小学招生计划，占比 59.17%；在 120 家评估对象中，有 69 家评估对象未发布 2023 年公办初中招生计划，占比 57.50%。发布公办小学招生计划的 49 家县（市、区）政府中，公布了每所学校的计划招生人数的有27家，其中，有5家评估对象仅发布了部分的计划招生人数，还有17家评估对象仅发布了每所学校的计划招生班级数或学位数，未发布计划招生人数。在招生结果方面，仅23家县（市、区）政府公开了2023年公办初中招生名单，占比19.17%；仅24家县（市、区）政府公开了2023年公办小学招生名单，占比20.00%；另有12家县（市、区）政府仅公开了随迁子女积分制入学学位分配结果、政策支招对象结果、人才支招对象结果等其他招生结果要素，未全部公开招生结果信息，占比10.00%。

学校基本情况方面，项目组从120家县（市、区）政府辖区随机选择一所义务教育公办学校，通过基层政府门户网站、教育主管部门网站、教育考试院网站、学校官网或义务教育相关平台进行查询，考察学校基本情况、招生简章公开情况。评估发现，仅有19所学校发布了2023年的招生简章，占比15.83%；仅有77所学校完整公开了办学性质、办学地点、办学规模、办学基本条件、联系方式等学校基本情况信息，占比64.17%。

（十四）公共企事业单位信息公开水平仍需提高

评估显示，供水、供热、供电领域信息公开情况不理想。在供水领域信息公开方面，106家地级市政府在企事业单位概况、相关价格标准、供水申请报装工作程序等7个方面平均公开率为38.40%，仅1/3左右的地级市政府完成供水领域各方面信息公开。

在供热领域信息公开方面，106家地级市政府在设置线上信息公开咨询窗口、公开相关价格标准、用热申请及用户入网接暖流程等8个方面的平均公开率为22.64%，其中仅有18家地级市政府完成计划类施工停热及恢复供热信息及抄表计划信息公开，20家地级市政府完成线上信息公开咨询窗口设置。

在供电领域信息公开方面，106家地级市政府在设置线上信息公开咨询窗口、公开供电企业基本情况、公开供电企业办理用电业务有关信息、公开供电企业执行的电价和收费标准等11个方面的平均公开率为32.68%，其中可开放容量有关信息指标公开率最低，仅有27家公开。同时，线上信息公开咨询窗口设置率较低。仅42家地级市政府通过热线电话、微信营业厅、开通网站互动交流平台等方式设置了线上信息公开咨询窗口，占比39.62%，离满足服务对象以及社会公众的个性化信息需求仍有差距。

（十五）欠薪治理信息公开情况仍需改善

首先，欠薪治理信息公开情况不理想。有 30 家省级政府、72 家地级市政府、66 家县（市、区）政府在其官网或者所属人力资源与社会保障部门官网上设置了欠薪相关专栏，分别占比 96.77%、67.92%、55.00%。其次，部分单位发布的欠薪治理专项活动信息形式较为单一，部分单位发布的欠薪治理信息仅有新闻稿形式；专项行动可以以新闻稿、文件、视频等多种形式发布，而不仅局限于新闻稿形式。

（十六）基本养老服务领域信息公开要求有待落实

评估发现，部分单位养老服务清单公布不规范，仅有 19 家省级政府、44 家地级市政府、32 家县（市、区）政府印发了养老服务清单，共 95 家单位，仅占评估对象总数的 36.96%。其中，公布养老服务清单的政府单位还存在部分内容公开不完整的情况，例如，未在印发的养老服务清单中列明养老服务标准等。“老年人状况统计调查和发布制度”建立情况需提升，仅有 19 家省级政府、33 家地级市政府、4 家县（市、区）政府建立了“老年人状况调查和发布制度”，分别占比 61.29%、31.13%、3.33%。同时，上述单位中多数未形成规范化的发布制度，大部分仅在部分实施意见中提出要建立“老年人状况调查和发布制度”，未见具体制度的调查结果及落实情况。

（十七）基层政务公开标准化规范化指引仍需重视

深入推进基层政务公开标准化规范化对于全面推进基层政务公开，坚持和完善基层民主制度，密切党和政府同人民群众联系，加强基层行政权力监督制约，提升基层政府治理能力具有重要意义。评估发现，仅有 21 家国务院部门公开了共计 30 个主管领域的基层政务公开标准指引，占比 43.75%。

（十八）公开平台建设质量水平仍有提升空间

公开平台内容方面，评估主要考察网站中是否存在错误内容，包括错别字、病句等。评估显示，四类评估对象中绝大多数政府网站存在内容错误，仅有 35.74% 的政府网站（109 家）内容错误数量处于十位数量级，32.46% 的政府网站（99 家）内容严谨恰当，仅发现少于 10 处错误。有 14 家国务院部门的政府网站内容错误数量小于10处，占比29.17%，较上一年度增长17.07个百分点。县（市、区）政府中，有50家政府网站内容错误数量小于10位数，占比41.67%，在四类评估对象中占比最高。在省、市、县级政府中，内容错误数量小于10处的网站的数量较上一年度有所提升，各有3家、33家、50家，占比分别为9.68%、31.13%、41.67%。

平台建设方面，各级政府网站均存在或多或少的链接错误问题。错误链接数量小于10条的分别有46家国务院部门、18家省级政府、100家地级市政府和112家县（市、区）政府，分别占比95.83%、58.06%、94.34%和93.33%。此外，有10家省级政府、34家地级市政府、43家县（市、区）政府尚未在政府门户网站、司法部门网站设置行政执法平台或者专栏，分别占比32.26%、32.08%、35.83%。评估显示行政执法统一公示平台建设有待完善，行政执法平台信息更新情况也有待进一步提升。

四　展望：努力建设更加阳光透明的人民政府

深化政务公开是贯彻全过程人民民主、推动社会治理现代化的重要保障，是建设稳定可预期的法治化营商环境的重要方面，也是保障民生、规范政府权力的重要手段。随着近年来政务公开工作的深入推进，政务公开工作已经日益与政府工作深度融合，在此过程中，仍需要继续坚持“公开为常态、不公开为例外”的原则，根据人民群众的实际需求、经济社会发展形势以及法治政府建设的要求，稳步扩大公开范围、丰富公开形式、提升公开效果。未来，应坚持将政务公开纳入政府日常工作，使其成为政府工作的有机组成部分，而非相互割裂。秉持“做好公开及时做好政府本职工作”的理念，提升政务公开的实时性、时效性。在全面推进数字政府建设的新形势下，在人工智能等新技术层出不穷的背景下，更应努力实现科学技术服务于政务公开、政务公开与科学技术深度融合，以提升政务公开质效、提升人民群众获取政务信息的便利度。

第二编

政务公开高质量发展

山东省政务公开标准化的实践与探索

山东省人民政府办公厅政务公开办公室课题组*

摘　要： 山东省以标准化推动政务公开工作提质升级，深入推进基层政务公开标准化规范化建设，着力构建具有山东特色的政务公开标准体系，稳步推进公共企事业单位信息公开标准化，统筹建设全省统一的政府文件库，政务公开标准化取得了显著成效。针对当前面临的突出问题，提出了未来政务公开标准化发展的方向和展望。

关键词： 政务公开　标准化　标准体系　公共企事业单位

推行政务公开，是政府服务人民、依靠人民，对人民负责、接受人民监督的重要制度安排，也是建设法治政府、创新政府、廉洁政府和服务型政府的必然要求。作为我国行政改革的基本内容，历经了一个从基层到高层、从局部到全国、从表面到深入的长期发展过程①。党的十八大以来，山东省各级各部门政务公开意识、公开质效明显提升，助推了山东省法治政府建设进程。但同时也发现一些地方、领域的政务公开与广大人民群众的期待和要求相比，还存在

* 课题组成员：赵江东，山东省人民政府办公厅政务公开办公室主任、一级调研员；吕原野，山东省人民政府办公厅政务公开办公室二级调研员；戚元华，山东省计算中心（国家超级计算济南中心）政务公开评估工作组负责人。

① 胡仙芝：《我国政务公开的现状、挑战与进路》，载《国家治理》2021 年第 9 期。

一定差距，如主动公开随意性大、公开内容质量不高、公开标准不统一、公开平台不规范、依申请公开难点多、解读回应不到位等问题仍然存在。

标准化是为了在既定范围内获得最佳秩序，促进共同效益，对现实问题或潜在问题确立共同使用和重复使用的条款以及编制、发布和应用文件的活动[①]。《国家标准化发展纲要》明确提出，探索开展行政管理标准建设和应用试点，重点推进行政审批、政务服务、政务公开等标准制定与推广。近年来，山东省各级各部门不断强化政务公开标准化意识，积极运用标准化原理、方法和技术，全面推进政务公开标准化、规范化和制度化，探索出了具有山东特色的政务公开标准化路径。

一 山东省政务公开工作标准化推进现状

2016 年，国务院办公厅印发了《〈关于全面推进政务公开工作的意见〉实施细则》（国办发〔2016〕80 号），首次提出“推进基层政务公开标准化规范化”，要求在全国范围内开展试点工作。2017 年，正式印发了《开展基层政务公开标准化规范化试点工作方案》（国办发〔2017〕42 号），确定在北京市、安徽省、陕西省等 15 个省（自治区、直辖市）的 100 个县（市、区），重点围绕城乡规划、重大建设项目等方面开展为期一年的基层政务公开标准化规范化试点工作。同年，山东省政府办公厅也选取了 17 个市的 30 个县（市、区）开展省级试点工作，以基层政务公开为突破口，自下而上逐步深入推进全省政务公开标准化，构建起具有山东特色的政务公开标准体系，形成一批可复制、可推广、可借鉴的山东政务公开标准化经验成果。

（一）立足公众需求，推进基层政务公开标准化规范化

2019 年初开始，国务院办公厅在总结提炼基层政务公开标准化规范化试点成果的基础上，组织国务院各有关部门，陆续编制印发了 26 个试点领域的基层政务公开标准指引。后续又发布了交通运输、旅游、广播电视、统计、新闻出版版权、自然资源、水利等领域的基层政务公开标准指引。2020 年以来，

① GB/T 20000. 1－2014《标准化工作指南　第 1 部分：标准化和相关活动的通用术语》。

为贯彻落实《国务院办公厅关于全面推进基层政务公开标准化规范化工作的指导意见》（国办发〔2019〕54号），山东省各基层政府均印发了全面推进基层政务公开标准化规范化工作实施方案，并在政府门户网站建立了“基层政务公开标准化规范化”专栏。截至2023年12月底，立足基层群众需求和本地区工作实际，对照国务院部门制定的各领域政务公开事项标准指引，全省所有基层政府全部完成了本地区各领域基层政务公开事项标准目录的编制工作，并统一集中在县级政府门户网站公开发布。

各地区在推进基层政务公开标准化规范化工作的过程中，形成了一批可复制、可推广的经验成果和亮点做法。如济南市以标准目录编制为抓手，推动全市建立起“市—区（县）—街（镇）”三级清单编制联动体系；潍坊市编制了《潍坊市政务公开标准化规范化操作手册》和《政务公开专区建设指南》（DB3707/T 26－2020），覆盖政务公开日常工作内容，形成基层政务公开工作人员的“操作手册”和政务公开专区建设的标准规范；滨州市明确了政务公开专区“六统一”建设标准，即“统一标识、统一场所设置、统一配套设备、统一软件系统、统一服务事项、统一人员管理”，将全市“政务公开体验区”全面升级为“政务公开便民服务专区”，开发了全市政务公开便民地图、国土（征地）信息公开等功能；烟台市招远市坚持需求导向，将政务公开专区拓展至大型商超、医疗机构，在人流量较大的超市开展“政务公开进商超”专区试点，打造“智慧政务＋商圈”一站式服务平台，并在市人民医院率先设立“医院—政务”一站式服务专区。另外，济南市历下区的“场景式”服务模式推进信息公开、潍坊市坊子区的“智能办税厅”、菏泽市单县的政策解读“四季歌”等省级基层政务公开标准化规范化试点工作成果经验在国务院办公厅《政务公开工作交流》2019年第3期专题刊发。

为进一步推动基层政务公开标准化规范化向农村和社区延伸，持续完善基层政务公开与村（居）务公开协同发展机制，山东省民政厅于2022年印发了《山东省村务公开指导目录》（鲁民〔2022〕27号），将村民自治章程、议事规则、本村经济、建设发展规划、村级财务收支情况等47项事项纳入村务公开内容，明确了具体公开时限和程序，并要求通过村务公开栏、数字电视、手机App、“灯塔—党建在线”等形式公开有关事项，不断拓宽公开渠道。

（二）突出地方特色，构建山东省政务公开标准体系

2021 年 4 月，GB/T 40088－2021《村务公开管理规范》发布实施，为村务公开管理提供了全面、科学、有效的抓手。2023 年 3 月，由中国标准化研究院、山东省计算中心（国家超级计算济南中心）等起草的 GB/T 42418－2023《基层政务公开工作指南》发布实施，提供了基层政务公开工作的组织管理、信息发布、依申请公开、政策解读、回应关切、办事服务、公众参与、平台建设、监督保障方面的具体工作指南和技术参考，进一步推动基层政务公开标准化规范化，助力基层政务公开工作质量和服务效能提升，提升企业和群众获得感。

山东省致力于政务公开标准体系的构建，基于前期基层政务公开标准化规范化试点成果经验，于 2020 年 12 月将政务公开系列地方标准列入了《2020 年第二批地方标准制修订计划项目》（鲁市监标函〔2020〕329 号）。由省政府办公厅牵头，联合山东省计算中心（国家超级计算济南中心）和济南、青岛、潍坊、济宁、聊城、滨州等市政府办公室（厅），共同起草了 DB37/T 4531－2022《政务公开基本要求》、DB37/T 4532－2022《政务公开标准化目录编制规范》等 10 部山东省政务公开地方标准，于 2022 年 8 月 25 日起正式实施（见表 1）。

表 1　山东省政务公开系列地方标准列表

序号	标准编号	标准名称
1	DB37/T 4531－2022	政务公开基本要求
2	DB37/T 4532－2022	政务公开标准化目录编制规范
3	DB37/T 4533－2022	政府信息主动公开工作规范
4	DB37/T 4534－2022	政府信息依申请公开工作规范
5	DB37/T 4535－2022	政策解读工作规范
6	DB37/T 4536－2022	政务公开公众参与工作规范
7	DB37/T 4537－2022	政府信息公开专栏建设规范
8	DB37/T 4538－2022	政府信息公开指南编制规范
9	DB37/T 4539－2022	政府信息公开工作年度报告编制规范
10	DB37/T 4540－2022	政务公开社会评价工作指南

山东省政务公开系列地方标准是对山东省开展省级基层政务公开标准化规

范化试点工作成果的固化和提升，同时也是全面开展政务公开标准化的重要基础。10部地方标准紧密围绕党中央、国务院和山东省委、省政府关于政务公开工作系列部署要求，从基本要求、信息发布、政策解读、公众参与、依申请公开、社会评价等方面进一步细化工作程序，规范工作流程，并就标准化目录编制、政府信息公开工作年度报告编发、政府信息公开指南编制、政府信息公开专栏建设等提出了规范化的要求，基本涵盖了政务公开管理运行的全过程，推进山东省政务公开工作的可预期、可操作、可验证、可考核和可监督。10部地方标准均为推荐性标准，发布实施后，各级各部门结合实际参照执行，标准起草工作组将持续跟踪标准的实施情况，适时对标准开展修订，不断改进完善标准内容，全力打造具有山东特色的政务公开标准体系。

（三）坚持标准引领，深化公共企事业单位信息公开

公共企事业单位是政府履行公共服务职能的重要载体，量大面广，涉及教育、卫生健康、供水、供电、供气、供热、环境保护和公共交通等领域，与公众生产生活和经济社会发展紧密相连，具有很强的公共属性。国务院办公厅出台《公共企事业单位信息公开规定制定办法》（国办发〔2020〕50号）之后，国家卫生健康委、住房城乡建设部、生态环境部、交通运输部、国家能源局等相继制定或修订了各自领域的公共企事业单位信息公开规定或办法，教育部也发布了《高等学校信息公开办法（修订草案）》，公共企事业单位信息公开“1＋N”制度体系框架已初步形成。自2018年开始，山东省将推进公共企事业单位信息公开写入《山东省优化营商环境条例》，连续5年把公共企事业单位信息公开工作作为重点任务，纳入年度政务公开工作要点。

2022年，为进一步明确各领域公共企事业单位信息公开适用主体，山东省政府办公厅要求省级行业主管部门和市、县级政府深入开展本领域、本地区公共企事业单位摸底调查，为全省2万余家公共企事业单位编制了适用主体清单，统一标准集中在政府网站公开展示，解决了由于对“公共”内涵未厘清而造成的公开主体范围不明确、底数不清的问题。其中，烟台市以试点带动标准化建设，选取公众关注度最高的教育、医疗卫生、公共交通、水电气热7个领域为试点，统一编制了适用主体清单、信息公开目录体系，进一步明确了主动公开事项名称、事项内容、公开时限、公开渠道、公开主体等要素；聊城市冠县集中制定了各领域信息主动公开基本目录，确保目录的公开事项、时限、主体等公开内容规范准确。

为做好公共交通企业信息公开申诉处理工作，山东省交通运输厅在全国交通运输行业率先配套制定了《公共交通企业信息公开申诉处理工作制度》，统一信息公开申诉受理范围、受理机构、受理渠道、办理程序、办理时限等标准和程序。山东省教育厅出台了《山东省中等及中等以下学校信息公开办法》，并制定了《山东省普通中小学主动公开基本目录》和《山东省中等职业学校主动公开基本目录》，明确全省中等及中等以下学校的主动公开内容、方式和时限等。山东省生态环境厅在全国率先开展省级环境信息依法披露系统平台建设，对应进行环境信息依法披露的企业实行动态管理，规范和明确企业环境信息披露的内容、格式、时限等。山东省住房城乡建设厅在制定《山东省城市公共供水服务规范》《城镇燃气行业服务规范》《城镇冬季供热服务规范》等地方标准过程中，将信息公开纳入其中，提出了具体要求，并印发了《关于落实政务公开要求建立完善水气暖公用企业信息公开平台的通知》，督促各地区核实梳理公用企业信息公开平台设置情况。

在山东省政府办公厅的统一领导和部署安排下，各市、县级政府门户网站均建立了本地区公共企事业单位信息公开专栏，统一标准、集中展示，充分发挥各级政府网站信息公开主阵地作用。如济宁市以标准化建设促进规范化管理，根据各行业特点及国家、省、市相关行业信息公开规定或办法，认真研究制定出台了公开标准 15 部、公开模板 180 个，为公共企事业单位信息公开工作提供了规范的标准指引；临沂市针对公共企事业单位信息公开专栏建设不规范、公开信息要素不全等共性问题，每个领域选取 2 家单位作为试点，高标准打造信息公开模板，以点带面，推动全市公共企事业单位信息公开稳步提升；青岛市市南区编制了《公共企事业单位信息公开手册》，细化到操作层面，形成一套操作性强、可复制的信息公开工作机制和流程规范。

（四）紧扣规范高效，统筹全省政府文件集中公开

《法治政府建设实施纲要（2021—2025 年）》和全国政务公开领导小组第五次会议要求，建设法规规章行政规范性文件统一公开查询平台，2022 年年底前各省（自治区、直辖市）实现本地区现行有效地方性法规、规章、行政规范性文件统一公开查询。《2020 年政务公开工作要点》明确要求，2020 年底前集中统一对外公开现行有效行政法规，并提供在线查阅、检索、下载等服

务；《2022年政务公开工作要点》明确要求，2021年全面推进规章集中统一公开；《2022年政务公开工作要点》明确要求，自2022年起，全面开展了国务院部门、省级政府及其部门的行政规范性文件清理和集中公开工作，逐步探索建立本地区、本系统统一的现行有效行政规范性文件库，建立健全动态更新工作机制，并于2022年底建成统一的“国家规章库”。

2021年，山东省政府办公厅着手部署开展各级政府规章、行政规范性文件标准化集中公开工作，于2022年7月全面启动全省政府文件库建设。在前期开展政府规章和行政规范性文件标准化集中公开的过程中，山东省政府办公厅探索制定了政府文件库数据元标准规范，对各级各部门向全省政府文件库推送数据的接口字段、数据格式、字段类型、字段名称、字段需求等要素进行统一规范。同时，针对政府文件分类不统一的问题，经认真研究和细致调研，将政府文件分为政府规章、行政规范性文件、其他文件三类，在全省范围内统一了文件分类的标准，并明确了政府文件库中主题分类的标准。截至2023年底，已入库政策总数为104196条，其中政府规章562条、行政规范性文件10544条、其他文件93090条。截至2024年4月底，山东省政府文件库为企业、公众提供了980万余次的政策访问服务。

基于全省统一的政府文件库，建设完成了“政府文件统一公开平台”，在山东省政府门户网站上线运行。公开平台按照政策文件的年份、类别、发文机关、机关代字、主题等进行分类展示，并按照省级、市级和县级进行分级公开，实现了全省政策文件的统一规范查询。在政策文件展示页面方面，统一规范为索引号、主题分类、成文日期、发布日期、发布机关、统一编号、标题、发文字号和有效性等基础要素的展示，并制定了相关页面展示标准和模板。通过建设全省统一的政府文件库，摸清了全省政府文件的底数，实现了全省政府文件数据资源的标准化、历史文件的电子化、文件目录建设的规范化管理，促进跨层级、跨地域、跨部门共享开放的政府文件数据发布和应用，变“人找政策”为“政策找人”，为优化营商环境、政策精准推送、市场预期引导以及民生服务场景建设等提供了基础数据支撑。

二 山东省政务公开标准化工作面临的问题

虽然，近年来山东省政务公开标准化取得了显著成效，但与先进地区相比，仍然存在着一些亟须解决的问题，主要体现在以下四个方面。

（一）政务公开标准化缺乏顶层设计

政务公开标准体系是政务公开标准化工作的顶层设计，也是政务公开标准化工作的基础，是标准关系体系化的表达，对后续标准化制度建设、标准制修订、标准宣贯实施等具有规划和指导作用。《国务院办公厅关于全面推进基层政务公开标准化规范化工作的指导意见》（国办发〔2019〕54号）也明确提出，以全国统一、系统完备的基层政务公开标准体系为引领，健全公开制度，规范公开行为，提升公开质量。后续政务公开标准化的规范开展离不开标准体系的规划和指导。政务公开工作涉及范围较广，政务公开工作有关标准与其他业务工作标准存在一定程度的交叉，如《GB/T 32618－2016　政务服务中心信息公开业务规范》中多数内容为政务服务信息公开的要求，应纳入政务公开标准体系，统筹规划和考虑。另外，政务公开后续工作也会涉及其他领域的相关标准，如政务公开数字化转型离不开信息安全有关标准的应用和支撑，所以信息安全有关标准也应纳入政务公开标准体系，避免标准的重复制定。

鉴于国家层面尚未形成统一的政务公开标准体系，部分省（自治区、直辖市）开展了一些标准体系构建的探索，标准体系框架和分类各不相同。对此，标准体系的构建需要从全国层面达成一致的共识，才能够有效地推动政务公开标准化向纵深发展，所以国家层面对于政务公开标准化顶层设计势在必行。

（二）可操作性强的标准研制力度不足

首部政务公开国家标准《GB/T 42418－2023　基层政务公开工作指南》的发布实施，对于政务公开标准化工作有着至关重要的意义，但该标准主要是从宏观层面为基层政务公开工作提供指导，并未对具体细化的工作要求进行规定。

目前，各地区各部门缺少的是能够具体指导政务公开工作开展的可操作性强的标准。如各地区各部门均在政府网站建立了政府信息公开专栏，但在行政规范性文件、机构职能等网页的展示样式，行政许可、处罚强制、政府集中采购等与专门网站的数据衔接与展示，法定主动公开内容的边界范围与栏目分类，政府信息公开指南和政府信息公开工作年度报告的内容规范等方面，还存在不统一、不规范的问题。再如，目前政务公开专区建设如火如荼，各地区均在政务服务大厅、便民服务中心等建立了政务公开专区，但对于政务公开专区的功能设置、标识标牌、设施设备、运营管理、监督评价等尚无统一的规范要求，导致部分基层政府为了应付工作，随意摆放一台电脑，直接命名为政务公开专区，或出现专区“建而不用、用而不管”等形式主义问题。

（三）基层政务公开标准化规范化仍然面临难题

26 个试点领域的基层政务公开标准指引已于 2020 年底前由国务院相关部门全部编制完成并公开发布，后续又发布了交通运输、旅游、广播电视、统计、新闻出版版权、自然资源、水利等领域的标准指引。然而，在具体的基层实践中政务公开工作仍存在着诸多需要统筹解决的问题，如一些国家层面要求的内容和标准不明确，基层对相关标准和要求掌握不准，出现不知道怎么操作的情况；各领域基层政务公开标准指引在涵盖范围、事项分类、公开标准等方面不统一，实际统筹推进难度较大；由于对事项、流程、渠道理解不同，业务主管部门、各级政府统一管理困难；部分地方以“质量管理、服务业标准”的逻辑制定政务公开标准体系，导致标准冗杂、实用性差。

另外，基层政务公开标准化规范化的重点在于各领域基层政务公开事项标准目录的落实，在目录公开方面仍然有短板和不足。如部分基层政府的事项标准目录照搬照抄国务院有关部门的标准指引，未结合本地区实际进一步细化要求；部分基层政府事项标准目录与实际公开内容不相符，导致目录制定和实际工作严重脱节，标准化作用发挥不充分。

（四）公共企事业单位信息公开标准不统一

《公共企事业单位信息公开规定制定办法》（国办发〔2020〕50 号）第 7 条第 1 款规定，公共企事业单位信息公开规定应当以清单方式明确列出公开内容及时限要求，并根据实际情况动态调整。2022 年，国家卫生健康委办公厅印发了《医疗卫生机构信息公开基本目录》（国卫办政务发〔2022〕1号），以基本目录形式分别明确了医院、基层医疗卫生机构、妇幼保健机构等8类医疗卫生机构信息公开的基本内容，为医疗卫生机构信息公开工作提供了切实可行的指导和规范。但在各领域实际的信息公开工作中，难免因为对相关标准和要求理解不一，导致出现信息发布标准不明确、不统一，公开内容不一致的情况，如供电企业信息公开年度报告内容、中小学信息公开咨询指南内容、医院在线咨询服务标准等，在具体实践过程中仍然不够明确。

另外，部分领域公共企事业单位信息公开平台分散设立、重复建设，如高等学校和医院，既有独立建设的官方网站、微信公众号、微信小程序等，也有在所属地区政府门户网站建立的有关信息公开专栏；高等学校、医疗卫生机构、公共交通企业等官方网站栏目建设标准不统一，公众查找信息较为不便；各领域公共企事业单位信息公开办法或规定均明确可以采用信息公开咨询的方式获取信息，但多数未明确具体的咨询程序、答复规范、救济渠道等信息。

三 未来展望

推进政务公开标准化是打造高质量政务公开工作的坚实保障。下一步，山东省将继续坚持以标准化推动政务公开工作提质升级，并重点从以下四个方面予以深化。

（一）探索构建政务公开标准体系

尽快启动构建政务公开标准体系，注重标准体系的科学性和结构化，满足当前经济社会发展对政务公开标准化工作提出的新要求，应对面临的新形势，兼顾与现行数字政府、政务服务等有关国际标准和国家标准的相互衔接，为构建全国统一的政务公开标准体系贡献山东实践。标准体系结构可按照通用基础标准、工作流程标准、公开内容标准、平台建设标准、监督保障标准等设置划分。通过分析国内外政务公开有关标准体系的建设现状和特点，根据《政府信息公开条例》和党中央、国务院有关政务公开工作的最新部署要求，全面梳理现行、正在编制和待编制的政务公开有关的国家标准、行业标准、团体标准、地方标准等，进一步归纳和分类，加强政务公开有关标准的科学管理和查询使用。在充分研究政务公开标准化发展需求的基础上，广泛征集意见，明确列出政务公开有关标准的编制计划建议，包括标准名称、宜定级别、适用范围、启动时间等，用于指导政务公开有关标准的立项和制修订工作。切实做好《DB37/T 4531－2022 政务公开基本要求》等10部政务公开地方标准的宣贯，持续跟踪地方标准的实施情况，适时对地方标准进行修订，不断改进完善标准内容，全力打造具有山东特色的政务公开标准体系。深入调研各级各部门在日常政务公开工作中的难点、堵点、痛点，探索以标准化解决问题的方法，不断提高政务公开标准体系的覆盖度。

（二）建立健全主动公开事项目录制度

切实抓好基层政务公开事项标准目录的落实，特别应注重以下几个方面。一是落实到规范工作流程中，将事项标准目录、标准规范嵌入部门业务系统，促进公开要求与业务工作深度融合，增强政务公开在经济社会发展大局中的功能作用。二是落实到平台建设监管中，按照标准目录中公开渠道的要求，进一步规范政府网站、政务新媒体、政务公开专区等平台和渠道建设，准确把握不同类型公开要求，综合考虑公开目的、公开效果、后续影响等因素，科学合理确定公开方式、范围和渠道。三是落实到解读回应中，及时传递党和国家相关政策，准确解读本地区贯彻执行措施，针对政策实施和重大项目推进过程中出现的误解疑虑，及时回应、解疑释惑。四是要推动基层政务公开标准化规范化向农村和社区延伸，完善基层政务公开与村（居）务公开协同发展机制。进一步扩大基层政务公开标准化、规范化试点成果，督促各级各部门根据法律法规、规章关于主动公开信息的规定，梳理确定法定公开事项，形成主动公开事项目录，实行清单化管理，不断丰富公开内容，做到法定公开事项主动公开到位，其他事项审慎主动公开。

（三）统筹推进政府信息公开专栏标准化建设

持续深化完善全省政府文件库建设和应用，实现全省各类文件的统一查询、共享共用和动态更新，后续探索开展各类数据场景应用。建立完善各级政策集中发布平台，加快推进政策发布数字化转型，强化政府网站政策文件数据同源管理，实现各级政府文件库、政府公报库数据互联互通和资源共享。借鉴全省政府文件库建设的模式，规范政府网站政府信息公开专栏的内容设计、页面设计、功能设计等。对政府信息公开指南、行政规范性文件、机构职能等，研究制定可参考的展示样式模板；对涉及其他专业网站的公开内容，研究制定信息链接和展示的工作方案；对法定主动公开内容边界范围进行明确，制定信息分类的参考标准。

（四）深入开展公共企事业单位信息公开标准化

自2022年以来，山东省政府办公厅连续2年委托第三方机构在全省范围内随机抽取600余家公共企事业单位，开展线上、线下评估工作，有效推动了工作落实，同时也发现了一些公共企事业单位信息公开标准化方面的问题。下一步，山东省政府将坚持问题导向，以标准化深入推进公共企事业单位信息公开工作。参考借鉴基层政务公开标准化规范化推进模式，鼓励各地区各领域试点先行，在地区或行业领域内开展公共企事业单位信息公开试点工作，由点到面、由易到难，逐步推广。健全各领域信息公开制度体系和标准规范，包括信息公开的审核发布、管理维护、咨询回应、平台建设等方面。全面梳理细化各领域的公开事项，由各级行业主管部门制定本领域的公共企事业单位信息公开事项标准指引或目录，规范公开事项的主体、内容、时限和方式。建立完善信息公开咨询标准，合理设置信息公开咨询平台，明确信息公开咨询的程序、答复、救济渠道等。针对各领域线上主动公开平台渠道的不同特点，分别制定信息公开平台建设指南，如高等学校网站建设指南、政府网站信息公开专栏建设规范、医疗卫生机构和中小学微信公众号建设指南等。规范医疗卫生机构、公共交通企业等现场公示内容、方式和位置，探索制定标准模板，统一公开形式。加强信息公开咨询窗口建设，注意与行业服务热线电话、政府网站互动交流平台、政务公开专区等现有平台渠道的融合。

江油市探索“123 + N”新模式打响“一码通·一路伴”政务公开品牌

四川省绵阳市江油市人民政府办公室*

摘　要： 政务公开，是新时代建设人民满意的法治政府、创新政府、廉洁政府和服务型政府的关键举措。江油市作为全国百强县（市）、四川省第二批深化政务公开促进基层政府治理能力提升先行县（市），坚持“以人民为中心”推进政务公开，聚焦“五公开”加速数字化转型和集成创新，探索形成“123 + N”新模式，打响“一码通·一路伴”政务公开品牌。

关键词： 政务公开　先行先试　数字化　品牌化

2023年以来，根据中央、省、市总体部署，在四川省政府办公厅、绵阳市政府办公室的精心指导下，江油市秉持“公开为民、公开便民、公开惠民”的理念，按照“高位推进、示范带动、全域提升”的思路，突出问题导向，注重因地制宜，探索“123 + N”政务公开新模式，以政府信息“一码通”引领政务公开集成化、高效化、现代化，以暖心服务“一路伴”引领县域治理

---

* 课题组成员：张正银，江油市统计局党组书记、局长；唐超，江油市人民政府办公室国动办专职主任；王彬林，绵阳市人民政府办公室政务公开科科长；彭文，绵阳市人民政府办公室政务公开科四级主任科员。

便捷化、人性化、亲情化，全力打响“一码通·一路伴”政务公开品牌，努力让先行县（市）成色十足、人民满意。

一 主要做法：探索“123+N”新模式

（一）坚持标准引领，建立“1”个政务公开工作体系

勇于直面政务公开工作制度机制不优、标准不一、力量不强等问题，坚持把加强制度机制建设作为提升工作质效的重要抓手，保障政务公开工作高质高效推进。

一是建立一套政务公开制度。制定《江油市深化政务公开促进基层政府治理能力提升实施方案》，开发“李白故里政务公开码”，建立政务公开专区管理制度，政府信息主动公开、政府信息依申请公开、政策文件解读、政务公开信息发布审核审查、政务公开工作社会评议制度，着力构建“1+2+5”政务公开制度体系，明确政务公开范围、内容、流程、时限、职能职责和保障措施，确保有章可循、按章办事。

二是编制一本政务公开指南。按照国家部委印发基层政务公开标准指引与各级政务公开部署要求，围绕“公开什么、由谁公开、在哪公开、如何公开”内容，汇编形成一本政务公开指南，涵盖29个领域的市级基层政务公开标准目录，市级部门、乡镇（街道）的2级政府信息主动公开基本目录，市政府、市级部门、乡镇（街道）的3级政府信息公开指南，确保精准发布、动态更新，方便公众及时知晓、咨询和监督。

三是打造一支政务公开队伍。按照“38个市级部门、6家市属国有企业、24个乡镇（街道）各2人，253村（社区）各1人”的标准，组建一支市、乡镇（街道）、村（社区）三级全覆盖的389人政务公开队伍。强化业务培训、以会代训，熟悉和掌握政务公开具体内容、操作流程和政策法规，做到主动公开、及时公开、规范公开。用好村组干部、网格员、志愿者等基层力量，宣传惠民政策、收集民情民意，切实打造政民互动的“直通车”和“连心桥”。

（二）坚持双线联动，搭建"2"大政务公开集成平台

勇于直面政务公开渠道多而杂、平台多而滥、信息碎而乱等问题，线上线下齐发力，全力打造数字化政务公开综合平台、温暖型政务公开专区。

线上，开发集成化政务公开码。以"一码通·一路伴"为导向，运用数字化理念和现代信息技术，分"三类专区"（江油市级专区、乡镇〈街道〉专区、村〈社区〉专区），以"五公开"（决策公开、执行公开、管理公开、服务公开、结果公开）为核心，开发具有平台"一码集成"、信息"一码汇聚"、查询"一码全览"、办事"一码抵达"功能的"李白故里政务公开码"。扁平化设置一级专区、二级版块、三级栏目，将多平台、多层级、碎片化的信息整合录入、"7×24小时"公开；编制线上"政务地图"，扫码即可查看急需急盼的行政决策、政策文件、办事服务等信息，做到随时随地政府信息"一码通"。

线下，设立标准化政务公开专区。结合资料阅览、自助查询、申请接收、咨询引导等功能定位，统一打造规范、实用、亲民、舒适的标准化三级政务公开专区。推行"六个一"标准化建设，配置"李白故里政务公开码"、自助查询设备，创新开展局长（主任）进大厅、乡镇（街道）班子成员进大厅，公开政府公报和政务公开制度、重要政策文件、办事服务指南、重点项目、民生实事等"五公开"信息，通过"一LOGO"实现政务公开标识鲜明化、"一码"实现政务公开信息集成化、"一专员"实现现场咨询服务温暖化、"一终端"实现自助查询服务信息化、"一屏幕"实现重要内容公开直观化、"一坐席"实现政企政民沟通零距离。

（三）坚持问题导向，深化"3"类政务公开暖心服务

勇于直面政务公开与政务服务融合度不高和"两张皮"等问题，深化政务公开暖心服务，最大限度便民利企。

针对老弱病残等特殊群体"全程陪办"。对老弱病残以及行动不便、流程不熟、资料不会填报等无法自主办理的，政务服务中心、人社、医保等大厅落实政务公开专员，主动靠前做好服务，提供咨询解答、申报辅导、"办不成事"反映等服务内容，实行"全程陪办"，专员帮助一次性把事办完。

针对工作日到厅办事不便等群体"全天网办"。依托"李白故里政务公开

码”，畅通各类网上办理平台，集成“网上办事超级链接”，轻松实现在线链接、在线办事、在线享受高效服务。建设政务服务中心“7×24小时”自助服务专区，进驻税务、公安等自助服务终端10台、高频事项业务20项，方便“全天网办”，填补办公时间外的服务盲点，让办事者舒心暖心。

针对重点招商企业等群体实行“全面帮办”。组建服务招商企业工作专班，匹配“项目专员”，提供企业注册、项目立项、能环评审批等全周期咨询答疑和“全面帮办”服务，大幅缩短事项办结时限。特别是对需多部门审批、一次无法办理的事项，行政审批、政务服务部门等落实1名领导、1名中层干部，会同“项目专员”集成帮办，真正把暖心服务送到企业“家”。

（四）坚持守正创新，探索“N”项政务公开试点行动

深入开展“互联网+政务公开+基层治理”行动，探索打造出一批具有江油特色、可复制、可推广的“政务公开+”模式，助力基层治理体系和治理能力现代化。

探索“政务公开+农民工服务”。人社局着力打造“15分钟人社服务圈”，建立市、乡镇（街道）服务站点，新建村级农民工综合服务站50个、筹建75个，发布《返乡农民工创业项目推介册》等政策和招工信息，提供创业咨询、就业培训、直播代销等服务，扶持农民工返乡创业792人、就业1639人。

探索“政务公开+村村通”。乡镇（街道）依托5G云广播系统，组建以机关、村组干部为主的宣讲队，结合森林防灭火、防汛减灾、医保社保缴费等筛选公开内容，通过广播“方言”喊话等方式进行“土味”宣传，让群众愿意听、听得懂、听得进去，实现信息供给端和群众需求端的有效匹配。

探索“政务公开+一线调解”。三合镇针对辖区工矿企业多、下岗职工多、劳动关系复杂等特点，组织村社企三类调解员上门开展劳动法律法规宣讲，开通“快立、快调、快结、快送”弱势群体维权绿色通道关口前移、以援促调，调解劳动争议案件79件，获评四川省首批劳动人事争议“金牌调解组织”。

探索“政务公开+多维监督”。龙凤镇开发“三提一监督”（提意见、提建议、提诉求，全程监督）的“码上会客厅”，群众扫码即可分片区向镇级干部、村（社区）干部或人大代表“一对一”咨询相关信息、提出意见建议、

反映问题诉求，设有专人全天“值厅”，统一分件、交件办结，“点对点”回复回访，主动接受辖区市、镇两级人大代表的监督。

二 特色亮点：打造“四大创新示范”

（一）创新示范一：全面推行“李白故里政务公开码”

顺应政务公开数字化转型大势，开发运用“李白故里政务公开码”，打造政务公开综合平台，做到“一码通查、一码通晓”。

平台“一码集成”，构建一个体系。“李白故里政务公开码”全面整合集成各类政务公开资源，分江油市级、乡镇（街道）、村（社区）“三类专区”，以决策、执行、管理、服务、结果“五公开”为核心，搭建“江油市政务公开综合平台”，打造“指尖上的政务公开窗口”，构建专业化、现代化的线上政务公开体系。

信息“一码汇聚”，建好一个集群。“李白故里政务公开码”将市级专区12大类46项、24个乡镇（街道）专区12大类35项、253个村（社区）专区10大类28项信息全面汇集，打造市情镇情村情社情介绍、工作机构、政策文件、权力清单、办事流程、服务事项等政务公开内容综合集群，切实做到信息全录入、领域全覆盖、汇集全到位。

查询“一码全览”，开启一个通道。全面加强“李白故里政务公开码”宣传、推广、普及，做到家喻户晓。群众和经营主体通过唯一线上通道，一码查遍24000余条政务公开综合信息，手指轻轻一点就能快速搜索、轻松获取、收藏保存信息。推出线上“政务地图”，31个政务（便民）服务场所信息一目了然。

办事“一码抵达”，提供一个超链。着力打造“网上办事超级链接”，人民群众和经营主体扫“李白故里政务公开码”后，可直接获取1800余项办事服务事项链接，轻松实现在线链接、在线办事、在线享受高效服务，真正做到随时能办、随时可办、随时好办，全面彰显“一码通·一路伴”品牌特色。

（二）创新示范二：打造“六个一”政务公开专区

按照“六个一”统一要求，标准化建设规范、实用、亲民、舒适的市、乡镇（街道）、村（社区）三级政务公开专区。

1. “一 LOGO”，政务公开标识鲜明化。突出李白故里特色，精心设计“一路伴”江油政务公开标识，三级政务公开专区统一展示、统一宣传，切实提升曝光度，强化品牌认知。

2. “一码”，政务公开信息集成化。政务服务中心和 6 个部门办事大厅、24 个乡镇（街道）便民服务中心、253 个村（社区）便民服务站政务公开专区以立牌、海报等形式，统一设置“李白故里政务公开码”，实现政务公开信息“一码通”。

3. “一专员”，现场咨询服务温暖化。政务公开专区配备 1 名政务公开专（兼）职工作人员，为群众和经营主体到厅（中心、站）提供引导、咨询、解答服务，打造“温暖型”专区。

4. “一终端”，自助查询服务信息化。政务公开专区配备 1 台自助查询服务一体机，接入“李白故里政务公开码”和政府门户网站等资源，一站查询政务公开信息，一键下载打印资料。

5. “一屏幕”，重要内容公开直观化。政务公开专区配备 1 台 LED 显示屏或电视机，滚动展示“五公开”关键内容，以及政策文件解读等重要信息，提升公开效率、公开质量。

6. “一坐席”，政企政民沟通零距化。政务公开专区设置 1 个“局长（主任）进大厅”或“乡镇（街道）班子成员进大厅”专席，搭建领导干部与群众、经营主体“零距离”沟通交流平台。

（三）创新示范三：青莲镇“班子成员进大厅 + 大喇叭政务公开”

青莲镇探索“班子成员进大厅 + 大喇叭政务公开”新模式，打通政务公开“最后一米”，引领和推动阳光基层政府治理。

1. 建设“亲民”专区，打造“温暖型公开平台”。以“亲民”为导向，投入 26 万元，建设集政务公开专区、办事服务窗口、政策咨询服务台等为一体的舒适化便民服务中心。按照“六个一”要求，标准化建设体现李白文化的政务公开专区，让人民群众和经营主体走进大厅“宾至如归”，感受到“家的温暖”。

2. 开展“专席”服务，创新“班子成员进大厅”。便民服务中心设置“班子成员进大厅”专席，“逢场天”及“冷场天”上午等群众集中办事时段，安排 1 名科级领导干部坐班值守。着眼办事“难不难”、流程“优不优”、体验“好不好”，指导和督促工作人员提高服务效率；围绕群众和经营主体关注的事项、政策，带头咨询和答疑解惑，“零距离”了解和解决痛点、难点、堵点问题。今年以来，镇领导班子成员累计值守 50 余人次，现场咨询和解答问题 400 余个，收集群众和经营主体意见建议 33 条，赢得广泛称赞。

3. 做好“土味”宣传，创新“大喇叭政务公开”。整合“村村通”智慧广播系统资源，搭建“大喇叭政务公开”平台。坚持“群众需要什么，就提供什么”“群众关注什么，就公开什么”“群众怎么听得懂，就怎么宣传”，镇、村（社区）干部在每周一、周三、周五的 17 点至 19 点等群众在家主要时间段，围绕强农惠农政策、医保社保缴费、防汛减灾、森林防灭火、办事服务，以及“五经普”、优化营商环境等政策，采取通俗易懂、简洁明了的“土味”方言进行“大喇叭政务公开”宣传，让群众愿意听、听得懂、记得住、用得上。2023 年以来，全镇“大喇叭政务公开”累计宣传各类政策、政府信息 2700 余条。

（四）创新示范四：龙凤镇开放“码上会客厅”

龙凤镇创新开放“码上会客厅”，通过探索提意见、提建议、提诉求、全程监督“三提一监督”模式，走出政务公开向村级延伸新路子，努力实现政民互动“零距离”。

1. 开放“建厅”，政群沟通无障碍。人民群众仅需扫描“李白故里政务公开码”或“码上会客厅”二维码，即可“一键”向所在片区的镇党委政府领导、村（社区）“两委”班子成员和市、镇两级人大代表点对点提意见、提建议、提诉求，充分保障群众依法享有的知情权、参与权、表达权和监督权。

2. 全天“值厅”，办事服务不打烊。“码上会客厅”安排专人在线值守，提供“7×24 小时”服务，确保每一份群众意见、建议和诉求能够第一时间接收、转办、沟通、办结、回复、回访，积极完善群众评价机制，切实做到事务处理全闭环，实现群众意见建议诉求事项按时办结率、群众满意度均为 100%。

3. 从严“管厅”，接受监督更主动。主动将“码上会客厅”管理运行和事项办理置于选区内的市、镇两级人大代表共同监督之下，以监督促提升。特别是对群众反映的突出问题，人大代表督促镇村两级制定方案，限期予以整改；对民生事项，人大代表指导镇村两级第一时间回应和解决群众关切，努力让权力和服务在阳光下规范、有序、高效运行。

三 经验启示：彰显“四个高度聚焦”

江油市在先行县（市）建设中，坚持“以人民为中心”推进政务公开，推进数字化转型、实战化创新、高效化统筹，引领政务公开工作始终沿着正确的方向创新前行。

（一）高度聚焦“以人民为中心”，鲜明政务公开价值追求

人民性是马克思主义的本质属性，全心全意为人民服务是党的根本宗旨，这也决定了政务公开工作必须全过程、全方位贯彻好“以人民为中心”的发展思想。江油市政务公开工作始终坚持以人民群众需求为导向，最大程度便民、利民、惠民，无论是“李白故里政务公开码”实现的政府信息“一码通查、一码通晓”，还是“三类政务公开暖心服务”开展的“全程陪办、全天网办、全面帮办”，都充分彰显“一码通・一路伴”政务公开品牌的前行方向、目标定位、价值追求。

（二）高度聚焦“数字化转型”，顺应政务公开发展大势

数字化转型，是信息时代提升政务公开工作质效的关键手段，国家、省、市大力倡导提升政府网站数字化水平、推动政务新媒体数字化发展、推进政府公报数字化转型，进一步拓展政务公开渠道。江油市主动适应移动互联网高速发展、全面运用的新形势，积极运用数字化理念和现代信息技术，创新推出“李白故里政务公开码”，实现数据资源横向联通、数智能力纵向贯通，打通政务信息全覆盖领域汇集、“零距离”传递、24 小时可查可看可用的“最后一厘米”，人民群众和经营主体查询政务公开信息、办理政务服务事项不再焦虑。

（三）高度聚焦“实战化创新”，突出政务公开实践导向

政务公开工作的创新，绝不是脱离实际的模式塑造、方式更新、经验总结，而是紧密结合江油实际、因地制宜的实战化探索实践。江油市始终坚持问

题导向，注重发现新形势下政务公开工作的痛点、难点、堵点，紧密结合当下现有工作、现有载体和现有设施进行梳理，积极探索既能提升政务公开实效，又能促进日常工作开展，最大程度方便人民群众和经营主体的方式方法。例如，“李白故里政务公开码”充分解决了政务公开“渠道多而杂、平台多而滥、信息碎而乱”问题，青莲镇“班子成员进大厅＋大喇叭政务公开”促进了现有资源的高效利用和作用发挥，具有鲜明的江油印记。

（四）高度聚焦“高效化统筹”，注重政务公开资源整合

政务公开工作，实质就是资源统筹利用、信息统筹发布，关键在高效有序。江油市充分发挥政府办公室的政务公开工作核心枢纽作用，建立了一个组织有力、思路创新、落实坚决的工作专班，高效统筹全市政务公开工作。特别是专班牵头打造一支覆盖市、乡镇（街道）、村（社区）三级的政务公开队伍，有效解决了“由谁负责、谁来干事”的问题，切实夯实了组织保障；强力推进数据资源大统筹、大整合，“李白故里政务公开码”一个平台汇集24000余条政务公开综合信息，涵盖“五公开”，即决策公开、执行公开、管理公开、服务公开、结果公开的各方面、全领域，做到数据集成、公开一体。同时，加强目标管理、督查考核，倒逼政务公开工作落地落实。

全面深化政务公开，对于进一步提升基层政府治理现代化水平提出了更高要求。站在新的起点，江油市将以持续提升先行县（市）建设水平为抓手，坚持“公开为常态、不公开为例外”的原则，加大“李白故里政务公开码”推广运用力度，全面增强“一码通·一路伴”政务公开品牌影响力，更好地以公开促落实、以公开促规范、以公开促服务、以公开促廉洁，提升政府决策、管理、服务、执行和创新能力，为江油“全国百强”晋位升级作出应有贡献。

新时代下政务公开高质量发展存在的问题及对策研究

——以安徽省芜湖市为样本

李 慧 吴 灿*

摘 要： 2008 年 5 月 1 日，《政府信息公开条例》正式施行以来，历经 15 年的发展和实践，政务公开进入全新阶段，工作重心已经从“有没有”的粗放式发展向“优不优”的高质量发展转变。本报告选取安徽省芜湖市为样本，全面总结该市政务公开发展的现状与经验，深入剖析存在的问题及原因，在此基础上提出针对性的对策建议，助力各地以“奔跑者”姿态推动政务公开高质量发展。

关键词： 政务公开 高质量发展 对策研究

一 芜湖市推进政务公开工作的现状

近年来，芜湖市以习近平新时代中国特色社会主义思想为指导，认真落实中央关于深化新时代政务公开的工作要求，加快转变政务公开职能，坚持目标

* 李慧，芜湖市人民政府办公室副主任；吴灿，芜湖市人民政府办公室工作人员。

导向、问题导向、结果导向，不断强化经济领域、民生领域信息公开，提升政策服务水平，深化基层政务公开，夯实政务公开工作基础，以公开促落实、促规范、促服务效果进一步显现，较好发挥了政务公开对经济社会发展的助推作用。近三年，芜湖市在安徽省政务公开工作考核排名中均位居前2，2022年度有6个县区进入全省前10名（该市下辖7个县区）。

（一）公开形式上统筹“专题+目录”

政务公开伴随行政行为的全过程、全方面，具有点多、线长、面广的特点。针对一般性的政府信息，芜湖市遵循“谁制作谁公开”的原则，注重发挥各行政机关政务公开主体作用，各行政机关（直至乡镇政府）均开通政府信息公开平台，并主要通过开设目录的形式进行公开。经统计，全市集约化信息公开平台平均每年公开各类信息约24万条，较好地落实了《政府信息公开条例》中的各项要求。针对国办、省办下发的政务公开工作要点以及市委市政府中心工作等重点信息，市本级和县区政府跨部门、跨层级汇聚相关信息，芜湖市建立相应专题进行集中公开，达到“一查全知”的效果。目前，芜湖市全市共建立行政规范性文件库、政策文件库、助企纾困、双招双引、重大建设项目、规划蓝图、政府公报、政策问答、公共监管等各类专题156个。

（二）公开渠道上统筹“线上+线下”

通过线上形式进行政府信息公开是我国各地区的主流做法。截至2023年12月31日，芜湖市共开通线上政府信息公开平台311家，市直部门、县区政府、县区部门、乡镇政府全覆盖，实现了层级周延和部门周延。为了更好满足各类群体信息公开的需求，芜湖市积极探索政务公开的线下渠道。一是自2021年开始，按照“标准+特色”原则，因地制宜、利旧创新，务实建设基层政务公开专区，线下提供政府信息查询、信息公开申请、办事咨询答复等服务，将基层政务公开专区打造成政务公开的线下“实体店”“体验店”，例如，无为市采取“1+1”建设模式，一楼提供基本的政务公开服务，二楼打造为企业之家；繁昌区政务公开专区与“7×24小时”自助办理区融为一体，让专区不仅能查，也能办，实现查办一体。截至2023年12月31日，县区级和镇街级专区覆盖率达100%。二是在各级政务服务大厅设立“政策咨询综合服务”窗口，按照“会耐心回答”“会仔细查找”“会精准分办”的上岗标准，为企业群众提供“一号答”“一站式”政策咨询服务，精准传达政策意图，助力营商环境持续改善。截至 2023 年 12 月 31 日，市、县区、镇街“政策咨询综合服务窗口”实现了全覆盖。

（三）公开内容上统筹“颗粒＋全景”

颗粒化公开。针对惠企便民兑现类政策信息，芜湖市在公开政策全文的同时，对政策干货进行颗粒化梳理，逐项明确政策内容、政策依据、申报条件、申报流程、办理单位及咨询电话，公众只需“按图索骥”照单申报。编制并公开《芜湖市助企纾困政策手册》，按照制造业、现代服务业、科技创新、现代农业、直播电商产业、商贸流通业、夜间经济发展 7 类产业，减税降费、政府采购优惠、降低企业运营成本、降低企业用工成本 4 种类型，集中展示了 280 条政策“干货”，同时，提供搜索功能，方便企业快速查找所需内容。

全景式公开。针对公众关注的重点领域信息，在信息汇聚上下功夫，突出全景式公开。例如，上线“机构职能”专题，全景式公开全市 46 家市直部门，300 多家县市区直部门和乡镇（街道）的行政职能、单位领导、内设机构及下属单位办公地址（具体到楼层）、办公电话（具体到科股室）、办公时间等，给公众提供全市政府权力配置的“全解书”。截至 2024 年 1 月 31 日，阅读量近 1000 万人次。建设“芜湖市政策文件库”，市本级、市直部门、县市区集中在政策文件库发布政策文件，实现“多门合一、一库全收”，解决了政策文件底数不清、情况不明问题，截至 2023 年 12 月 31 日，已集中发布各级政策文件 5057 件。

（四）公开效果上统筹“公开＋服务”

芜湖市不断完善解读、推送、咨询、回应等政策服务全流程各环节工作体制机制，力求做到公开到哪里，服务就延伸到哪里。

政策解读环节，从时效上，坚持解读材料与政策文件同步起草、同步审签、同步发布；从技术上，做到政策解读与政策文件的双向关联，实现了“公开即解读”；从质效上，规范性文件 100% 做到两种以上形式的解读。建立政策解读预审机制，文字解读求深求透，注重对政策的实质性解读，确保政策内涵清晰传递、政策信号正确释放；图片解读求精求简，以图衬文、以图解文，达到形式和内容的有机统一；视频解读求鲜求活，注重运用具体事例、模拟具体场景，让公众在轻松的氛围中获取政策要点。近三年来，市本级共发布各类解读 290 余篇，4 篇政策解读入选省优秀政策解读案例，位居全省前列。

政策推送环节，芜湖市政策文件库增加了“政策订阅”功能模块，公众可按“政策主题”和“服务对象”进行订阅，登录政府网站后，所订阅的信息在“个人中心”进行实时推送。同时，政府信息公开平台开设“邮箱订阅”功能模块，用户不用登录政府网站，只需输入邮箱地址，“芜湖要闻、政策文件、热点回应、双招双引”等最新信息便会每日推送至订阅邮箱。

政策咨询环节，做到了“阅后即问”。一是与政策文件同步公开政策咨询电话，公众可直接拨号咨询；二是在公布政策文件的网页，设置“我要问”在线咨询入口，实现简单咨询 1 个工作日内答复，让政策咨询像“熟人”问事一样方便、高效。

政策回应环节，建立市级政策问答知识库，全面梳理与群众和企业利益关系密切的政策内容，以一问一答的形式主动解疑释惑，知识库内可进行精确检索，且每条政策问答信息后，均提供该项政策的解读科室和联系电话。截至 2024 年初，政策问答知识库已发布信息 4600 余条，点击量 29 万余人次。

（五）公开机制上统筹“上下联动 + 左右互通”

在重点领域信息公开方面，芜湖市坚持上下一体、同步推进，在建设政府信息公开专题时，采取“市里搭台、县区唱戏”模式：专题均由市本级做好顶层设计，并“带量采购”进行市级统建，县区无须再考虑建设思路、页面设计等问题，只需做好各自信息的维护，从而达到“数据通、效率高、成本低”的效果，也在一定程度上克服了县区工作不平衡的问题。

在基层政务公开标准化规范化方面，芜湖市坚持左右联动、协同推进，注重发挥市直部门的主管作用，组织市直部门对各自主管领域基层“两化”开展常态化测评和督导，测评结果同步反馈市政务公开办、县区政府办和对应县区部门，市直部门、县区政府办、市政务公开办三方协同督促县区部门做好问题整改，同时，将县区部门基层“两化”开展情况纳入对应市直部门和县区本级政务公开考核，实行“连带式”考核，进一步压实、压密了市直部门的主管责任和县区部门的主体责任。

二 存在的主要问题及原因分析

一是精准性不够。就政务公开信息供给侧而言，目前芜湖市公开的信息主要分为两类，一类是《政府信息公开条例》中规定的主动公开的政府信息，另一类是每年国办、省办下发的工作要点和国办、省办专门发文要求公开的信息。这两类信息的公开均是自上而下的行政要求，信息供给的视角以行政机关为主，而非百姓视角，这就在一定程度上造成了供给侧与需求端的错位，部分公开的信息不是百姓想要的，百姓想要的也没有公开或者没有高质量公开。例如，机构职能栏目每条信息基本能达到几千甚至上万的阅读量，但是“六稳六保”栏目里的每条信息点击量只有几百次甚至几十次；同是“政策问答”专题里的问答信息，最高的一条信息点击量达到7万多次，而最少的一条信息点击量只有12次，这种“冷热”不均现象反映出的是公开信息精准性不够的问题。

政务公开精准性不够的根本原因在于政务公开的内生动力不足，很多行政机关把政务公开工作当作是上级压下来的任务，仅满足于完成考核任务和排名，而没有认识到政务公开与政府施政是相伴相生、不可分割的，推行政务公开，是政府服务人民、依靠人民，对人民负责、接受人民监督的重要制度安排，导致在实际工作中不能将政务公开当作自身需要来推动，没有问需于民、精准公开的内驱力。

二是便捷性不够。目前芜湖市信息公开平台在交互操作时对用户不够友好，直观的体验是政府信息不好找。一方面，存在“套娃”现象。目前，政府信息公开的目录为树状垂直结构，层级过多、过细，用户需要依次点击进入一级目录、二级目录、三级目录甚至四级目录，才能见到“庐山真面目”；也正因目录设置过细，部分目录下的信息产生的频度不高，甚至一年只会产生一次，（如“双随机一公开”目录下的二级目录“抽查工作计划”，二级目录“社会组织”下的三级目录“管理制度”，二级目录“科技管理和项目”下的三级目录“国有资产监督制度”，“新闻发布”下的二级目录“制度安排”等），但是政府网站考核有更新频次的要求，导致行政机关只能在这些目录下定期发布说明性信息，公众只能在众多的说明性信息里挑选实质信息。另一方面，省办每年对重点领域信息公开的内容以“加法”居多，导致目录臃肿，仅市本级的目录就有464项之多；且部门目录内容交叉重复，如“高质量发展”“三次产业高质量协同发展”“三大攻坚战”“稳经济大盘一揽子政策”“六稳六保”等目录下的信息存在较为严重的交叉重复，行政机关需重复维护，公众的体验也不好。

出现上述现象的原因主要是政务公开考评将目录完整性、规范性作为一项考核标准，为了考核结果，各地没有动力也没有魄力对信息公开目录进行大刀阔斧地精简提炼。

三是规范性不够。由于政务公开办在业务指导、督导上“一竿子插到底”的“钉钉子”精神力度不够，重县区、轻部门，重县区本级、轻县区部门，信息公开存在不同程度的混乱无序问题。其一，随意公开。同一项目录，不同县区、不同部门公开的形式各不相同。如义务教育领域的“财务信息”目录，湾沚区以一条信息添加附件的形式公开本区48家学校2023年三公经费预算信息；繁昌区以一家单位一条信息的形式公开本区33家学校2023年三公经费预算信息，具体到每家学校的预算信息，则是以附件的形式进行公开的；无为市也是以一家单位一条信息的形式公开了本市38家学校2023年三公经费预算信息，但是具体到每家单位的预算信息，则是以图片形式直接在网页公开。再如，政策文件的发布，绝大部分单位都是以网页文件的形式进行公开，但个别单位（如三山经济开发区）直接公开红头文件的图片，或者以附件的形式进行公开。其二，无序公开。例如，南陵县在“国有土地上房屋征收与补偿”领域发布的“房屋征收决定公告”只有1号、3号，却没有2号，应公开的公告却未公开，公开信息跳跃式发布；无为市在“食品药品监管”领域发布的检查结果信息，2022年是按季度发布，2023年变成了按月发布。

四是智能化不够。“芜湖市政策文件库”虽上线了“政策订阅”功能，实现了订阅推送，但这种推送以用户订阅操作为前提，离智能化的无感精准推送尚有差距。同时，订阅的文件推送到用户在门户网站的个人中心版块，用户需登录门户网站后进入个人中心才能查看，与公众上网的主流习惯也不适配。

三 对策建议

新时代下，政务公开工作中存在的主要问题已经从公开意识不强、数量不够，逐步转变为公开实效有待提升、公开渠道多样性与权威性不平衡等问题，工作重心已经从“有没有”向“优不优”转变。芜湖市在推进政务公开高质量发展方面进行了积极探索，一些好的经验做法值得学习借鉴，而在工作中暴露出来的短板和问题，很多是各地市的共性问题，需要结合工作实际，进行举一反三提高整改。针对调研中发现的问题，提出如下对策建议：

（一）在思想认识上深化，提升政务公开高质量发展的内生动力

习近平总书记强调，要用制度安排把政务公开贯穿政务运行全过程，权力运行到哪里，公开和监督就延伸到哪里，以公开促落实、促规范、促服务。我们要深刻领会总书记关于政务公开的重要论述精神，准确把握政务公开是政府服务人民、依靠人民、对人民负责、接受人民监督的重要制度安排这一价值定位，深入认识到政务公开的程度，在一定意义上标志着政府与人民群众的联系是否密切；政务公开工作的质量，一定程度上影响着党的群众路线的贯彻落实的重要意义，牢固树立“以人民为中心”思想，坚持“政务公开＋业务工作”的深度融合。从而产生变“要我公开”为“我要公开”的强大内生动力，主动进行代入思维和换位思考，公开视角从“政府持有什么”向“企业群众需要什么”转变，目标导向从“公开即上网”向“公开即服务”转变，评价标准从“标准化规范化”向“实用度和友好度”转变；不仅关注“公开了什么”，更关注“解决了什么”，不断创新机制、拓展平台、提升效能，以“奔跑者”姿态推动政务公开高质量发展，不断推进“让人民有获得感”的政务公开，以政务公开的“公开指数”换取群众的“幸福指数”。

（二）在供给侧上着力，提高供给与需求的适配度

重点领域信息公开内容要精选。围绕“希望政府公开哪些信息、提供哪些公开服务”等问题，通过政府门户网站、各级各部门政务新媒体、传统媒体等各种渠道，利用多种方式广泛征集社会公众意见，结合 12345 热线高频咨

询事项、依申请公开办理中反映出的政府信息公开需求，进行汇总、梳理、分类，并与上级考核要求的重点领域信息公开内容有机衔接，将企业群众的公开需求转化为重点领域主动公开内容。

内容形式要“深加工”。政府信息是行政机关在履行行政管理职能过程中产生的信息，政府信息的原生气质是“官言官语”，严肃且严谨，容易与公众产生一定的疏离感，但在对政府信息进行公开时，可以用通俗化的语言对公众关注的重点内容进行“深加工”，降低公众获取信息的门槛，让公众愿意看、乐于看。比如，利企便民政策类的信息，要进行颗粒化梳理，化繁为简，化长为短，清单式列出具体内容，条目式跳转到“惠企政策网上超市”或“政务服务网”办事项，既省去公众在政策长文中捞“干货”的烦恼，也可以达到“阅后即办”的效果。政策解读的语言要尽可能口语化，多用“大白话”“网言网语”，多运用具体案例、具体场景进行解读，确保解读得透、理解得准、落实得快。

（三）在渠道上拓展，提高各类人群信息获取的便利度

优化现有政府信息公开平台。要积极利用技术手段，优化平台的搜索功能，提高搜索功能的可用性、易用性和准确性，既可以进行具体信息的搜索，也可以进行目录搜索；既可以进行模糊搜索，也可以进行精准搜索；既可以进行单个站点的搜索，也可以进行站点集群的搜索，让信息“一搜即得”，进一步提升公众交互的友好度和体验感，从而产生使用黏性。

建设政府信息公开平台移动端。顺应目前公众主要通过移动端获取信息的习惯，积极探索建设好用、实用的政府信息公开平台的移动端。首先，移动端与电脑端的内容要相通。要对电脑端信息公开平台的后台数据进行全面精细梳理，选取点击量靠前、公众关注、政府重点推动的政府信息，对页面展示、用户交互重新设计优化，部署到移动端，并打通移动端和电脑端的数据接口，做到数据同源、一次维护，如果把电脑端的信息公开平台比作大的展览馆，移动端就是这个展览馆中的特色主题展。其次，移动端和电脑端的功能要互补。在政策精准推送上，移动端可以借助算法的优化，结合用户点击频率、阅读时长、搜索内容，对用户进行精准画像，从而做到政策文件的无感推送，弥补电脑端政策订阅推送的不足。同时，移动端要在语音播报上优化功能设计，更好满足老年群体的使用需求。

充分发挥线下公开渠道的作用，满足特殊群体的信息需求。要进一步规范村（居）务公开栏的内容要求、要素要求、时间要求，推动村（居）民关注的资产信息、补贴信息、政策信息等重点信息应公开尽公开。进一步做实各级基层政务公开专区，专区要有人随时解答、办理群众的疑问和诉求，要规范摆放各类纸质政策文件，配备放大镜、休息桌椅等设施设备，为公众现场查阅政府信息提供便利。

（四）在链条上延伸，推动重点信息“一键获取”

做好一类政策的集成式公开。从公众希望了解“一件事”“一类事”政策的视角，选取社会关注度较高、办事需求大、政策体量大、跨部门、跨层级的政策领域，如招生入学、基本养老服务等领域，对国家、省、市同一主题政策做归集整理，实现一窗展示、同步更新，重点解决政出多级、多门情况下的查找难等问题，方便公众“一站式”便利获取相关主题的全量信息。

做好一条信息的链条式公开。对重大行政决策事项，要以事项为单位，按照重大行政决策程序明确的程序要求，按照时间节点公开相应环节的信息，让公众清晰、快捷地了解每项重大行政决策的“来龙去脉”。对重大建设项目，要以项目为单位，公开该项目从立项到完工的7个环节的信息，让公众能“一键获取”该项目的全生命周期信息。

（五）在体制机制上用力，源头上提升信息质量

在目录编制上做细工。按照“领域深耕、栏目精简、适度归集、内容提质”的原则，坚持“标准＋特色”，信息跟着业务走，栏目跟着信息跑，公开跟着栏目定，强化对重点领域信息的细化分类，科学编制重点领域信息公开目录规范，做到分类准确、边界清晰、要素规范、横向周密、纵向周延，避免无序公开、随意公开、敷衍公开、选择性公开等问题的发生。

在队伍建设上做细工。与其他工作相比，政务公开对资源禀赋、经济基础的依赖度不高，更取决于具体工作人员的责任心和业务能力。从笔者了解到的情况看，目前各地级市从事政务公开工作的人员以兼职为主，基层从事政务公开工作的人员工作任务重、流动性大的问题更为突出，一年内连换几人的现象屡见不鲜，工作脱节、出现“真空”很难避免。为此，市、县政务公开办应不遗余力加强业务培训，要让业务培训成为常态，按季度列出培训计划、拉出

培训清单，全员培训与单点培训有机结合，例行培训与机动培训有机结合，交接培训与日常培训有机结合，努力做到“人变事不断”。针对严重落后的县区和部门，要通过重点约谈、跟班学习、上门会诊等形式加强压力传导和业务指导，推动政务公开工作的相对均衡发展。

新时代菏泽市政府信息依申请公开温情服务的探索与实践

菏泽市人民政府办公室课题组*

摘　要： 政府信息依申请公开作为一个社会关注度极高的领域，关系到企业群众切身利益，也使政府信息依申请公开领域成为政府信息公开的难点和焦点。菏泽市探索“以人民为中心，温情服务群众”答复依申请公开，推动依申请公开办理质效、群众满意度逐步提升。本文首先分析了菏泽市政府信息依申请公开面临的形势和问题，其次列举了菏泽市探索规范和完善政府信息依申请公开工作的举措，最后就全面提升政务公开质量和实效提出了对策建议。

关键词： 新时代　依申请公开　温情服务　法治政府

一　引言

政务公开是行政机关的法定职责，依申请公开是行政机关公开政府信息的

---

* 课题组负责人：吕顺，菏泽市人民政府办公室一级科员。课题组成员：张欣欣，邹城市匡衡路小学教师；王开国，单县大数据中心主任；王莉娟，东明县大数据中心高级工程师；季保乾，巨野县大数据中心九级职员；侯颖，菏泽市自然资源和规划局副研究馆员；祁国振，菏泽市牡丹区第二十一初级中学教师。执笔人：吕顺、张欣欣。

重要方式。坚持“以人民为中心”，扎实推进依申请公开工作，对保障群众依法获取政府信息、提升政府工作的透明度、建设法治政府具有重要意义。

近年来，菏泽市深入贯彻落实党中央、国务院和省委、省政府全面推进政务公开工作的系列决策部署，进一步强化问题导向、目标导向、效果导向，充分发挥以公开促落实、助监督、强监管、防风险的功能作用，持续提升依申请公开办理制度化、标准化、信息化水平。涌现出了一系列探索规范和完善政府信息依申请公开工作的有益举措，例如，单县多措并举满足基层政府信息公开需求，谱好为民服务“协奏曲”；东明县下好公开“三步棋”助力黄河滩区迁建依申请公开规范有序。这些“以人民为中心，温情服务群众”答复依申请公开的实践探索，为菏泽市进一步提升依申请公开服务群众能力提供了发展方向。

二 菏泽市政府信息依申请公开面临的新形势

进入新时代，人民群众不仅对物质文化生活提出了更高要求，在政府透明度、法治政府建设等方面的要求也日益增长。人民群众对政务公开提出更高期待，是需求升级的必然逻辑，要求各级政府以更有力的工作举措，进一步拓展政府信息公开的广度和深度。政府信息依申请公开工作成为有效解决政府与公众信息不对称问题的一种重要方式。以 2023 年菏泽市各级行政机关接收和答复政府信息公开申请为例，揭示菏泽市依申请公开工作面临的新形势、新要求和新变化。

（一）申请来源越来越广

根据抽样统计信息数据，2023 年菏泽市至少收到了来自 21 个省、直辖市以及自治区的企业、个人以及第三方机构的政府信息公开申请（见图 1）。其中，来自北京市的政府信息公开申请数量在外省申请数量中占第一位。这反映出菏泽市政府信息公开申请工作服务范围的进一步扩大。

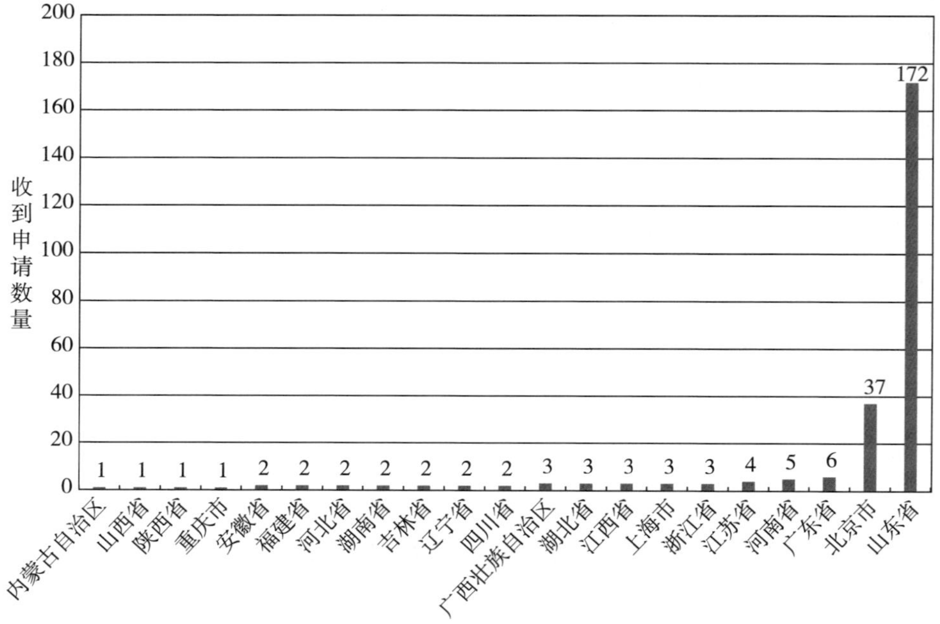

图 1　菏泽市信息公开申请来源省份统计

（二）申请数量逐年递增

2023 年，菏泽市各级政府和部门共收到政府信息公开申请 2108 件，同比增长 27.9%。近五年来，全市政府信息公开申请数量呈现先降低后增加的趋势，尤其是近两年的信息公开申请数量增势迅猛（见图 2）。

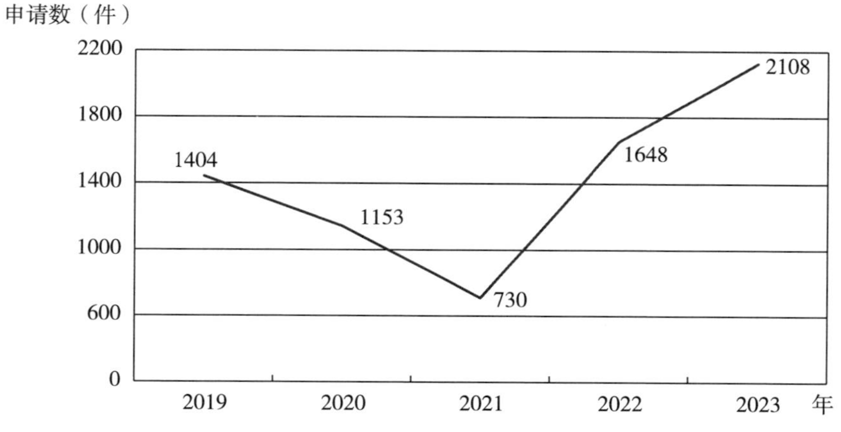

图 2　申请数量统计

（三）线上申请信息公开占比超六成

2023 年，政府网站仍然是企业群众申请政府信息公开最常用的方式，占比超过 60%；其次是通过信函邮寄的方式提交政府信息公开申请，占比为 37.7%（见图 3）。

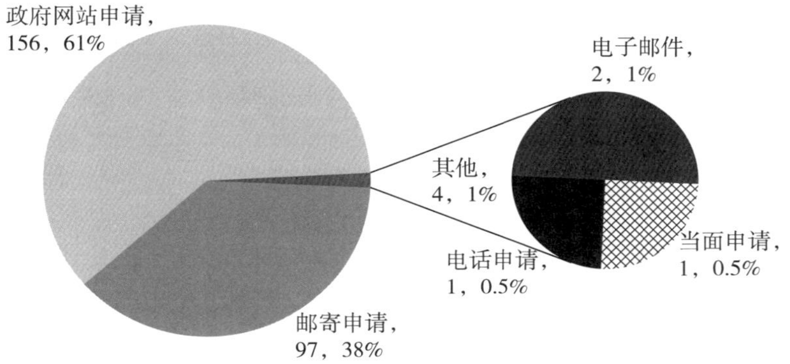

图 3　申请方式统计

（四）依申请公开申请用途更贴近切身需求

结合抽样调查的具体办件信息来看，群众申请用途中，因个人办事需要而进行申请的占比最高，其次是论文数据、查询政策。前三种用途也都体现出政府信息依申请公开为民服务的鲜明特征。2023 年的申请中出现了两种新的申请目的，即第三方机构进行研究和监督政府行为，这体现出当下研究机构对菏泽市行政机关行政行为的关注，以及群众参政议政、监督政府的意愿逐渐增强（见图 4）。

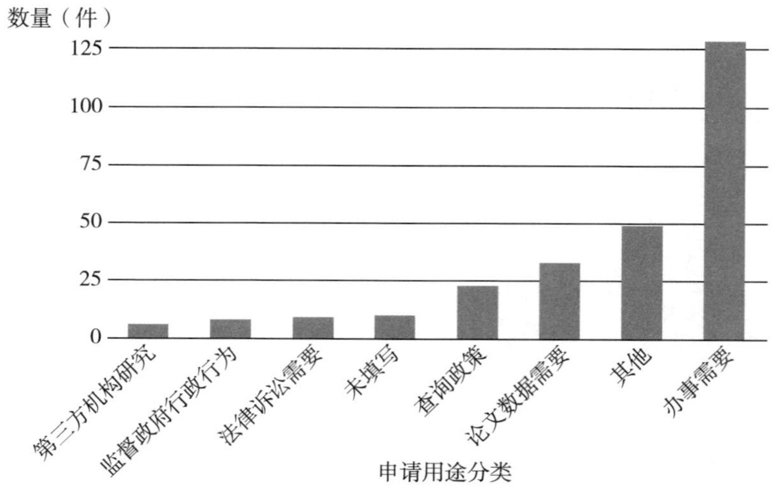

图 4　申请用途统计

（五）经济社会发展相关信息申请占比增高

在菏泽市政府与市政府组成部门接收到的政府信息公开申请中，经济社会发展相关的统计数据占比最高，超过了以往占据首位的征地拆迁相关信息，这显示出当下社会公众对菏泽市经济发展的高度关注。另外，重大建设项目批准和实施情况的申请数量有所上升，也表明了菏泽市重大建设项目的信息公开越发受到外界关注（见图 5）。

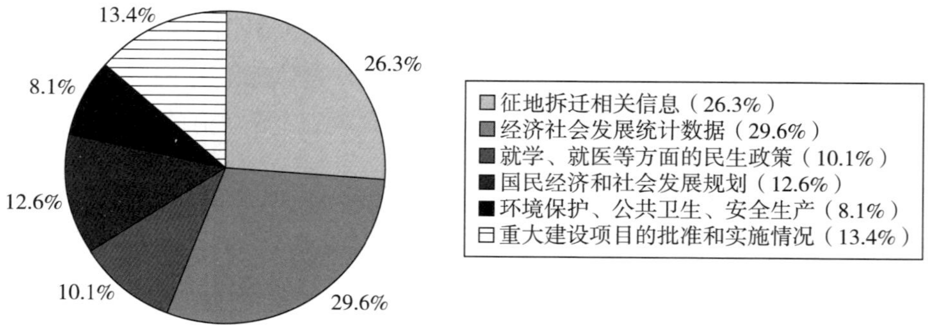

图 5　申请领域统计

（六）申请内容更加复杂

近年来的申请中，一件信息公开申请往往包含多个事项，涉及有关信息时间跨度大，不仅涉及近期事项，还涵盖近十年甚至追溯至建市之前的政府信息；业务覆盖面更加广泛，从几年前的以科研需求申请公开数据为主，发展到现在以征地拆迁为主，涉法涉诉问题并存，兼顾科研需求的局面。

（七）申请主体专业化

近年来，政府信息公开申请人聘请律师参与比重大幅提高，甚至出现多个涉及不同地域、不同领域信息公开申请均由同一律师代理情况；从申请代理律师分布地域来看，大部分来自一线城市。同时，对政府信息公开领域感兴趣的热心群众或社会团体逐渐增多，他们常会根据近期热点事件或者政府重点工作提出较为专业的信息公开申请。

三 开展政府信息依申请公开温情服务的必要性

（一）从源头化解矛盾，增强群众获得感的应有之举

在受理政府信息公开申请的过程中，常能遇到通过依申请公开为信访、诉讼等搜集、查找证据的情况。尤其多见于征地拆迁类信息公开申请，当事人申请此类信息公开的动机复杂，如判断征地拆迁补偿标准及安置方式是否符合政策、验证征地拆迁行为是否合法、寻找征地拆迁程序瑕疵等；群众申请信息公开有维权的目的，也有争取利益的目的，矛盾积压的背后常常伴随着焦急情绪和怨气。如果工作思路僵化，很可能会导致矛盾逐步演化发酵，让小问题变成大冲突。因此，在依申请公开受理过程中未雨绸缪，优化服务措施，为群众办好信息公开申请，让群众感到舒适、舒心，可以最大限度减少矛盾冲突的发生。

（二）提升行政效率，避免行政资源浪费的必然选择

由于申请人对公开主体的职责范围辨识不清或对基层单位缺乏信任，申请

人往往在获取基层依申请公开答复后，继续通过向上一级行政机关申请信息公开，或直接多层级同时申请答复，导致出现大量重复的申请答复，增加了信息公开办理的行政成本。作为依申请公开的受理机关，如果能主动延伸公开职能，积极与群众沟通，有效满足群众实际诉求，做到服务温情和司法刚性的深度融合，就可以获得群众更多的信任与理解，“一站式”解决群众对政府信息公开的合理诉求，减少多级申请、多头申请的情况发生。

（三）缓和干群关系，增进群众理解认同的必由之路

个别群众因为利益团体的蛊惑而不信任政府，通过依申请公开的渠道向政府“施压”。我市待开工建设项目附近群众常能接到“主动服务电话”，提供服务者以高额服务费为条件成为代理人，代受其服务的群众向行政机关申请政府信息公开，更有甚者以“走街串巷”的方式到涉及征地村庄主动介入，随之而来的是各级行政机关收到大量信息公开申请。在我市雄商高铁的建设过程中，沿线群众在已获得合理赔偿后被鼓动借依申请公开索取与实际市场价悬殊的补偿费，免费的政府信息公开申请经过代理后产生了数千甚至上万的第三方服务费开销，干部和群众之间的信息差与沟通代沟被有心之人钻了空子，折射出干部群众相互间存在认同度不高、互信不足的现象。如果干群之间有互信基础，政府在进行依申请公开受理和答复时，不仅有“好心思”，还有“好脸色”，让群众从心底里认同政府决策，就能收获比“一板一眼”答复更好的效果。

四 菏泽市推进依申请公开温情服务的探索

（一）单县多措并举满足基层政府信息公开需求，谱好为民服务的“协奏曲”

单县为提升为民服务实效，紧跟群众需求，创新打造互动交流平台，全面压实各部门单位信息公开任务职责，以便民、利民、为民为宗旨，以建立机制、平台建设、走访排查为手段，助力政务公开落实到基层第一线，在减少依申请公开的同时更高效地满足了群众获取政府信息的诉求。

一是开通线上线下渠道，打造互动交流平台。根据政务公开工作新要求，结合单县实际，坚持把县政府网站作为政府信息公开第一平台，不断完善发展门户网站“主阵地”，升级改版县政府网站，打造目录更清晰、页面更美观、模块更简洁的政务公开平台，提升了网站内容的可读性，丰富了公开内容，提升了群众主动公开参与度。同时，以“单县政府网”“单县北城街道办事处”等政务新媒体为载体，同步公开政务公开信息；同时实现信息交互，栏目下设置街道办政务动态、实用查询与互动交流等板块，满足群众各项需求。线下通道为群众提供诉求处理、政策咨询、意见建议与举报投诉等服务，以便民服务中心为中心，以社区、行政村为服务节点，引入网格化管理机制，不断通过线下各种渠道收集群众反馈信息，接收信息后立即专人专事处理，确保问题能办、好办、快办。自今年起累计收集群众反馈信息 200 余条，诉求意见、有奖举报等 15 余件，为群众提供便民服务 160 余次。

二是编制好政府信息公开指南，全面压实任务责任。单县对公开事项进行全面梳理，以国务院部门制定的试点领域标准指引为基础，结合本单位权力清单、责任清单、公共服务清单，对公开事项进行全面梳理，对公开标准进行统一规范，确保清单分类科学、名称规范、指向明确。以单县人民政府官网作为职责任务公开平台，将职责划分到各个部门，将责任压实到个人，使群众能够清晰了解各部门职责，便于更好服务群众和接受群众监督。此项清单让政务公开工作有了“指南针”，解决了部门怎么干的难题，更让群众对依申请公开有了“说明书”，消除了群众怎么申请、向谁申请的困扰。

三是走访排查，助力政务公开走进家家户户。办事处各部门切实深入到各村（社区）的家家户户，调查群众对街道办政务公开了解程度。通过走访调研、问卷调研等形式，收集群众意见建议，对与群众切身相关但公开不够充分的政务信息，进行二次公开。定期开展网格化政务公开宣传，推动基层政务信息进农村、进社区，通过各社区宣传栏、微信群等形式宣传社保、医保、养老、就业等涉及群众切身利益的政府信息。全面收集群众诉求和意见建议，切实提升办事处服务基层群众的能力和水平。

四是超前谋划，提前做好政府信息主动公开。结合群众关心关注的民生问题、热点问题，超前谋划、提前介入，综合运用文字解读、图文解读、动漫解读、音频解读、政策简明问答等形式解读政策文件，实现应解读、尽解读，让群众“及时看、听得懂、易获取、好参与、能监督”。在棚户区改造工程期间，制定好安置方案后第一时间把方案发到村（社区）组、党员代表和群众代表手中，公开安置的范围、方法等政策以及房源信息，认真收集群众对安置房的分配意愿，通过梳理汇总，将每种户型的供需矛盾列表向群众公开，引导群众主动“退而求其次”，从而有效化解供需矛盾。在选房期间主动向居民公开安置房的户型、总套数、剩余套数等基础信息，让居民做到心中有数。针对比较敏感的会不会存在有人享受特权等问题，要求所有参与分房的街道、村、组干部，必须在群众代表的监督下进行选房，切实把安置住房打造成群众满意、社会放心的“惠民工程”。

（二）东明县下好公开三步棋，助力黄河滩区迁建依申请公开规范有序

东明县是黄河入鲁第一县，作为全省黄河滩区居民迁建的主战场，在滩区迁建过程中，东明县始终坚持把信息公开工作贯穿于滩区迁建全过程，做到迁建事前、事中、事后三个阶段政府信息公开透明，有效地保障群众的知情权、参与权和监督权，为滩区迁建工程顺利实施奠定了坚实的群众基础。

一是聚焦迁建前汇集民意，下好信息公开“走访棋”。其一，提前摸底“查”。东明县镇、村干部多次深入滩区，对23539户群众逐户排查摸底，充分了解村民搬迁意愿。尤其在村台选址、户型确定、社区规划等决策环节，通过入户座谈和手机微信群等方式征集群众意见100余次，及时公示方案优化情况，确保群众知情权。其二，主动上门“讲”。东明县镇、村干部通过镇村动员会、群众代表座谈会等形式，进村入户交朋友、唠家常，耐心细致地解读滩区迁建政策，全力赢得群众的理解与支持。比如，面对在外务工群体，采取电话、微信等线上方式宣讲搬迁政策。长兴集乡在征地迁坟清障阶段，得到了2000多户群众积极配合，有1000多户主动提前迁坟。其三，创新形式“宣”。在县级层面，县电视台开设“记者看滩区”专栏，及时宣传工作动态和政策措施，同时通过线下信息公开栏、政务新媒体主账号、县政府门户网站等渠道向社会发布信息860余条，构建“线上＋线下”双线监督体系，凝聚滩区迁建强大合力。在乡镇层面，充分利用流动宣传车、墙体标语、宣传横幅标语、政策明白纸等多种形式，积极宣传滩区迁建政策信息。同时成立迁建工作线下联系群众专班，面对面与群众展开交流，细致解答迁建政策，帮助群众更深入地了解政策信息。

二是聚焦迁建中公开透明，下好信息公开“监督棋”。其一，做到工程

"公开"。东明县出台印发一系列文件，并通过在村内明显位置进行张贴和广播"村村通"等形式，及时予以宣传公开。鼓励村民就近参与村台施工，聘请村民代表进驻施工现场，实时跟踪监管工程质量，确保每一项工序质量和进展情况都能及时反馈给滩区群众。初步统计，全县近1万余名群众直接参与到滩区迁建工程中，既保障了工程质量，又有效解决了群众就业。其二，做到评估"公平"。在房屋拆迁过程中，成立由乡镇包村干部和村干部组成的核查小组，做好附着物清点、清障进度统计等工作，并将结果进行张贴公示，确保群众权益"一分都不少"。对于部分不合理的诉求，耐心讲解法理，细心疏导情绪，力争取得最大程度的理解和支持。其三，做到选房"公正"。除面对面宣传外，东明县还通过微信群等渠道发布选房分房方案，在选房现场公开联系电话，配备工作人员解答群众关于选房资格、方式、顺序等方面的疑问，确保群众充分了解政策。在选房分房过程中，乡镇选派工作人员进行全过程现场监督和录像，确保整个过程阳光规范、公开公平公正。东明县及下属单位通过充分的主动公开有效降低了群众申请信息公开的频次，截至目前，滩区迁建12万群众仅向东明县及下属单位提出政府信息依申请公开4件。

三是聚焦迁建后沟通互动，下好信息公开"保障棋"。其一，健全机制促沟通。东明县政府通过面对面与群众交流，及时协调解决群众迁建后遇到的困难与问题。同时，开设咨询热线，积极收集反馈意见，及时回应群众疑问，不仅提高了办事效率，也有效降低了群众提出信息公开申请的数量。其二，畅通申请抓规范。抽调人员专职负责黄河滩区迁建相关的信息公开申请接收、登记、办理、合法性审查、审批、答复等工作，向各协查单位明确办理时限、答复要求、主体责任等，统一规范答复格式，确保依申请公开工作规范、科学、高效。特别是涉及群众切身利益的依申请公开，主动加强与申请人的沟通，了解申请重点和实际诉求，及时召开会商会议，确保答复一个申请，解决一类问题。其三，倾听民声强保障。为全面做好滩区迁建"后半篇"文章，将信息公开融入村台治理，提升政府信息公开平台功能，畅通监督举报渠道，确保群众能切实参与管理。在后续的迁建新区产业发展上倾听群众意见建议，通过议事会、新村悦谈会、直播推介会、现场公开招标等线上线下多种渠道，利用周边学校旧址、致富车间等闲置资源，引入服装加工、新材料制造等就业项目，鼓励发展农家乐、特色纪念品等产业，真正让滩区群众搬得出、稳得住、能发展、可致富。

（三）巨野县积极推进律师驻村，以法律咨询破解信息公开申请难题

巨野县坚持以“公开为常态，不公开为例外”的公开原则，不断拓宽政府信息公开渠道，规范办理依申请公开，持续强化“法治政府、阳光政府”建设，推动律师下沉到基层一线驻村，对群众的政府信息公开诉求“把脉问诊”，多措并举推动依申请公开依法依规、高质高效保障群众权益。

一是破解业务夹生，夯实应对基础。为持续提升依申请公开高效规范办理，持续提升业务水平，巨野县连续多年、每年多次邀请司法局专家举办依申请公开业务培训会，采取“以案释法 + 互动交流”形式，紧密结合依申请公开存在的问题，从实际经办的工作案例出发，理顺办理政府信息依申请公开的逻辑思路和答复方案。从提高认识、依法办理、强化沟通等方面切实开展工作，进一步推进依申请公开办理工作的法治化、规范化、程序化，充分发挥政府信息公开工作在保障公民、法人和其他社会组织依法获取政府信息的重要作用。业务培训结束后，对参加培训人员进行业务考试，县政府办公室采取模拟暗访的形式，以群众身份申请信息公开，组织专家对单位的答复进行评判，切实提升业务人员答复水平。

二是建立多方会商，保障答复规范。巨野县建立多方会商机制，对于情况复杂的政府信息公开申请，依申请公开受理部门同申请件涉及部门、专业律师进行会商，对申请是否需要补正、是否公开、如何公开、公开后是否影响进行综合研判，全力保障依申请公开答复的准确性和针对性，力争做到答复准确、合规，最大程度规避因信息公开引起的行政复议和行政诉讼风险。

三是优化制度体系，提供专业服务。结合一村（居）一法律顾问工作，为全县600余村（居）配备法律顾问，为村民提供信息公开相关法律法规的咨询和解读，帮助他们了解申请的程序和权利。协助村民起草信息公开申请文件，确保申请内容准确、清晰。对申请过程中遇到的问题和困难进行分析研究，提出合理的解决方案。跟进申请的处理进度，及时与相关部门沟通协调，保障村民的合法权益。

四是深耕源头治理，探索化解途径。巨野县田桥镇王土墩村将信息公开查阅点和矛盾化解纠纷融为一体设立工作室，定期邀请警官、检察官、法官和律师参与现场接访；一方面普及法律知识，提高群众的法律素质，为群众的合法利益保驾护航；另一方面增强社区工作人员的法治思维。麒麟镇南曹村成立

“驻村速调工作室”，法官每月定期到工作室开展工作，与村“两委”、村民理事会等自治组织沟通共建，挂钩法官到现场辨法析理进行调解，具备了“无讼村居”建设的雏形，无一人申请信息公开和政府信息行政复议、行政诉讼。田桥镇对于压煤村庄搬迁安置区进行评估补偿工作，涉及 67 户，86.3 亩耕地，其中涉及果树补偿的有 17 户。部分村民对于果树补偿存在异议，纷纷向政府提出信息公开。田桥镇政府迅速召开专题研讨会，针对此次反映的问题进行分析研讨制定化解方案，邀请法律顾问到村召开座谈会，耐心向村民解释县国土资源局统征办对各户果树出具的评估报告，详细告知村民树木数量、标准及补偿款数额，征集村民意见。3 日后对安置区地块所有树木补偿款全部打款到位，没有产生行政复议和行政诉讼。

五 以人民为中心开展政府信息依申请公开工作的对策建议

首先，超前谋划，以精准全面的政府信息主动公开减轻依申请公开工作的压力，以便利多样化为目标拓展信息获取方式。针对申请信息公开较为集中的征地拆迁领域，强化自然资源等主管部门作用，指导、监督基层政府认真履行征地拆迁程序，做好征地拆迁告知、确认、听证等环节工作，严格执行征地补偿标准，确保征地补偿费等及时、足额支付到位。规范征地拆迁监督监管，多渠道及时向社会公布土地征收、补偿标准、土地供应、开发利用等信息，让群众知晓了解征地拆迁的相关信息。通过专题研讨会商等方式，对医疗教育、政府数据等申请的热点信息进行深入研究，对可以转为主动公开的及时公开，不断拓展公开的内容和范围，切实方便群众，保障人民群众的知情权。

其次，温情服务，以热情周到的办事态度彰显依申请公开为民服务的宗旨。主动为申请人提供温情服务。加强对申请人的政策指导和宣传，增强依申请公开答复的及时性和提高准确率。对于申请信息较为集中的事项，通过重点督办、专题研讨会商等方式进行深入调查研究，进一步总结分析信息公开申请的根源问题，指导相关镇街、部门强化主动公开，以政务公开推进行政运行阳光透明。规范依申请公开答复流程，进一步总结征地信息的申请类型，制作标准统一答复文本，同时也要增强答复的针对性，提高答复标准化水平。

再次，锻炼队伍，以扎实有效的业务培训提高依申请公开工作人员为民办事能力。建议建立健全政务公开工作人员选拔标准和培育机制，形成相应的发展保障机制，确保政务公开工作队伍稳定有序发展。经常性地组织开展业务培训和研讨交流，组织有关领导、专家、权威人士、政务公开工作资深人士等开展授课培训。将政务公开工作纳入干部培训课程，着力强化各级领导干部在互联网环境下的政务公开理念，提高推动政务公开工作的能力和水平。

最后，专事专办，以细致完善的办理机制确保重大行政决策相关依申请公开万无一失。在办理重大行政决策相关依申请公开时，做好信息公开申请分类指导，细致开展社会稳定风险评估，有效限制权力滥用行为。进一步加强对申请人的指导和政策宣传，明确申请人提交的政府信息公开申请目的。对于政策类的咨询申请，引导当事人到相关业务科室进行业务咨询，当场解答，提高办事效率；对于诉求类的问题申请，引导介绍当事人通过市长热线等途径反映情况。同时妥善处理依申请公开疑难复杂案件，加强与基层部门、法律顾问间的沟通，对影响面广、敏感度高的申请件做到早了解、早研究、慎处理、慎答复。当地基层政府、相关单位对于重大项目建设开展前“潜在”的征地拆迁问题，特别是一些历史遗留问题比较突出、村情民意比较复杂的村和社区，要高度重视，找出群众关注的焦点、难点问题，当地政府、相关单位要及时会商解决。同时，对于因征地拆迁出现的信访、信息公开等，应当加强与群众的沟通，及时解决群众反映的困难和问题。

宁波市江北区企业服务事项公开规范化的实践和探索

罗国荣　周浩杰*

摘　要： 政务环境是营商五大环境之一，经过“最多跑一次”“数字化”改革之后，审批事项基本实现“跑一地、跑一次”及一个平台办成事。但审批之外的服务事项仍存在需跑多个部门、登录多个平台办理及服务集成度不高等问题。为此，宁波市江北区以浙江省政务服务增值化改革为牵引性抓手，通过靶向梳理公开政策服务、金融服务、法治服务、科创服务、项目服务、人才服务、开放服务等9大类服务事项，打造线上线下服务平台、订制服务套餐，推动营商环境优化提升。

关键词： 政务服务增值化　企业服务事项　公开

政务服务增值化改革是浙江省营商环境优化提升“一号改革工程”的牵引性抓手，2023年6月，宁波市江北区被列为全省政务服务增值化改革试点。试点开展以来，根据浙江省委改革办印发《关于开展政务服务增值化改革试

* 罗国荣，宁波市江北区营商环境建设办公室主任；周浩杰，宁波市江北区营商环境建设办公室企业服务科科长。

点的指导意见》，江北区靶向梳理服务企业增值事项201项，通过线上、线下公开，推动政府、市场、社会三侧协同服务，提升辖区营商环境。

一 江北区政务规范公开企业服务事项的实践

（一）服务事项线上线下公开

江北区打造企业服务线下超市，推动涉企服务由“多头分散”为“一站集成”。一是建立“一站式”中心。建成企业综合服务中心，设置政策、金融、人才、科创、法律、开放、项目、知识产权、诉求兜底9大服务板块。每个板块构建1个牵头部门、1名分管领导、1名窗口服务专员、X个业务科室的“1+1+1+X”服务力量，其中分管领导负责本服务板块统筹协调工作，窗口服务专员负责企业办件收集、研判、流转、督办、反馈等工作，业务科室主要负责与自身业务相关的服务事项办理。二是提供“清单化”供给。明确服务板块每个事项的牵头部门、事项名称、服务类型、办理条件、所需材料、办理流程、服务提供方等9方面核心要素，并针对性制定增值化事项清单201项，通过线上、线下公开，为办事企业提供清晰指引。同时公开29个特色法律服务清单、49个金融机构服务清单。三是实行“闭环式”办结。企业综合服务中心按照“窗口综合受理、分类转办交办、限时办结反馈”运行模式，建立服务需求感知、前后台业务衔接、跨部门业务协同、跟踪督办评价常态化运行机制，推进事项快速流转、闭环办理，实现简易事项1天办结、较难事项3天办结、难办事项5天办结。

打造“帮企一把”线上中台枢纽，推动涉企服务由“多个平台”为“一网办理”。一是涉企诉求“一站”处置。“帮企一把”线上枢纽平台设置企业诉求“一站式”收集答复模块，对企业在线提出的诉求，进行科学分类，并设立政策、土地、能耗、人才、资金、项目等10大企业个性诉求“归集池”，按照街道（镇）和园区、涉企服务部门、企业综合服务中心、服务企业联席会议实施分类分级处置，形成工作闭环。2024年1—9月份，共解决企业各类诉求2500余件。二是特色服务“一站”搞定。“帮企一把”线上枢纽平台整合各类服务资源，涵盖涉企人力资源、财会税务、技术创新等12大类事项，为企业提供“找得到、用得起”的一站式特色服务。2024年以来，平台为企业提供各类市场化特色服务300余家次。

打造综合服务场景，推动涉企服务由“单一供给”为“套餐订制”。一是订制“一类事”服务场景。从服务企业全生命周期视角，靶向企业发展过程中的难点堵点，以核心审批或者服务事项为中心，向事前事后延伸，梳理政务服务和增值服务事项清单，设计“一类事”服务场景，目前共梳理设计市场准入、工业用地二次开发、新产品研发、知识产权纠纷化解等11个“一类事”服务场景。例如，得益于知识产权纠纷化解“一类事”服务场景，江北区支柱之一的汽车零部件产业，2024年前三季度知识产权纠纷案件同比减少30%。二是打造特色产业线性解决方案。为服务辖区特色产业发展，靶向特色产业上下游企业招引落地、开工投产、政策兑现、员工招聘等关键环节服务需求，灵活匹配多个“一类事”服务场景，打造线性解决方案。如服务有色金属冶炼特色产业集群设计了6个“一揽子解决方案”，涉及政务服务事项133项、增值服务事项142项；服务汽车零部件产业设计了7个“一揽子解决方案”，涉及政务服务事项227项、增值服务事项135项。三是开展直达上门服务。根据订制的服务场景和解决方案，江北区在奥克斯电力、中策动力、长阳科技等区重点骨干企业设立“服务企业直达站”，公布直达电话，帮助企业解决审批服务以及政策供给解读等方面问题，2024年前三季度累计开展直达服务60余次。开展“政务服务·每月我帮办”活动，靶向企业批量服务需求，组织政务服务专班，将服务送进园区、企业。

（二）政策服务精准滴灌

江北区有效协同政府侧和市场侧两种资源，依托江北“帮企一把”等企服平台创新做实“政策精准滴灌”，为辖区企业提供优质、高效、精准的政策帮享增值服务，实现政策查找便、匹配准、兑付快，支持企业稳健发展。2024年前三季度，全区6000余家企业享受各级政策补助资金7.27亿元。

构建“政策云”，做到政策应有尽有。一是全量归集。搜索汇集国、省、市、区4级惠企政策，全量上线，并及时进行更新迭代。目前，江北“政策云”已汇聚各级政策资源2000多项，年均浏览量超3.8万次。二是科学解构。创新政策解构法，将政策文本进行清晰化、条目化地分解，并转化为精准适配、便于共享、易懂易问的“政策资源卡”，实现综合政策单元化、单元政策格式化、格式政策数字化。2024 年前三季度，累计解构政策 365 项。三是多维可查。在政策解构的基础上，多维度设置可查询路径，实现关键字找、专题找、分类筛选找、族谱找、线索帮找等功能，真正做到一键可查。2024 年前三季度，辖区企业通过政策云进行政策查询 28.5 万次。

助力“匹配准”，做到政策应知尽知。一是定向推送，帮助企业精准找。给登入注册的企业打上标签，根据标签自动生成简单、易懂的政策卡、申报卡，向企业进行精准推送，让企业了解可想可用的政策资源。2024 年前三季度，累计向企业推送政策 7.2 万余家次。二是场景展示，帮助企业精准报。针对某一类或某一项高频政策，在线推出政策场景专题，包含企业政策热门问答、政策享得自测、政策优化建议等功能，助力企业精准申报。2024 年以来，共推出政策场景专题 6 个，浏览量超 2300 次。三是精细诊断，帮助企业精准享。推出“小微测算器”“我要报高企”“科创享政机”等数字化政策诊断应用，依托智能算法和政策库资源，根据企业情况给出政策诊断结果。组建政策专家团，开展政策讲诊会及进企面诊等服务，并为企业“量身定制”政策享得报告。2024 年以来，帮助 500 家企业开展政策诊断。

推进“快速兑”，做到政策应享尽享。一是开展全面宣推。充分利用短信、公众号、微信帮企大厅、网站等渠道进行政策宣推，年政策推送量达 50 万家次。线上、线下联动开展每月至少 2 场的政策宣贯活动；线下邀请政策专家面向特定企业宣贯相关政策，2024 年已开展政策专家宣贯活动 10 余场。线上打造政策直播间，举办各类政策直播 12 场，吸引近 4 万余人次观看。二是推进兑现提速。落实好各类稳链纾困助企帮扶政策，完善惠企政策兑现机制，推广“免申即享”“容缺预拨”等兑付新模式，最大限度地减环节、优流程、压时限，实现审批、兑现“极速办、互动办、高效办”，推动政策红利直达快享到具体企业。三是助力争取红利。指导帮助企业向上争资金、争项目、争政策，积极申报各类试点示范，最大限度享受各类政策红利。2024 年前三季度，合计争取国家、省级、市级涉企资金 3.36 亿元。

（三）科创服务催生新质生产力

江北区整合“新产品研发”“帮企一把”“研值云检”等线上应用系统，联动智创中心、孵化器、研究院等线下资源，构建企业“研发加速”增值服务体系，诊断、培育、壮大独角兽企业后备力量，为新质生产力发展赋能增效。截至2024年9月，该区新增国家级单项冠军以及专精特新企业7家，每万人发明专利拥有量达110项，位居全市第一、全省第五。

“体检”诊断，检出独角兽企业的“金种子”。一是对企业研发活动进行“体检”，精准“选种”。针对初创型企业、小微企业研发活动发现难，依托8718服务平台，搭建“研值云检”系统，构建“企业研发数据模型”，涵盖研发投入、研发强度等核心数据，分析检验企业研发活动。2023年以来，体检企业1456家，发现具有研发活动的企业806家。二是诊断企业研发状况，精准“播种”。构建研发诊断专家库，从“检”出的具有研发活动的企业中，诊断其研发方向和类型，对具有潜力的独角兽企业研发进行画像，生成“研值报告”。构建“研发讲诊机制”，向企业讲解研发短板和未来努力方向，为新质生产力精心“播种”。2024年以来，开展坐堂“讲诊”240次、上门“讲诊”41次，提出研发建议400余条。三是分析区域研发短板，精准“引种”。对照辖区新型功能材料、高端装备、高端汽车零部件、智能传感4大战略性新兴产业，分析“检”“诊”出的独角兽企业研发总体趋势。如新型功能材料产业，“检”“诊”发现某区高端磁性材料拥有一定基础，但缺少大企业支撑，于是，该区在招商中将此作为重点方向，成功引进投资20亿元的金力永磁企业。

孵化培育，育优独角兽企业的“好苗子”。一是强化孵化服务。充分发挥辖区20家众创空间、5家孵化器的作用，对独角兽企业后备力量，开展资源对接、创业辅导、技术支持。同时，提供创客沙龙、项目路演、产品展示等支撑服务，全力促进企业快速孵化。目前，“金种子”企业在孵数量达149家。二是强化培育服务。聚焦独角兽企业后备力量，按照“关键核心技术—产品—企业—产业链—产业集群”的培育路径，动态跟踪该区拥有关键核心技术，产品市场占有率较高企业，建立以千亿级龙头企业、“单项冠军”企业、专精特新“小巨人”、工业五十强企业为核心的企业梯队培育“主力军”。2023年以来，对接服务企业700多家次。三是强化加速服务。线下整合辖区科技服务中介机构，建设线下创智服务中心，设置数字化产业协同、产业创新服务等5大分中心，靶向企业重点产业成果转化、企业研发决策等服务需求。线上整合上述5类需求、86项新产品研发要素，集成3万名人才、4000台仪器设备、3000万元专项资金等资源，集成为科技初创类企业提供研发加速服务。2023年以来，立项市区两级研发计划项目65项。

滴灌壮大，催生独角兽企业的“新尖子”。一是倾斜供给发展要素。创新科技金融服务，为创新企业融资提供金融担保，累计为49家企业提供158笔科技金融项目担保，担保额达5.55亿元。优先匹配土地要素，鼓励创新型企业通过购置、股权转让等形式兼并收购低效地块，如瑞孚集团完成对圣莱达地块收购，盘活厂房6.4万平方米。实施创新型企业“产业教授”引育计划，目前已聘任14位产业教授，主持或参与关键核心技术攻关项目32个。二是倾力辅导认定申报。系统梳理区级以上企业研发中心、科创服务平台等各项认定项目清单，形成企业研发中心、科创平台、博士后流动站等认定流程。分析企业各类高频申报需求，形成申报国家、省、市、区四级研发新产品政策、资金、技术方面的增值服务事项171项。2023年以来，帮助企业完成各类认定、申报200多次，申报成功率83.9%。三是倾心开展法治护航。加强合规指导，建立区产业合规中心，快速感知并及时响应企业合规治理需求，已服务相关企业65家，解决企业合规方面的法律问题102个。加强海外维权，2022年8月成立宁波首个涉外调解工作室，2024年以来，已有效调解因汽车零部件质量标准约定不明等引起的涉外法律纠纷问题。

（四）项目服务一节点一方案

江北区以企业综合服务中心项目服务板块为统筹，联动住建、资规、消防、综合执法等多部门，推进工业项目“一节点一方案”增值服务改革，靶向企业投资建设全过程服务，通过划分关键节点、改革关键环节、破解关键堵点，助力工业项目开工建设竣工投产。

划分关键节点，服务事项“精准画像”。一是科学划分服务节点。针对建设项目审批环节多、专业性强、跨多个专业部门等特点，通过工业项目审批服务全链条分析，将审批服务全过程划分为项目论证、土地招拍挂、项目立项、方案设计、项目评估、项目招投标、规划许可、施工许可、施工过程监管、竣工验收10个节点，精准定义每个节点的内涵。二是科学编制服务事项。逐个节点梳理审批服务事项和增值服务事项，10个节点共梳理出审批55个审批事项、24个增值服务事项。同时明确每个事项涉及的申报材料和流程图，让企业能够“一表清”。比如项目认证节点，梳理出项目洽谈、会商会审、项目签约、项目承接、项目落户等6个增值服务事项。三是科学梳理问题清单。认真分析梳理之前审批服务过程中的卡点堵点，召开资规、住建、环保等部门参加的座谈会，对每个节点常见问题进行认证，制定对应措施，共形成 35 项问题清单。

改革关键环节，服务流程“变革重塑”。一是项目开工“桩基先行”。为加快项目开工，对施工图实施“容缺受理、分段审查”改革，图审一审合格后先予发放建设工程规划许可证和桩基施工许可证，桩机进场施工阶段，同步审查建筑部分施工图，9 个项目采用这一做法，平均提速 30 天。二是项目竣工“分期验收”。全市率先出台《工业类建筑项目分期验收实施意见》，明确办理一张建设工程施工许可证但涉及多个单位工程的工业建筑项目纳入分期验收适用范围，实施企业申请、单位工程先验，验收合格后即可进行投产，柯力集团数智装备车间项目因政策实施比原计划提前 6 个月投产。三是建筑环评“瘦身增效”。出台规范环评报告编制实施意见，减少环评报告冗余拖沓内容，简化效果达到30%，环评报告编制时长从平均45 天缩短到30 天，企业环评报告费用从平均3 万元降低到2 万元以下，专家审核、环评修改到复核通过从原来平均15 天缩短到10 天。

破解关键堵点，服务机制“兜底闭环”。一是联席会议破堵。出台联席会议制度，由政府主要领导为联席会议召集人，定期召开部门专题协调会，联动破解了项目名称变更、项目分期验收、规划红线退让、道路开口前置审批等难堵点 10 多个。二是三级联动闭环。建立街道镇、区级、市级三级联动闭环破难机制，对收集到的项目服务难题，区级层面不能解决的，通过问题清单形式上报市级企业服务中心破解。前 9 个月，共上报项目服务审批方面问题 5 个。三是全程帮办代办。出台《工业建设项目全覆盖代办帮办工作方案》，在区企业综合服务中心配置代办专员，对工业项目提供全过程帮办代办服务，今年累计为柯力、华翔等 13 个产业项目进行服务，帮助解决各类难题 20 多个。

二 江北区政务公开存在的问题

江北区在推进政务服务增值化改革过程中，在规范公开企业服务事项方面，虽然取得了一定成绩，但也存在一些问题和薄弱环节。

一是只梳理公布了部分涉企服务事项。当前，梳理公开的主要是政府侧涉企服务事项，包括政策服务、金融服务、法治服务、科创服务、项目服务、人才服务、开放服务、知识产权服务、兜底服务9大类涉企服务事项，政府侧的涉企服务事项没有做到全量梳理、全面公布，市场侧、社会侧的涉企服务事项公开数量相对偏少。

二是服务的协同性还不高。尽管涉企服务事项的公开有了一定的规模和数量，但是在事项落地过程中，协同性还不足。一方面，政府部门板块之间在涉及跨部门、跨层级的涉企事项时，协同还不够积极、不够到位；另一方面，政府侧、社会侧、市场侧在服务企业的时候，配合还不够到位。

三是服务企业精准度还不够。很多涉企服务事项在设计过程中，更多是从政府的角度出发去思考企业的需求，与企业的实际需求并不十分贴合，加上社会侧、市场侧公开的涉企服务事项偏少，企业对政府提供的涉企服务获得感并不是很强。

三 未来展望

接下来，江北区将持续以事项公开为助手，通过改革迭代跃迁、延伸拓面、提质增效，切实增强企业服务的实效。主要推进以下几方面工作。

（一）迭代涉企服务事项清单

加强企业调研走访，紧紧根据企业需求的变化，进一步细化延伸、更新迭代政府侧涉企服务事项清单，拓展市场侧、社会侧涉企服务事项清单，丰富增值服务的内容，提升增值服务的质效。

（二）加快做强企服中心

为更好推进涉企服务事项清单在企服中心落地见效，强化窗口首席服务专员队伍建设和业务培训，确保涉企服务线上、线下高效运行。靶向企业高频服务需求，适时调整功能设置，增加自带流量服务板块。强化向企服中心引流，落实企服中心与政务中心联动机制，常态化开展增值服务体验活动，在全区形成有问题找企服中心的共识。

（三）提升涉企服务协同力

进一步整合全区涉企服务资源、涉企服务渠道，实现企服中心功能集约化、合力最大化。加强 9 大服务板块内部的协同和板块之间的协同，并做好企服中心与 9 大板块之外其他部门之间的协同，提升企业服务合力和质效。

（四）推动线上服务平台应用

聚焦涉企服务事项清单，用好宁波市企业综合服务平台，持续加强对部门、街镇的平台应用培训，深入推动平台应用。加快建设宁波市企业综合服务平台江北分平台，积极打造特色服务专区，推动本地特色涉企应用上架。

（五）做深涉企问题高效闭环解决

充分用好宁波市“企呼我应”涉企问题高效闭环解决平台，推动涉企服务事项清单有关的企业诉求全量线上收集、分类、流转、处置、反馈。

不断完善企业难题破解联席会议制度，推动企业问题高效闭环，力争年度闭环解决企业诉求不少于 2000 条。挖掘包装企业服务案例，争取更多的案例入围省级案例，推动将解决普遍共性问题的经验做法固化为制度成果。

（六）扎实落地涉企服务“一类事”

结合地方特色产业，聚焦产业发展的重要环节，破解产业发展难题，重点谋划打造服务跨境电商、智能传感、高端装备产业“一类事”，服务重点优势产业做大做强。

第三编

政务公开助力法治政府建设

烟台市依靠政务公开与数字赋能探索涉企联合检查新模式调研报告

山东省烟台市人民政府办公室课题组*

摘　要： 行政执法公开是彰显法治政府形象最直接的一面镜子。习近平总书记强调，要以制度安排把政务公开贯穿政务运行全过程，权力运行到哪里，公开和监督就延伸到哪里，以公开促落实、促规范、促服务。当前，涉企执法检查过多过滥、执法标准轻重不一、执法结果不公开透明是企业反响强烈的突出问题，同时也是地方各级政府优化营商环境的难点、堵点。烟台市以政务公开 + 数字赋能提升监管效能，建立检查计划“云匹配”、检查人员“云打卡”、检查标准“云告知”、检查信息“云录入”、检查问题“云验收”、检查结果“云共享”、检查行为“云监督”、检查事项“云监管”“八位一体”涉企联合检查工作机制，确保涉企检查全过程公开透明，最大限度减少对企业的打扰。下一步，烟台市将持续以政务公开 + 数字赋能，打造“审管执信”四端协同平台，打通审批、监管、执法、信用四端信息数据公开共享通道，建立“审管执信”网上协同联动闭环运行体系，为打造公开透明的法治化营商环境提供新的路径选择。

* 课题组负责人：范仲利，山东省烟台市人民政府副秘书长。

关键词： 政务公开　涉企检查　企业减负

习近平总书记强调，“营商环境是企业生存发展的土壤”。规范涉企检查，推动检查过程在阳光下运行是构建市场化、法治化、国际化营商环境的重要举措。当前，涉企执法检查过多过滥、执法标准轻重不一、执法结果不公开透明是困扰企业的痛点难点堵点。烟台市以政务公开+数字赋能提升监管效能为着力点，在全国范围内首创涉企联合检查平台的建设，建立起“无处不在、无事不扰”的智慧监管体系，既限制行政权力，做到“无事不扰”，又提高监管效能，做到“无处不在”，实现企业纾困减负和执法提质增效的有机统一，累计减少检查42.6%，切实为市场主体松绑减负，不断提升政府监管效能，针对当前涉企执法检查过程中存在的问题，烟台市积极探索营造公平公正、方便快捷法治环境的新路径，推动涉企检查公开透明、阳光运行。

一　当前涉企检查执法存在的问题

（1）执法机制“不规范”，导致执法检查多头无序。“七八顶‘大盖帽’管不好一顶‘小草帽’”这是群众对一些执法部门权责不清、重复执法现象的形象描述。当前，部分单位执法检查审批报备审核把关不严，执法检查计划、检查目的、检查重点、检查审批等规范性审核制度落实不到位，跨部门间执法计划、执法结果难以公开、共享、互认、复用，甚至部分单位内部各执法团队都以邻为壑，导致随意执法、重复执法等问题难以有效规范。例如，近期媒体报道某地码头一年被执法检查300余次、某地企业一年被执法检查200余次，经营主体苦不堪言。

（2）执法标准“不透明”，造成执法检查效果流于形式。当前各部门单位执法门类繁多、执法标准不一，企业难以清楚掌握各部门单位的执法标准，不了解各个行业领域的检查计划和针对重点，往往陷入检查、纠错、整改的持续循环，企业落实各项要求的主观能动性难以得到保障，主体责任难以有效落实。受制于助企纾困、包容审慎以及重点领域顶格处罚等不同执法要求，个别执法单位自由裁量权过大，执法标准畸重畸轻、口径不一。例如，某地市场监管局对转卖农残超标芹菜仅获利 14 元的市场主体罚款 5 万元，引发社会广泛热议。

（3）执法结果“不公开”，导致执法检查公信力下降。部分行业领域执法信息不公开，群众对执法人员信息、执法检查结果无处求证，对同类检查情况、处理结果无处比较，群众监督难以得到有效落实。一旦面对执法处罚，就容易陷入对暗箱操作、肆意执法的揣测怀疑。行政执法不在阳光下进行，不切实提升行政执法的透明度和公正性，就难以有效遏制执法中的暗箱操作，也难以增加当事人和公众对行政执法的信任感和满意度，公正执法和全民守法就难以形成良性互动，进而对群众自觉接受和配合行政执法，从源头上减少行政纠纷、提升执法质效产生不利影响。

二 探索新时代涉企联合检查新模式

针对上述涉企执法检查工作中存在的问题，烟台市聚焦为企业减负，创新搭建“涉企联合检查平台”，以“政务公开 + 数字赋能”强化检查信息内外全过程“双向公开”，切实规范检查行为，最大限度实行涉企检查公开、公正、透明，营造优质营商环境，助力企业轻装前行。“涉企联合检查平台”以化解市场主体、重复迎检痛点为切入点，建立检查计划“云匹配”、检查人员“云打卡”、检查标准“云告知”、检查信息“云录入”、检查问题“云验收”、检查结果“云共享”、检查行为“云监督”、检查事项“云监管”“八位一体”涉企联合检查工作机制，既向企业主动公开检查标准、人员、过程等信息，又为部门公开匹配检查计划、共享共用检查结果，确保涉企检查全过程公开透明，最大限度减少对企业的打扰。

（1）检查计划“云匹配”、检查标准“云告知”，让涉企检查既有限度、更有尺度，做到政府检查有度、企业心中有数。聚焦当前企业诟病的检查事项多、检查随意和标准不一等问题，推行所有非紧急入企检查计划提前报备、事项联合开展、检查标准公开告知，做到政府检查有度、企业心中有数。一是提前报备。全市开设“涉企联合检查平台”账号 39179 个，实现“执法、巡检、走访、调研”入企数据全量汇聚、集中处理。入企检查前，执法部门需至少提前7天通过平台提报检查计划，进行线上备案，并对各部门政策法规科室和司法行政部门对内公开、数据共享，形成检查计划备案记录。对需紧急入企无法预先提报的特殊情况，如“四不两直”检查、群众举报等，可通过绿色通道即时申报、即时检查，后台实时记录，事后追溯核查。二是限控检查。建立涉企检查“白名单”制度，按照信用等级建立分类检查制度，对信用良好以上的“白名单”企业，检查事项按限查、不查执行，对确需检查的事项，各行政执法单位将检查计划报同级司法行政部门审核通过后纳入平台进行检查，切实做到精准监管、信用约束。以所辖莱州市为例，目前已公布首批“白名单”企业13916家，企业年均现场检查次数压减60%。三是自动匹配。平台对各部门提报的检查计划实时“云匹配”，将同一时间段内同一对象的检查计划自动合并，对匹配成功的计划，向相关检查人员推送统一检查信息，统一时间开展检查，最大限度减少重复检查。创新推行“主题式监管一件事”，将涉企检查分为“餐饮”“教育”“工业”“建筑”“医疗”“交通”“文旅”等7个重点主题，分别由主管部门牵头负责对接各领域相关部门，对同一监管主题下同一检查对象的检查计划，按照“一家发起、众家响应”的原则，统一开展涉企检查，变“被动匹配”为“主动联合”，实现部门联合检查效率最大化。以所辖龙口市为例，当前已梳理完成涉企联合检查主题式清单310个，涉企联合检查比例提升至50%以上。四是标准告知。全面提升监管事项标准化程度，根据法律法规、部门职责，系统梳理各级各部门职责范围内的监管事项，明确监管事项名称、关联的许可事项、监管责任部门等十二项核心要素，将实施规范明确到最小颗粒度，形成全市统一的事项标准、检查要求；并通过企业用户端“爱山东”、政府门户网站等对市场主体进行提前“云告知”，公开检查标准，让企业知晓涉及监管事项的标准、要求和规范，既促进了企业生产经营的规范化，也增加了执法检查的透明度。目前在企业端“爱山东”App合规经营告知模块，分行业部门滚动推送有监管权限的部门梳理好、涉及该企业业务经营对应的监管事项实施规范。例如，公司最近正在扩建厂房，会产生扬尘，生态环境局会精准推送“对产生扬尘污染单位的行政检查”，涉及生产排污的会推送“对排污许可制度执行情况的监管”等。

（2）检查事项“云监管”、检查结果“云共享”，让涉企检查既无感、又智慧，推动监管协同高效、执法精准到位。聚焦传统监管方式效率不高、精准度不够的问题，注重信息技术支撑，突出数据分析比对，强化结果共享应用，全面提升监管工作效能。一是变“事后处罚”为“事前预警”。通过核对、分析电子证照库，提前1个月向企业、监管部门双向推送资质临期预警信息，提醒企业尽快办理相关资质业务。目前全市有104.22万个证照实现了“资质临期电子预警”，平均每天推送预警信息约2.5万条，有效改变了过去“以罚代管”的监管境况。二是变“现场检查”为“远程监管”。运用AI智能分析技术对监控视频进行实时截取分析，追踪锁定违规行为。例如，在矿山安全生产监管中，接入应急部门的矿山视频资源进行实时抓取分析，实现矿山领域罐笼超出核定限乘、矿山人员入井未穿戴防护设备等违规行为的实时判定，并第一时间自动将预警信息推送至监管部门、企业主体，督促相关方面迅速处置、有效监督，让“数据多跑路、人员少跑腿”，实现“无事不扰”与严格监管有机结合。三是变“随机抽查”为“精准监管”。利用大数据赋能监管，深度挖掘数据内在逻辑，通过大数据比对分析，发现监管隐患，精准锁定监管线索并推送给相关责任主体，进一步现场核查。如在特种设备监管领域，通过比对税务系统入账数据与市场监管部门特种设备备案记录，累计发现使用未登记特种设备等3000余条违法线索，及时推送至市场监管部门进行现场排查整改，有效突破了上门抽检、人工巡查、取证困难、时效性差等传统监管模式的障碍和盲区，达到了及时预警、靶向监管的效果，全面提升了监管工作的及时性、针对性和可靠性。四是变“重复检查”为“结果共享”。平台对检查对象、事项、时间、结果以及整改情况等信息自动存档，实时“云共享”。首查部门对结果负责，其余部门在提报检查计划时，相同监管事项的检查计划自动弹窗提醒，部门可以查看半年内对同一监管对象的检查记录，并对检查结果进行共享，避免多头重复检查。2023年2月至今，已累计共享98831条检查记录，涉及48244个市场主体。例如，烟台市市场监管局工作人员，按照计划近期需对某农业机械有限公司的特种设备使用情况进行检查。工作人员计划下周一去检查，提前报备计划后，系统主动提醒该企业在今年6月已被莱州市市场监督管理局检查过了，检查的内容也是围绕特种设备，检查结果一切正常。考虑到下级部门刚检查过没多久，也未发现异常问题，为了减少对企业不必要的重复打扰，工作人员对莱州市市场监督管理局检查结果进行了确认，取消了实地检查。

（3）检查信息“云录入”、检查问题“云验收”，让涉企检查既有始、更有终，确保检查实时记录、问题闭环整改。聚焦当前涉企检查信息不易追溯的情况，实施全程云端录入检查信息、检查过程公开留痕、线上远程整改验收，避免重检查轻整改、只罚不改和“二次打扰”等问题。一方面，检查情况实时记录。创新检查录入方式，推行检查信息“云录入”，将纸质检查单转为线上检查清单，执法人员检查前登录移动执法 App“山东通”，自动载入检查对象、时间、事项等信息开展检查，现场拍照上传相关现场信息，实时录入检查结果以及可能存在问题隐患、整改建议、处罚决定等情况，并同步将信息推送至企业，进行电子签名确认，实现了无纸化现场监管，极大提升了行政执法标准化、数字化水平。另一方面，整改情况远程验收。对一般性、通过视频图像就能判断整改情况的问题，企业在完成问题整改后，将整改情况通过照片、视频等形式上传“涉企联合检查平台”，监管部门采取在线“云验收”的方式进行核验，无需再次入企，构建起了“线上反馈、线下整改、网上提交、云端验收”的工作闭环，整改验收全过程阳光透明，确保问题及时整改到位、企业积极主动配合。该功能自今年 5 月上线以来，全市共对 246 个检查完成了线上整改，约占所有责令整改案件的 32%。如消防部门对某宠物食品公司的仓储情况进行检查，发现应急通道存在物品摆放杂乱的情况，执法人员作出了责令整改的要求，企业第一时间完成了整改，通过“爱山东”App 上传了图片和视频的整改证据，执法人员经远程核实，通过了复核。

（4）检查人员“云打卡”、检查行为“云监督”，让涉企检查既有规范、更有评估，促进执法公平公正、权力阳光运行。聚焦当前涉企检查发起脱离监管的难点，向企业公开检查人员信息和检查过程，促进检查过程公开透明、执法结果公平公正、权力运行合法合规。一是严格“扫码入企”。在国家市场监管总局的支持下，率先全量获取烟台企业电子营业执照二维码，作为市场主体的“企业码”，涉企检查人员严格执行“扫码入企”，平台自动定位“云打卡”，将扫码信息与检查计划备案记录进行比对，确认备案信息后方可开展检查。未提前备案的，如有特殊情况则走绿色通道，录入相关原因，后台进行记录纳入监管，有效避免了执法人员随意入企检查。当前，“扫码入企”除执法人员手动扫码方式外，又新增了定位打卡功能，执法人员到达企业现场后，后台实时获取定位直接进行打卡，既可避免市场主体因企业码丢失等原因无法进行扫码的问题，又能够与企业实际的经营地址进行比对，防止执法人员“虚假扫码”，确保全市所有涉企执法检查扫码率达 100%。“扫码入企”工作开展以来，收获了来自企业的许多好评。二是双向实时监督。一方面，企业对入企不扫码、执法不满意等问题，可通过平台直接进行投诉反馈，投诉信息同步推送至司法行政部门和烟台“政企通”企业专线进行核查督办；另一方面，司法行政部门通过平台对部门入企检查情况全程监督，对提前7天备案情况、联合检查开展情况、“扫码入企”应用情况、企业被检查频次、检查结果，以及行政处罚事项、原由、依据、决定、标准是否一致等进行实时分析和预警处置，监督全市执法队伍执法情况。平台运行以来，累计对发现的2960项执法方面问题进行了规范，形成“全流程”“全领域”监督网络，推动涉企检查规范运行。

三　进一步提升工作的展望

下一步，烟台市将持续以政务公开+数字赋能，打造“审管执信”四端协同平台（以下简称四端协同平台），打通审批、监管、执法、信用四端信息数据公开共享通道，实现审批、监管、执法、信用关键要素和数据归档以及全流程电子化线上流转，建立“审管执信”网上协同联动闭环运行体系，为优化营商环境推进政府职能转变提供新的路径选择。

（1）通过四端协同平台全量归集公开“审管执信”数据信息，进一步筑牢政务数据底座。通过四端协同平台对政务服务平台中行政审批行为产生的审批事项、申请材料、审批依据、审批结果等信息，涉企联合检查平台中监管执法活动产生的检查过程、行政处罚等信息以及信用中国、信用山东、信用烟台、国家企业信用信息公示系统等平台信息统一归集归档，实现审批、监管、执法、信用四端信息数据全程线上实时流转、公开、查看、运用，为行政审批、监管执法、信用运用提供数据支撑。

（2）通过四端协同平台颗粒化界定“审管执信”职责分工，进一步卡实各方工作责任。将“审管执信”各方责任分工明确至具体科室，细化到责任最小颗粒度，实现“审管执信”全流程协同，过程可追溯。一方面，全量梳理市县两级“审管执信”联动事项清单，行业主管部门牵头与行政审批服务部门、综合执法部门、信用主管部门共同梳理审批、监管、执法、信用事项信息，形成“审管执信”联动事项，明确职责边界，全面网上公开公示，既减少部门间推诿扯皮，又方便企业群众及时知晓。另一方面，相关部门的科室按职责认领权力事项，明确科室联动职责，将“审管执信”每一环节通过四端协同平台全程记录，明确各方责任，实现联动环节间点对点精准对接，更好凝聚“审管执信”四方合力。

（3）通过四端协同平台共享互通数据信息，进一步强化各方联动协同。一是精准实现“审管联动”。一方面，行政审批部门通过四端协同平台及时向行业主管部门推送行政审批电子档案，由行业主管部门进行监管确认，启动事中事后监管，实现“即审即管”；另一方面，行业主管部门通过四端协同平台将可能对行政审批结果产生影响的行业管理、行政执法检查、行政处罚等信息同步推送至行政审批服务部门，由行政审批服务部门依法作出处理，全面实现审管信息即时传输、实时留痕、全时共享，打造审批到监管、监管到审批全闭合链条。二是精准实现“审信联动”。将各类信用信息公开嵌入审批端，在审批过程中自动审查申请人信用信息，对信用好的提供告知承诺、容缺办理等便利服务，对信用差的严格按照法律法规要求的流程审批，全面推行“信即办”。同时，将告知承诺行政、容缺办理审批核查产生的失信情形纳入信用体系，进一步拓展信用信息来源。三是精准实现“信管联动”。建立全市统一的信用分级分类标准，通过四端协同平台全面公开各类信用信息，依托信用评价结果，对监管对象采取差异化的监管措施，大力实施信用分级分类监管，降低检查频次，为企业松绑减负。同时，将监管执法产生的处罚等信息补充到信用信息中，进一步完善信用数据，推动信用更加精准运用，最大程度发挥信用赋能实体经济发展作用。

政务公开与法治政府建设深度融合助推营商环境持续优化的广安实践

吴金川　贺欣瑜　苟明忠　熊彬璋*

摘　要： 营商环境是市场主体培育的动力支撑，也是高质量发展的活力源泉。四川省广安市围绕同城融圈、优镇兴乡、品质主导、产业支撑“四大战略”，聚焦群众关心关注的热点难点，积极探索政务公开与法治政府建设深度融合，以公开促落实、优服务、强监管，全面推进职能科学、权责法定、执法严明、公开公正、智能高效、廉洁诚信、人民满意的法治政府建设，为助推营商环境持续优化提供坚强保障。

关键词： 政务公开　法治政府　深度融合　营商环境

广安是中国社会主义改革开放和现代化建设总设计师邓小平同志的家乡，也是国家确立的川渝合作示范区。近年来，广安聚焦推动高质量发展，坚持以法治思维和法治方式深化政务公开，纵深推进法治政府建设，积极探索政务公开与法治政府建设深度融合，助推营商环境持续优化，是四川行政审批项目最

* 吴金川，广安市人民政府机关党组成员、办公室副主任；贺欣瑜，广安市人民政府信息公开办公室主任；苟明忠，广安市人民政府办公室机关服务中心管理八级职员；熊彬璋，广安市人民政府信息公开办公室干部。

少、承诺办结时间最短的市州之一。广安历来亲商重商，市第六次党代会作出持续优化投资兴业、干事创业“两个环境”决策部署，牢固树立“抓环境就是抓发展”理念，让企业放心投资广安、安心扎根广安。2023 年，广安市政务公开、营商环境综合评价位居全省第一方阵，获评四川省的市（州）“政府政务公开十佳”、市（州）“政府网站十佳”，“跨省税费征管服务一体化改革”项目获评“四川省法治政府建设单项示范项目”。

一 认真审视政务公开、法治政府建设和营商环境持续优化的逻辑关系

政务公开是推进国家治理体系和治理能力现代化的内在要求，对提升行政效能，更好服务企业和群众，推动高质量发展具有重要意义，是增强政府公信力、执行力，提升政府治理能力的制度安排。法治政府是政府在行使权力和履行职责过程中坚持法治原则、严格依法行政，使各项权力都在法治轨道上运行。营商环境是市场主体在准入、生产经营、退出等过程中涉及的政务环境、市场环境、法治环境、人文环境等有关外部因素和条件的总和。从基本概念来看，政务公开是政府必须依法履行的职责，是建设法治政府的必然要求，建设法治政府是优化营商环境、促进高质量发展的根本举措。因此，持续优化营商环境关键在于全面推进法治政府建设，而法治政府建设的重点在于全面推进政务公开，打造“阳光政府”，促进社会公平正义。

第一，推进政务公开是加快建设法治政府的必然要求。2016 年 1 月 11 日召开的中央全面深化改革领导小组第二十次会议中指出，政务公开是建设法治政府的一项重要制度，要以制度安排把政务公开贯穿政务运行全过程，权力运行到哪里，公开和监督就延伸到哪里。公开透明是法治政府的基本特征，全面推进政务公开，有利于克服政府职能错位、越位、缺位现象，有利于人民群众更主动、更有效、更方便参与政府工作，有利于保障公众知情权、参与权、表达权和监督权，使行政权力授予有据、行使有规、监督有效，从而倒逼政府依法行政，加快建设法治政府。

第二，推动法治政府建设是优化营商环境的根本举措。习近平总书记强调，法治政府建设是全面依法治国的重点任务和主体工程，法治是最好的营商

环境。[1] 推动法治政府建设，有利于制定完善契合现代化经济体系需要的法治体系，有利于打造市场准入、审批许可、经营运行、招标投标等方面的公平竞争环境，有利于依法平等保护市场主体的产权和合法权益，将市场化改革成果以法律规范的形式固化下来，推动构建“亲”“清”新型政商关系，从而营造良好政治生态和营商环境。

第三，营商环境持续优化是政务公开和法治政府建设深度融合的必然结果。习近平总书记强调，营商环境只有更好，没有最好[2]。谁拥有法治化营商环境，谁就拥有竞争优势、促进其经济转型升级和高质量发展。推动政务公开和法治政府建设深度融合，有利于发挥政务公开在法治政府建设进程中的积极作用，把依法平等保护各类市场主体合法权益贯彻到立法、执法、司法、守法各环节，有利于持续深化“放管服”改革，打造优质高效的办事服务环境，有利于加强政府自身建设、转变政府职能、提升效能，从而为各类市场主体营造稳定、公平、透明、可预期的良好营商环境。

二　政务公开与法治政府建设深度融合助推营商环境持续优化的具体实践

（一）围绕“三个重点”，全面推进政务公开，不断夯实优化营商环境的基层基础

1. 高标准升级平台，建好公开载体

（1）整体化布局。按照“市级统筹、分布整合、高度集约”理念，建成1个集约化治理平台，1个信息资源库，内容、渠道、互动、运营、应用、消息、管理7个中心，政府、政务服务、互动交流、数据开放、集约化工作5个门户，同时融合新技术、加载新应用、扩展新功能，有效满足平台发展升级、平滑扩充和灵活扩展。（2）集约化建设。依托“四川一体化”政务服务、“天

① 参见习近平：《共建创新包容的开放型世界经济——在首届中国国际进口博览会开幕式上的主旨演讲》（2016年1月11日），载人民网。

② 习近平：《共建创新包容的开放型世界经济——在首届中国国际进口博览会开幕式上的主旨演讲》（2016年1月11日），载人民网。

府惠企通”等平台，建立项目审批办结时限监督和惠企政策“一站式”阳光服务平台，整合各类行政审批事项，明确具体环节、所需材料、法定或者承诺办结时限，实现一网发布、一窗解读，便于公众监督和政府部门自我评估。优化政务新媒体矩阵，集中力量做优做强“投资广安”“法治广安”“广安一卡通阳光审批”等账号，全市政务新媒体由262个减少至64个，关停注销比例达75.57%。(3) 智能化应用。建强政府网站智能搜索、智能问答、精准推送等功能，依托政府网站与政务新媒体互动交流、一体化政务服务、12345政务热线等平台建成智能问答知识库，集成金融信贷、政务服务等政策文件和企业群众办事服务事项，收集问答1.6万余个，通过“智能提示”和“人机交互”，为公众提供精准便捷的咨询问答服务。依托广安工业信息化服务平台，整合打造“广通办”“云上政企”等惠企服务平台，将平台功能适配到手机端，实行企业诉求一键提交、12345热线统一受理、职能部门限时办结，打通诉求直达“最后一公里”。

2. 高水平建设阵地，延伸公开触角

(1) 开辟线上专栏。各县（市、区）在政府门户网站规范建立“基层政务公开专栏”，根据国家部委标准目录指引，全面公开公共法律服务、税收管理、重大建设项目等30个试点领域信息，开辟一级、二级、三级目录约600个，发布与企业群众生产生活密切相关信息8000余条。(2) 拓展线下专区。在市、县、乡、村四级政务服务场所规范建立基层政务公开线下专区81个，设置自助查询、资料阅览、申请接收、政策咨询4个分区，实现县域内功能定位、规划布局、标识标牌、管理服务“四统一”，每个专区落实1名以上专职或兼职工作人员，面向企业群众提供政策推送、查询、解读以及办事服务。(3) 打造特色试点。岳池县探索基层政务公开新路径，将9大类107项村“三务”事项通过电视同步公开，目前已公开信息6万余条，覆盖469个村（社区）、31.19万户群众。武胜县探索“基层政务公开 + 行政审批”，设立投资审批公开专栏、专窗，创新实施工业项目“模拟审批”及全流程在线公开，政府、社会投资项目开工前审批时限分别压缩至50个、39个工作日。前锋区探索“基层政务公开 + 民主协商”，在村（社区）全覆盖设立“6 + X”民主协商理事会，建立“观音阁民主议事厅”等基层协商平台10个，化解社区停车难、老年活动场所少等基层社会矛盾200余个。

3. 高质量服务发展，提高公开质效

（1）当好国家政策“宣讲员”。建立政府规章、行政规范性文件和政府文件动态调整机制，集中规范公开现行有效规章6部、行政规范性文件505件、其他类文件2000余件。设立语音播报数字人，提供就业、生育、社保等简明政策和办事服务信息播报。提高政策解读多元化、数字化水平，累计发布各类解读信息533条，其中图片解读220条，音视频、新闻发布会解读65条，转发各级专家、学者评论1100余条，增强解读的权威性和针对性。借助基层政务公开专区、中小企业发展服务平台等媒体开展线上、线下宣传，让广大企业和群众知晓政策、明白政策、会用政策。（2）当好决策辅政“参谋员”。围绕市委市政府重大战略部署及人民群众关注焦点，广泛征求行业领域、企业代表意见建议，2023年开展新闻发布会11次、在线访谈8次、意见征集调查38期，回应公众提问308人次。制定印发政府系统政务新媒体管理制度文件，明确政务新媒体栏目建设规范，拓宽互动交流渠道，广泛听取民意、了解民愿、汇聚民智。2023年收集整理意见建议100余条，转化为政府决策参考意见10条。（3）当好企业群众“办事员”。以广安市人民政府网为主平台，依托四川日报“问政四川”、麻辣社区“群众呼声”、四川省政务服务网等，形成“N+3+N”留言办理机制，打造“6+9+N”（6个走好网上群众路线诉求渠道、9个政府网站、N个政务新媒体）指尖上的网上政府，做到用心听民意、用力解民忧、用情办实事。2023年，全市通过网络渠道收到群众诉求50.89万件，受理50.89万件，受理率100%，按期办结率100%，群众满意率达99.8%。开通“广渝毗邻地区”服务专区，搭建政务服务协作平台，发布渝广毗邻地区通办特色事项31项，推动全市12.3万法人、210万个人实名用户与“渝快办”应用身份互认，20类电子证照（印章）共享互认，311项“川渝通办”事项异地可办，川渝通办办件量达6.34万件。

（二）把准“三个关键”，加快建设法治政府，厚植涵养优化营商环境的沃土良壤

1. 转变政府职能，提升服务水平

（1）加大简政放权力度。市县两级同步动态调整行政许可事项清单，清理保留行政许可事项365项，严格按照事项清单、运行图谱、实施要素一览表实施审批。重点推进“安评、环评、能评”攻坚，安评报告初审修改时间压

缩20%、审查时间压缩25%，环评审批时限缩短80%以上，能评时间压缩到1个工作日。（2）深化公共法律服务。市县两级公共法律服务中心开设“民营企业法律服务专窗”和“农民工法律服务专窗”，建立“12348”与“12345”热线转接机制，为企业和农民工提供高效便捷法律咨询、法律援助等服务。公证和司法鉴定行业积极推出预约服务、上门服务、延时服务等利民便企举措。与重庆市渝北区联手打造“川渝高竹新区公共法律中心”，推出助力优化法治化营商环境8条工作举措，为园区90余家企业提供“线上+线下”全方位、多角度法治宣传、法律咨询等服务，有效推动企业依法治企。全面推行“最多跑一次”改革，不断优化在金融服务、民营企业、知识产权保护等领域的办证流程，最大限度压缩办证时限。（3）释放同城融圈活力。持续深化以“川渝通办”为重点的“放管服”改革，推进广渝毗邻地区政务服务“跨省通办”，与重庆市渝北区、合川区等6个中心城区联合发布“渝广通办”31项特色事项和27项数据共享责任“两张清单”。川渝高竹新区统一税费政策50项、征管流程76项、涉税违法行为处罚裁量基准62项，办理税费业务5万余笔，资料报送减少26%，办税时间缩短约60%，成为全国第一个破题跨省税务行政执法一体化改革地区。

2. 加强制度供给，提供法制保障

（1）加强规范性文件管理。完善政府行为合法性审查制度，规范行政规范性文件、重大行政决策等5类文件审查标准，累计审查涉企规范性文件33件、重大行政决策16件；对违法增加市场主体义务、减损市场主体权利，违反公平竞争审查要求的，提出审查意见470余条，依法保护市场主体合法权益。修订印发《广安市行政规范性文件管理办法》，细化完善公平竞争审查、部门合法性审查等具体程序规定和工作要求，全面清理不符合优化营商环境、“放管服”改革的规范性文件，并通过市政府网站依法公布，累计废止行政规范性文件239件，宣布失效276件。（2）落实重大行政决策程序。制定《广安市重大行政决策公众参与程序规定（试行）》《广安市重大行政决策专家论证规定（试行）》，进一步强化对决策行为的规范指导和监督制约。严格遵守公众参与、专家论证、风险评估、公平竞争审查、合法性审查、集体讨论决定、执行监督等决策程序，通过政府网站公开市县政府年度重大行政决策事项目录，实现决策事项过程管控、规范运行。2023年，依法向社会公布《广安市国土空间总体规划》等12个市政府重大决策事项，并接受社会监督。

(3) 强化涉企普法宣传。抓住领导干部“关键少数”，制定印发市政府领导班子学法计划，市政府常务会议集体学习法治化营商环境建设专题12场次。以“法律七进”为载体，持续开展“一月一主题”法治宣传活动，相关部门在重要时间节点，开展“法律七进”活动6000余次。组建普法讲师团、法治服务团，聚焦企业经营、劳动用工等方面法律需求，开展法治讲座49场次。利用“法治广安”微信公众号等持续推广“互联网+”线上普法，推送“法律小贴士”和“以案释法”典型案例，不断增强企业经营法治意识。

3. 推进依法行政，打造公平市场

(1) 规范行政执法方式。全面推行“一目录、五清单”精准高效监管执法，督促27个市级执法部门制定一般检查目录654项，重点检查目录560项；不予处罚清单272项，免予处罚清单226项，减轻处罚事项202项，从轻处罚事项249项，从重处罚事项264项，涉企重点执法部门办理首违不罚、减轻、从轻处罚案件近1800件，实现分类监管、精准处罚，切实为企业减负松绑。探索推行一体化执法检查，按照“同一检查对象、同一检查时间段”能统则统原则，制定执法检查计划29份，308项执法事项实现“综合一次”，检查频次同比减少30.3%，实现“进一次门，查多项事”，减轻了对市场主体的影响和干扰。(2) 加强突出问题整治。聚焦“逐利执法”、执法不规范、执法方式简单僵化、执法粗暴、执法“寻租”等问题，广泛收集并整改企业群众“急难愁盼”执法突出问题63个，群众满意度进一步提升。加大对交通运输和交警执法领域的制度规范清理、执法案件评查、执法工作检查、执法问题警示，查找整改道路交通领域执法突出问题151个，教育引导执法人员依法用权、规范执法。评查涉企许可、处罚、强制类案卷2013件，形成问题整改清单近90份，涉企行政执法行为更加规范。(3) 提升行政执法质效。印发《广安市提升行政执法质量三年行动计划实施方案（2023—2025年)》，开展行政执法队伍“大学习大练兵大比武”活动，组织行政执法人员开展执法理论学习、网络考试、执法案卷评查等，执法人员能力和水平不断提高。加强行政执法监督体系建设，拓宽行政执法监督渠道，探索搭建集政策宣传、问卷调查、投诉反映等功能为一体的行政执法监督平台，方便企业群众对不规范执法行为的“码上监督”，用群众的监督倒逼执法人员行权“不任性”，履职“不随意”。按行业领域选择44家代表性企业，创新建立行政执法观测点，及时掌握涉企行政执法情况，着力解决重复检查、违法处罚等执法不规范问题，切实维护企业合法权益。

（三）坚持“三个聚焦”，深度融合凝聚合力，持续推动优化营商环境上档升级

1. 聚焦审批“堵点”，最大限度推动简政放权

（1）推动行政审批制度改革。重点抓好“三个通办”，即一网通办：推动县级移动端分站点全域开通上线、30类高频电子证照亮证应用和免提交，20个高频事项实现“掌上办”。川渝通办：推动省定311项以及自主拓展31项“渝广通办”事项线下“异地受理、两地可办”、线上“一地认证、全网通办”。跨省通办：推动190项通办事项落地落实，实现从“可办”“能办”向“好办”“易办”转变。（2）推动商事制度改革。重点抓好“三个环节”，即开办环节：制定《优化企业开办十条措施》，固化企业开办“一日办结”“零见面”“零成本”等举措，实现企业开办“一门进出、一窗受理、一套材料、一次采集、一网通办”。登记环节：出台《住所登记管理办法》，推行企业住所（经营场所）承诺制改革，全市新登记市场主体2.48万户，总量突破19.44万户，比年初增长6.29%。注销环节：开展套餐式简易注销，拓展适用范围，2023年办理企业注销登记2405户，其中简易注销1457户、占比60.58%，做到应简尽简。（3）推动执法监管改革。重点做到“三化”，即差异化监管：实行企业分级分类差异化监管，按照信用等级调整抽查检查比例和频次，制定“双随机一公开”检查方案，检查市场主体2000余户，实现监管全闭环。柔性化执法：依法编制实施“四张清单”，涉及不予处罚、减轻处罚、从轻处罚、从重处罚事项407项；开展优化营商环境行政执法专项监督，全面纠正处罚不规范行政执法行为。智能化监督：推行“码上监督”，上线行政执法监督小程序，实现政策宣传、问卷调查、投诉反映等“码上办”，执法环境持续优化。

2. 聚焦市场“痛点”，最大努力优化市场环境

（1）攻坚“三用”。用能：实行水电气联合报装“一站式”服务，用水、用气报装均不超过15个工作日，10千伏及以上大中型单、双电源用电办理分别不超过16个、30个工作日，低压用电办理不超过7个工作日。用地：推进工业用地“标准地”改革，区域评估“零费用”、制定标准“零误差”、按标出让“零等待”、提前服务“零距离”、全程监管“零缝隙”，土地出让办理时

限仅 6—10 个工作日，提速 70% 以上，实现“签约即供地”“交地即交证”。用工：建立企业用工需求和大学生、农民工就业需求 2 本台账，用好省市天府人才、公共招聘、“天工巧匠”3 个平台，兑现“就业补贴、创业担保、稳岗返还、留工培训”4 大政策，推出“招聘求职、岗位推送、职业指导、技能培训、创业扶持”5 项服务，举办招聘活动 206 场次，提供岗位 8.12 万个，促进就业 1.94 万人，保障了重大产业、重点企业用工需求。（2）攻坚“三评”。安评：建立安评机构“超市”，提前对接重点项目，专人全程跟踪服务，安评报告初审修改时间压缩 20%、审查时间压缩 25%。环评：建立“产业规划—招商引资—环境准入”联动机制，实行重大项目环评会商预审、小微项目“打捆环评”“搭车审查”，纳入承诺制正面清单报告表项目最短 6 个工作日获批、报告书项目最短 11 个工作日获批，审批时限缩减 80% 以上。能评：压缩项目批复时限，省级以下项目能评 1 个工作日内批复，省级以上落实专人协调推进，年产 50 万吨双甘膦项目创造全省节能报告审查时间新纪录。（3）攻坚“三破”。破“财政评审效率低下”：上线运行“广安财评管理信息系统”，全周期管理和穿透式检查高风险岗位、易失守环节，全力打造阳光财评、效率财评、廉洁财评，项目财评时限缩短 36%。破“政府采购行业垄断”：推动实现政府采购从预算到支付全流程电子化，节约采购资金 2.7 亿元，节资率 12.74%，完成全流程线上运行项目 467 个。全面落实政府采购支持中小企业发展政策，授予中小微企业政府采购合同金额占政府采购总额的 87%。破“招投标服务壁垒”：系统治理招投标领域，清理整合政策文件，开发工程领域全流程电子化范本 25 个，完成电子招投标项目 2396 个、“远程异地评标”项目 87 个、“不见面开标”项目 443 个；全面推行电子保函替代现金，开具电子保函 1.6 万笔，减轻企业资金占用 34.73 亿元，电子保函（单）替代率提升至 73.09%。

3. 聚焦服务“弱点”，最大层面提升服务水平

（1）主动上门服务。组建服务团队：探索建立“一园区一专员、一企业一档案、一问题一服务”机制，采用“1 + 9 + N”模式，分区分类组建“安心办”服务团队，设置区域助企联络专员，为企业提供全流程、全方位服务。定期上门走访：组织发改、应急、住建、生态环境等部门，深入多地实地调研，走访座谈重点企业 610 余户次。限时解决问题：对企业诉求建档立卡、清单管理、限时办结，推动解决企业证照办理、金融信贷、用工需求等问题 200

余个。（2）优化平台服务。业务平台：运用“互联网 +”思维，实现行业领域业务快速办理，围绕财政评审、金融信贷、政务服务、公共资源等方面，做好应用支撑，建设产业政策、行业咨询等 10 大数据库，发布政策信息 2600 余条。监管平台：推进重点企业用工监测、行政执法监督平台开发应用，转型升级“互联网 + 监管”“双随机、一公开”等平台，形成标准统一、覆盖各级的监管体系，向省平台汇聚 15 万余条监管行为数据。服务平台：依托市工业信息化服务平台，整合打造“云上政企”惠企平台，畅通企业诉求反映渠道，将平台功能全面适配手机端，实行企业诉求一键提交、12345 政务服务热线统一受理、职能部门限时办理。（3）集成政策服务。汇编政策：集中公开《广安市助企惠企政策汇编》，涉及产业发展、金融信贷等 8 个方面 105 条，上门分送企业 500 余册。争取政策：抢抓政策出台“机遇期”，用好政策争取“窗口期”，加大对上争取力度，推动更多政策赋能广安。兑现政策：由各行业主管部门牵头，采取现场咨询、宣教辅导、业务培训等形式，加强政策宣传解读、落实过程管控和跟踪督导服务，确保惠企政策应知尽知、应享尽享。

三 存在的困难问题

（一）政务公开质效还有差距，制约了法治政府建设纵深推进

政务公开是推动法治政府建设的“牛鼻子”，政务公开的质效必然影响公众参与社会治理和公共服务的获得感、满意度，市场主体和社会公众行使参与权、监督权及法治政府建设进程。

一是公开的内容存在片面性。部分行政机关落实“应公开尽公开”还有差距，决策、结果类信息公开多，执行管理服务类信息公开少；事后信息公开多，事前事中信息公开少，呈现出头轻脚重的状态。尤其是在基层政务公开中，执法程序、执法结果等内容相对公开较少，导致企业群众对执法行为“看得见、看不透”。

二是公开的时效存在滞后性。部分行政机关对法定主动公开的政务信息发布不够及时，存在信息公开申请答复超期、网站互动栏目回应较晚、部分网站栏目信息“断更”甚至“空白栏目”等现象。部分涉及卫生健康、生态环境

等领域的行政处罚信息未在作出行政决定之日起7个工作日内公开，致使公众难以在第一时间获取有效信息。

三是公开的形式存在随意性。部分基层行政机关公开内容避实就虚，存在缩小公开范围、以宣传代公开等问题，公开内容偏离群众需求，“漫灌”式的公开使群众对政务公开获得感、体验感打了折扣。有的单位政务信息公开审核不严，导致公开内容出现错敏词、语病句、链接失效、跳转错误等情况，给企业群众带来误导和困惑，削减了政府的权威性和公信力。

（二）法治政府建设还有短板，影响了营商环境持续优化向好

法治政府建设是营商环境持续优化向好的保障，法治政府建设滞后必然导致公平竞争、破除市场壁垒、扩大对外开放、优化政务服务等问题凸显，影响营商环境持续优化。

一是依法行政理念不够深入。部分政府工作人员对法治政府建设认识不够到位，存在重业务、轻法治的思想，责任感和紧迫感不强，运用法治思维和法治方式深化改革、推动发展的能力有待提高。在推动重点工作、重大工程建设、重要合同签订时能按规定程序征求法律顾问意见建议，但主观上还存在“经验主义”，有时决策忽略了专业法律意见，没有真正将依法行政贯穿到推动发展的全过程、各方面。

二是法律服务供给不够充分。法律服务供给水平不能满足群众日益增长的需要，建设更高水平、更高能级现代公共法律服务平台力度不够，资源供给能力短板明显，在为企业提供专项服务、打造法治化营商环境方面还有不小差距。针对企业提供的法治宣传形式较为单一，宣传内容针对性、实效性不强，对服务保障民营经济发展的支撑作用还不明显。

三是执法监管机制不够健全。日常行政执法监督形式较为单一，部分执法单位和执法人员存在“重处罚、轻服务”的现象。部分执法部门综合监管意识不强，落实跨部门一体化执法检查工作不够到位，重复检查、多头执法等问题依然存在，对企业的正常生产经营造成一定影响。

（三）营商环境建设还有弱项，制约了经济社会高质量发展

营商环境就是生产力、竞争力，优化营商环境就是解放生产力、提升竞争力，一个地方营商环境的好坏直接影响公平竞争市场秩序建立、市场主体信心

培育和经济社会高质量发展。但实践中，营商环境建设还有较为突出的短板弱项。

行政审批效率较低。个别地方和部门审批权限下放不统一、不同步、不配套，对窗口授权不够到位，存在“明进暗不进”“两头受理”现象，还有部分行业系统没有真正实现互联互通，“各自为政”、条块分割，导致同一事项需要反复录入，审批流程复杂、周转部门较多，导致企业办事人员来回跑、多头跑，增加了审批时长、降低了办理效率。

政务服务能力较弱。政务服务线上线下贯通融合不够，办事环节和业务办理流程有待持续优化，“减事项”“减环节”“减时间”实际效果不够好。异地办理还存在标准差异，同一事项异地不同标准，企业和群众幸福感、获得感仍需增强。基层便民服务中心“三化”建设还较薄弱，硬件配置不足、综窗改革不到位、日常管理松散等问题依然突出，不能很好满足企业和群众办事需求。

惠企政策落地较难。个别部门在制定惠企政策时，在听证阶段邀请重点行业、重点企业代表居多，征求中小微企业意见较少，诉求和呼声收集不够全面，与企业需求不相匹配。政策发布渠道比较分散，宣传方式单一，且没有进行深度解读，导致企业获悉难度大，存在“不知晓、找不到”的情况。有的优惠政策条件高、标准严，附加条件多、兑现程序复杂、审批耗时长，企业获得感不强。

四 思考与建议

（一）不断深化政务公开，打造阳光公正政务环境

1. 尽最大努力扩大公开范围

坚持“应公开尽公开”，深入推进全过程公开。加强工作进展、后续举措、督查、审计问题及整改落实情况等方面的主动公开力度，推进政府信息从“事后”公开向“事前”“事中”公开转变，全过程接受社会监督。行政执法部门要严格落实行政执法公示制度，全面公开职责权限、执法依据、执法流程、执法结果、救济途径等信息，规范行政裁量，促进执法公平公正。

2. 想更多办法提升公开效率

严格规范政府信息依申请公开答复各个环节，优化完善政府信息公开申请受理、审查、办理、答复等程序，确保及时受理、准时答复。强化以学提能，增强公开意识，准确把握政务公开事项清单和标准目录领域的公开事项、内容、依据、时限、主体、方式、对象、属性、层级等要素，及时向社会公开。压紧压实公开责任，建立健全监督问责机制，拓宽社会公众、企业、媒体参与监督渠道。

3. 投更多精力提升公开质量

紧贴市场主体和人民群众实际需求，全方位回应公众关切，主动公开群众关心关注的热点难点问题，增强政务公开的针对性、实效性，真正让群众能看到、易获取、用得上。严格落实信息发布“三审三校”审核制度，建立工单运维机制，常态化开展错敏词、表述错误检查，发现问题第一时间督促整改，确保信息发布准确、规范。

（二）加快建设法治政府，营造良法善治法治环境

1. 提高法治思维能力

深入学习习近平法治思想，将习近平法治思想全面贯彻落实到法治政府建设全过程和各方面。强化党员干部法治意识，推动领导干部带头学法、尊法、守法、用法，发挥示范引领作用。建立完善领导干部和行政机关工作人员学法制度，全覆盖开展网上学法考法等活动，加强法治宣传教育培训，全面提升领导干部和行政机关工作人员法治思维和依法行政能力。

2. 优化法律服务供给

加强法律服务队伍建设，优化整合法律服务资源，延伸法律服务触角，为企业提供优质、高效、低成本的法律咨询、公证、纠纷调处等服务。深入开展优化法治化营商环境专项普法，持续开展法治体检和“送法进企业、进园区”活动，帮助企业提升合规经营能力。加强“枫桥式”商会和商会调解组织建设，及时化解涉企纠纷，为企业发展营造和谐稳定环境。

3. 加强执法监督管理

推动行政执法协调监督体系建设，严格实施执法评议考核，定期对执法工作进行全面检查、客观评价，督促各执法部门依法履行职责，精准高效服务企业。建立常态化、规范化涉企行政执法案件评查机制，对重点领域涉企执法案

件开展专项评查。全面落实行政处罚轻微不罚、首违免罚制度，持续开展趋利性执法专项整治，切实解决“以罚代管”等突出问题。

（三）培育干事创业生态，塑造近悦远来营商环境

1. 推动审批流程再优化

深化投资项目审批制度改革，实施“告知承诺 + 事中事后监管”为核心的企业投资项目承诺制，着力解决项目审批“难、繁、慢”等问题，努力实现即来即审、限时办结。开辟重大项目“绿色审批通道”，实行“一机制一流程一系统”，推动竣工项目投产达效、在建项目快建多投、新建项目早开快投、储备项目接续早投。深化工程建设项目审批制度改革，推动房屋市政工程建设项目“并联审批 + 容缺受理 + 告知承诺”组合式审批、一站式办理，推动项目建设加快落地。

2. 推动服务能力再提升

依托线上线下政务服务渠道，打造定制化、套餐式、模块化的涉企服务“一类事”场景，为企业提供精准化、个性化的优质衍生服务。以企业和群众视角“一件事”为导向，打造“一次告知、一表申请、一口受理、一网通办”集成化服务，提升跨层级、跨地域、跨系统、跨部门、跨业务协同管理和服务水平。加强基层便民服务中心建设，积极创建高标准便民服务中心、星级政务服务大厅，推动政务服务提档升级、提质增效。

3. 推动政策落地再用力

加快流程再造，细化涉企政策审核流程，加速涉企政策归集，完善政策匹配、额度、范围等兑现要素指引，推动“免申即享”“即申即享”。推行三端协同，设置惠企政策集中兑现专窗，建立助企惠企服务专区，增设热线惠企政策兑现受理专席，加大政策宣传解读、兑现落实力度。加强政策评估，对执行完毕的政策及时“回头看”、对持续实施的政策开展中期评估，强化惠企政策执行跟踪问效，确保执行到位、企业满意。

安徽省淮南市推进政务公开与法治政府建设深度融合的探索与实践

张玉福　宫　皓　李　玥*

摘　要： 近年来，安徽省淮南市稳步纵深推进法治政府建设，坚持把法治思维贯彻到依法治市全过程，扎实推动政务公开和法治政府建设相互促进，统筹构建阳光透明政务环境、公平公正法治环境，群众参与度、获得感不断提升。本文在实践探索的基础之上，归纳了当前淮南市政务公开与法治政府建设深度融合的初步成效、主要举措，浅析了现阶段存在的短板和困境，并就如何进一步深化政务公开助推法治政府建设提出思考和展望。

关键词： 政务公开　法治政府建设　透明度

党的二十大报告指出，要坚持全面依法治国，推进法治中国建设。全面依法治国是国家治理的一场深刻革命，意味着要用法治化的治理方式和治理手段全面履行政府职能，推进各项工作。近年来，淮南市深入践行习近平法治思

* 张玉福，淮南市政府办公室副主任；宫皓，淮南市政府办公室政务公开指导办公室主任；李玥，淮南市政府办公室政务公开指导办三级主任科员。

想，以政务公开为抓手助推依法治市、法治政府建设，通过将公开贯穿于政务运行全过程，着力打造阳光透明法治政府，营造利民惠企良好政务环境，政务公开与法治政府建设融合的步伐愈加坚实。在“法治蓝皮书”2023 年 5 月发布的中国政府透明度指数排名中，淮南市取得了较好成绩①。

一 淮南市推进政务公开与法治政府建设深度融合的背景

2014 年党的十八届四中全会通过《中共中央关于全面推进依法治国若干重大问题的决定》，提出了深入推进依法行政，加快建设法治政府的新要求；2017 年党的十九大报告描绘了到 2035 年基本建成法治国家、法治政府、法治社会的宏伟蓝图；2023 年党的二十大报告再次强调要坚持法治国家、法治政府、法治社会一体建设，全面推进国家各方面工作法治化。“法者，治之端也”。要实现在法治轨道上全面建设社会主义现代化美好淮南，一个重要着力点就是要以法治政府建设为主体工程，而政务公开是有效推动法治政府建设的“牛鼻子”，是法治政府建设成效的重要衡量指标之一。从发展的角度来看，当前，随着互联网的蓬勃发展，数字化时代已然来临，信息结构发生了深刻变化，传统的“由内而外”政府信息权威发布型路径逐渐被打破。在新时代，公众权利意识不断觉醒、参与意识不断增强，人人都是信息的传播者和交流者，遵循信息双向流动法则的“互动型”政府应运而生②。在这种形势下，一方面，必须以法治方式推进政务公开，以新修订的《政府信息公开条例》为纲，严格按照其精神要义持续深化政务公开，拓展公开范围、规范公开内容，把好信息公开“源头关”，让主动公开成为自觉，让透明可信成为常态；另一方面，要通过各环节及时有效的信息公开来规范和约束行政行为，通过公开的渠道受理群众监督提醒、回应群众关切，充分保障公众的知情权、表达权、参与权、监督权。因此，伴随着时代发展的步伐和淮南市纵深推进法治政府建设

① 莫纪宏，田禾主编：《中国法治发展报告 No. 21（2023）》，社会科学文献出版社 2023 年版，第 179 页。

② 周维栋，周佑勇：《数字政府如何与法治政府更好结合？——基于技术与制度融合的分析视角》，载《中国行政管理》2023 年第 10 期。

的进程，扎实做好政务公开与法治政府建设的深度融合，以法治保障公开，以公开促进法治成为现实需要。

二　淮南市推进政务公开与法治政府建设深度融合的初步成效

（一）营商环境更优，美好淮南塑造“新形象”

聚焦打造法治化一流营商环境“新高地”，淮南市坚持主动服务、常态服务、精准服务，不断深耕“法治沃土”、擦亮“阳光底色”，让好的营商环境成为城市“金字招牌”。一是创优服务“有速度”。在全省率先出台进一步优化2023年法治化营商环境39条举措，升级改版“创优营商环境为企服务”政务公开专栏，更好发挥企业服务专区作用，推出“高效办成一件事”服务296项，“最多跑一次”时限压缩92.7%、居全省第一方阵，城市信用监测排名跃居全国第2位。二是惠企纾困“有力度”。编制惠企政策电子口袋书，开设12345热线“营商环境监督”分线，累计受理企业诉求1.09万件，办结率100%。深化“一屏通办”改革，开通“惠企通”平台，实现涉企政策“免申即享”，共兑付惠企资金18364.54万元，惠及企业1147家。设立“办不成事”反映窗口，着力破解市场主体在法治领域高频反映、不满意较为集中的顽瘴痼疾问题，累计受理“办不成事”反映事项139件，咨询类办不成事1975件，按期办结率、回访满意率均为100%。三是精准施策“有温度”。创新建立法治化营商环境体验官工作机制，选聘有着成熟经验的法治建设监督员，通过沉浸式体验、直通式反馈，收集影响全市法治化营商环境问题线索，聚焦企业、群众关注加大公开曝光力度，督促整改落实，把“关键小事”办成“暖心大事”，推动法治化营商环境持续优化提升。

（二）权力运行更畅，依法行政筑牢“新根基”

聚焦权力高效规范运行，淮南市坚持权责透明，推动用权公开，形成了有效监督“同心圆”，政府行为全面纳入法治轨道。一是全方位接受监督。主动接受人大法律监督和工作监督，2023年度办理代表议案2件、建议279件、人大常委会审议意见10件。自觉接受政协民主监督，办理政协委员提案211件。开设“建议提案办理”专栏，及时公开人大代表议案建议和政协委员提案办理情况。强化审计监督、统计监督，主动接受社会和舆论监督，使依法行政自觉置于各方监督之下。二是全过程公开执法。出台实施依法行政能力提升方案，提升全市政府系统依法行政能力，确保依法行政全过程公开透明、高效规范。事前阶段，主动公开行政执法事项、执法流程图、行政执法监督途径等信息；事中阶段，实行动态管理，督促行政执法单位严格按照相关制度依法依规开展执法活动；事后阶段，各行政执法单位及时通过政府网站、新媒体平台等渠道，全面准确向社会公示行政执法结果。三是全链条化解争议。强化府院府检联动，合力化解历史遗留问题，深入开展违法行政行为整治，推动行政诉讼败诉率和行政复议纠错率双下降，依法行政基础得到全面提升。

（三）信息管理更快，平台建设激发“新动能”

聚焦信息管理便捷高效，淮南市一手抓制度规范、一手抓载体建设，着力在发挥各类平台实效上下功夫，信息管理迈向法治化、集约化。一是信息发布提质。建立健全淮南市政府信息主动公开制度、淮南市政府信息公开保密审查制度、淮南市政府信息公开责任追究制度等，常态化开展错敏词、隐私保障、无效链接等方面的排查整改，让信息发布工作在制度保障之下准确、规范运行。二是窗口服务提速。大力推进全市政策咨询窗口建设“五统一”，加大窗口人员“会答”“会查”“会引导”“会代办”的能力培训；推进单一部门热点窗口事项“一号通办”，单件等候时长压缩至20分钟；推进综合窗口向无差别受理迭代升级，实现“统一受理、分类审批、统一出证”。三是平台升级提效。稳步推进政府网站改版升级，打通政府网站、政务服务平台、热线等系统数据对接端口，推动“线上线下”公开和服务融合、资源共享。继续加强政务新媒体建设管理，持续推动政府公报按月发布，确保公民、法人和其他组织高效、便捷获取政府信息，切实保障人民群众的知情权和监督权。

（四）公众参与更广，社会治理展现“新面貌”

聚焦群众参与度、满意度双提升，淮南市通过持续深化政务公开加强权力监督制约，政府决策更加科学、治理效能持续提升。一是法治护航促规范。出台《淮南市人民政府重大行政决策公众参与程序规定》，明确决策前中后公众参与的操作规程，凡涉及群众切身利益、需要社会广泛知晓的决策事项，均采取听证或向社会发布征求意见稿的方式公开征求意见，重大民生决策事项实行民意调查制度，为公众参与行政决策提供制度性保障。二是宣传助力促延伸。聚力构建畅达充分的信息披露制度体系，确保信息公开内容的充分性、时机的有效性，淮南市通过网站、新媒体、“村村通”广播以及村务公开栏等公开矩阵，及时发布听证、座谈讨论、咨询协商等相关信息，加大宣传预热力度，实现信息公开“零距离”。同时依托各街道、行政村法治文化阵地广泛开展公众参与行政决策能力培训，防止出现参与愿望与参与能力不同步、权利意识与“搭便车”心理相矛盾的情形，让公众在有效参与中来保护和实现自己的合法利益。三是专区提升促便捷。搭建“基层政务公开标准化规范化”专题，集中统一展示两化领域工作开展情况。充分整合线下政务服务场所，拓展公开专区功能、注重硬件改造升级、增强互动交流体验，有效提升了公众参与决策和获取信息的便捷度和满意度。

三 淮南市推进政务公开与法治政府建设深度融合的主要举措

（一）聚焦群众关切求突破，奋力推动重点领域“十分透明”

做好重点领域信息公开是全面推进新时代政务公开的题中之义，是满足人民群众日益增长的公开需求、回应群众和市场主体关心关切的具体行动。在省政府办公厅和各省直业务单位的指导下，淮南市紧紧围绕社会关注关切全面开展重点领域信息公开专项提升行动，推进公共资源交易等 57 个重点领域信息公开事项目录实施工作。印发了《淮南市人民政府办公室关于做好重点领域信息公开事项目录部署实施工作的通知》，对工作时间节点、信息格式要求、历史信息清理、个人隐私保护、典型经验梳理等方面提出了具体要求，并对各重点领域信息发布工作开展常态化评估，及时反馈问题并督促整改，切实通过聚焦群众关切领域公开层面的不断突破，让政府更透明、群众更满意。

一是加强经济领域信息公开。搭建“经济领域信息公开”专题，集中展示助力企业纾困稳定经济大盘、三次产业高质量发展、市场主体反映投资和工程建设项目审批问题办理渠道和回应等方面相关政策举措、工作进展、项目落地等信息，优化重大建设项目批准与实施政府信息公开集中展示专题，实现淮南市烈士陵园三期、北京师范大学淮南实验学校等项目的全生命周期展示，同时密切关注重大建设项目舆情并及时作出回应，助力防范化解重大风险，切实维护政府公信力。

二是深化民生领域信息公开。以提升群众获得感为目标统筹抓好民生领域信息公开，采用政府网站新设主体、单位网站自建目录、搭建“社会公益事业及重点民生领域专题”集中分类展示的方式，着力做好教育教学、医疗卫生、水电气、交通运输、环境保护等方面信息公开工作，重点公开与群众日常生产生活密切相关的办事服务信息、就业帮扶信息以及暖民心行动信息。

三是细化财政领域信息公开。增加部门项目的公开数量，部门、预算单位全面公开项目立项依据、实施主体、预算安排、绩效目标、绩效自评结果、绩效评价报告等情况。推动各级政府部门加快项目文本和绩效目标公开进度，确保均有项目向社会公开。推动县区政府定期公开债务限额、余额、使用安排及还本付息、债券发行、存续期管理、重大事项等信息，确保财政“账本”更加透明。

（二）紧盯制度安排重落实，奋力推动法治建设“深入人心”

围绕“政务公开是什么、要干什么”这个根本问题，全国政务公开领导小组提出了“新时代政务公开”的概念，明确指出政务公开是一种制度化安排[①]。全面推进政务公开，用制度化安排把政务公开贯穿于政务运行全过程是推动法治政府建设的重要举措，也是法治政府建设的必然要求。淮南市紧紧把握法治政府建设的“形”与“势”，以政务公开与法治政府建设两者的深度融合，推动制度化安排的贯彻落实。

一是提升法治素养。建立《淮南市人民政府学法制度》，将学习贯彻党的二十大精神与学习践行习近平法治思想贯通起来，在全省率先出台领导干部法治素养和依法履职情况评价标准，让尊法学法守法用法成为领导干部自觉行为和必备素质。

二是完善法治体系。编制《淮南市行政备案事项清单（2023 年版）》涵

① 后向东：《新时代政务公开：理念革新与体系重构》，载《中国行政管理》2023 年第 2 期。

盖250项事项，梳理全市现行有效行政规范性文件1200余件，审查规范政府性投资项目招标及标后监管办法等规范性文件、市政府重大行政决策事项近130件次；制定《淮南市提升行政执法质量三年行动计划实施方案（2023—2025年）》，在全省率先开展违法行政行为整治工作，对146件违法行政行为诉讼案件逐案复盘，并全部整改到位。

三是强化法治宣传。完成“法治为民办实事”十大项目，707名“法治副校长”走进597所中小学开展“法治同行 守护成长”等专项活动2000余场次；安徽省淮南市创建“豆娃说法”法治文化新品牌，跻身第三批全国普法依法治理创新十大案例；落实省司法厅《安徽省公共法律服务领域市级信息公开事项指导目录》工作要求，信息公开重点领域栏新增了公共法律服务等15项公开内容，并实时更新完善各栏目相关信息。

四是打造法治品牌。大力推进“淮上枫桥”建设，打造具有淮南特色的“一站式”矛盾纠纷调解特色样板，培育创建“老娘舅”“谢大姐”“银龄工作室”“邻里帮帮团”“为玉帛”等近10个区域特色人民调解品牌；建成“百姓评理说事点”493个，主动倾听人民群众呼声、收集矛盾纠纷信息、普及法律法规知识，共化解纠纷1169件，开展法治教育846次，切实打通了基层法治建设“最后一公里”。

（三）瞄准关键环节抓提升，奋力推动政策公开“触手可及”

加强政策公开，推动政策落实落地是政务公开最根本的初心使命，也是法治政府建设的重要一环。淮南市瞄准政策制定、发布、解读等环节全流程发力，促使政府透明度不断提升。

一是制定环节“让群众参与”。实行重大决策预公开制度，重大行政决策出台前，采用座谈会、听证会、问卷调查等多种方式，广听民声、广纳建议。淮南市先后邀请36名公众代表列席市政府常务会议，听取其对巡游出租汽车定价改革等11个民生议题的意见建议。2023年通过微信公众号、门户网站专栏等面向社会公开征求对《淮南市采煤沉陷区农村集体土地居民搬迁安置补偿办法》等53个政策的意见建议，征集意见292条，采纳85条，让民意充分表达，实现重大决策的民主化、法治化。

二是发布环节“让群众好找”。构建淮南“政策百度”，高标准建设“政策文件库（综合信息服务库）”，对入库政策通过自然语言处理技术和文本挖掘分析技术进行去重、清洗、分类、打标等标准化加工，结合关键词检索、全文检索、复合分类检索体系，实现政府文件数据资料精细化管理。目前，该平台共汇集4016条政策文件，根据立改废等情况实时动态调整更新，有效解决了底数不清、体系不完善等问题，提升了企业和群众获取政策的便捷度、精准度。

三是解读环节“让群众会用”。健全“新闻发布会 + 部门解读会 + 报刊电视台融媒体宣传”立体化宣传推介模式，加强政策全方位公开，提升政策知晓率。聚焦群众企业利益点、社会关注热点，探索打造“淮南市政策解读发布平台”，同时依托12345热线电话受理量、皖事通办事申请量、网站搜索点击量等数据，推出淮南市“政策解读热度榜”，以“一图读懂”等多元化解读形式变政策查阅从“阅读理解”到“标准解析”、从“查询搜索”到“热点推送”，帮助企业和群众准确把握政策内容，更大程度释放政策红利。

（四）下沉工作重心强保障，奋力推动公开水平“向上突围”

作为法治政府建设的落脚点之一，政务公开具有政策性强、涉及面广、准确性要求高等特点，淮南市通过下沉工作重心、夯实工作基础，确保各项工作落在实处。

一是抓培训、强整改，确保业务能力有进步。采取点对点轮训、AB岗跟训、集中或分片培训、测评整改以会代训等多种方式有效防范人员断档、业务脱节、能力滞后等问题，不断提升整体业务能力。2023年召开测评反馈问题整改培训会、专项工作调度会、重点工作推进会等共计9场，对全市政务公开系统业务人员650余人进行了轮训，覆盖市、县、乡三级及部分公共企事业单位。坚持问题排查—整改—复查—销号的工作模式，围绕国办年度评估、省公开办和第三方定期及专项测评反馈的问题清单，建立整改台账、细化整改要求、明确责任主体、精选优秀案例，逐环节开展责任清、要求细、切实际、有借鉴、有时限、有复查的整改工作，以整改促进步、促增效。

二是抓改革、强创新，确保试点建设有实效。为回应人民群众法治新诉求，全方位观测和公开法治政府建设推进情况，淮南市率先在全省试点推行“法治观测点”，以精准观测聚焦突出问题，打好“法治补丁”，赋能基层治理。建成法治政府基层“观测点”14个，选聘“法治观测员”29人，构建起“点”“员”结合的法治观测新格局，探索形成“发现问题—情况反馈—分类登记—分流处理—督促整改”的闭环管理模式，促使基层政府治理更加透明、基层法治建设根基不断夯实。

三是抓考核、强调度，确保工作质量有提升。结合工作实践情况，印发《淮南市人民政府办公室关于进一步做好2023年政务公开考评工作的通知》，依托市政府办公室、第三方机构、市县政府及部门等多样化主体，围绕日常过程性评估、基层政务公开专项评估、年度重点工作评估、市县互评等多环节对全市政务公开工作开展全方位全过程考评，实现考评结果量化管理。同时加强工作调度，注重结果运用，定期提示各单位阶段存在问题，鼓励先进、鞭策后进，做到全市一盘棋，共同进步。

四 现阶段存在的短板和困境

政务公开已迈入“快车道”，站在“新风口”，淮南市以新时代政务公开的新定位持续深化各项工作，探索政务公开与法治政府建设的融合路径，但从当前的实践情况来看，理念更新不及时、工作机制不健全、规范程度不够高等方面的问题已成为制约两者进一步深度融合的中梗阻。

首先，是思想理念层面的问题。一是惯性思维依旧。部分单位对于政务公开工作理解不到位，尚未认识到政务公开对于建设法治政府、廉洁政府以及推进治理能力和治理水平现代化的重要作用，特别是一些基层单位较为“保守”，对于政务公开仍存在抵触心理，担心部分领域公开内容会引发上访等问题，不愿、不敢、不会公开。二是学习意识淡薄。部分人员对于《政府信息公开条例》理解掌握不够透彻，对于法律法规、公开制度疏于学习，依法行政理念树立得不够牢固，对于保密和公开的边界掌握不准，在落实“三审”制度方面有时会因为觉得烦琐而没有严格执行。三是创新思维欠缺。政务公开具办人员流动性较大，基层单位兼职人员较多，实际工作中往往对于公开工作投入精力不足，不能驾轻就熟地在具备经验优势的基础之上发挥主观能动性进行探索创新，如在政策解读工作方面，部分单位存在为解读而解读、模板化解读等情形。

其次，是制度机制层面的问题。一是部门合力不足。当前淮南市法治政府建设和政务公开的考核指标中都相互涉及对方工作内容，但在实际工作中，由于部分职能交叉且缺乏有效的沟通机制，有时会出现责任主体之间相互推诿的情况，部门之间磋商解决问题多，主动协作配合抓提升的情况较少。二是信息壁垒掣肘。新时代的政务公开利用网络等平台发布公开信息，打破了空间时间限制，解决了以往信息倒挂等历史积弊问题，但同时也出现重复信息、无效信息等大量“信息垃圾”或是公开的内容避重就轻，各部门之间因缺乏数据信息共享机制导致信息流通不畅。三是制度落实不严。虽然目前淮南市政务公开以及法治政府建设相关的制度已相对完善，但从具体执行情况来看，因缺乏跟踪问效机制，部分制度仅仅停留在挂网阶段，并未很好地落实，没有形成完整的闭环，阻碍了政务公开和法治政府建设的进一步融合推进。

最后，是规范化标准化层面的问题。一是细节重视不足。政务公开涉及领域广、目录多且需常态化更新和维护，部分单位有时只是机械地按照要求完成信息发布，仅满足于对照考核指标不缺项，对所发布内容的质量关注不够，经多轮排查整改后依然会出现诸如病句别字、格式错误、表格不美观等细节问题，严重影响查阅者的浏览体验和对政府形象的整体感观。二是基层新增挑战。随着新一轮机构改革的推进，乡镇被赋予行政执法权，政务公开行政权力运行目录将相应作出适当调整，基层治理体系和治理能力现代化迈出崭新步伐，但执法队伍薄弱、人员混岗混编等现实困境极易造成执法效率低下和公开不及时不准确等问题，基层政务公开标准化、规范化建设面临新的考验。三是依申请公开存在风险。伴随政务公开宣传力度的加大和公民法治意识的提高，依申请公开因其“便捷”“权威”等特点逐渐受到更多“青睐”。通过梳理发现近年来淮南市收到依申请公开的数量递增趋势显著，但在具体办理过程中，部分单位对于标准规范掌握欠缺，如：在办理程序方面，有的登记、存档过于随意，检索、协查、交邮等环节未及时固定证据；在基本格式方面，有的会出现文号、公章遗漏等情况；在答复内容方面，有的对于是否属于过程性信息、是否涉及第三方权利等不予公开的情形把握不准。诸如此类答复办理不规范的问题可能直接会引发行政复议、行政诉讼数量增长等连锁反应。

五 深化政务公开助推法治政府建设的思考与展望

（一）思想引领再加强

推行政务公开是政府服务人民、依靠人民，对人民负责、接受人民监督的重要制度安排，是建设法治政府、提升政府公信力的具体抓手。做好新时代政务公开工作，必须进一步提高政治站位，始终坚持以习近平新时代中国特色社会主义思想为引领，锻造素质过硬、相对稳定的公开队伍，迅速更新理念、与时俱进，推动学法用法成为自觉，不断提升法治素养，筑牢法治思维方式，自上而下充分发挥积极性、主动性、创造性，统筹推进政务公开和法治政府建设融合工作开创新局面。

（二）工作机制再完善

科学高效的工作机制是做好新时代政务公开工作的根本保证，要坚持问题导向不断完善工作制度、健全工作机制，确保工作推进有法可依、有规可循。着力构建跨部门之间的高效协同配合机制，捋清各自职责分工，对重要公开信息进行部门联审，定期会商总结工作推进情况，聚焦堵点、难点主动合力攻坚；探索建立数据共享机制，对当前的平台载体进一步整合优化提高运行效率，加大政府数据开放力度，同时要完善配套制度，规范政府数据、信息公开标尺，防范各类数据信息聚合关联带来的潜在风险；健全跟踪问效机制，对“政府开放日”活动等政务公开相关制度落实情况定期开展“体检”，及时找出“症结”、总结经验，形成抓部署、强推动、促落实的良好局面。

（三）基层短板再补齐

基层是服务群众的最前沿，补齐当前基层政务公开短板、夯实基层法治建设基础，对于提升基层政府治理能力具有重要意义。要多举措强化能力提升，建立轮流培训制度，增加基层工作人员培训频次，确保通过全覆盖的培训让基层各部门业务人员都懂公开、会公开，防止政务公开与基层业务工作“两张皮”；市直单位要同步加大对本系统、本行业的指导力度，主动对基层“两化”领域目录编制工作和本系统公开落实情况把脉问诊，指导基层解决难点问题。要多形式强化正向激励，优化考核指标和分值权重设置，对基层单位行政权力运行目录中行政执法信息发布的时效和质量进行专项测评，选树正反典型激先敦后，采取经验交流、结对指导等方式促进基层行政执法和权力监督规范透明。

（四）政策解读再创新

政策解读是政策落实的“最先一公里”，有助于稳定预期、避免执行出现偏差。要依照“应解读、尽解读”和“谁起草、谁解读”的原则继续推动政策解读不断实现新突破。注重将政策解读同政民互动相结合，在保持图表、音频、访谈、漫画等多形式的解读基础之上拓展更多政策咨询问答渠道，提供全方位政策咨询服务；探索运用大数据算法和人工智能技术上线政策“靶向”推送功能，根据个人、企业注册信息和偏好标签进行精准匹配，“打包”发送惠企政策和申报程序说明，切实做到以政策解读的“透”、互动体验的“优”、智能推送的“准”，来提升企业和群众的获得感，助推法治化营商环境持续改善。

（五）细节管理再优化

细微之处，天下大事。新时代政务公开工作要更注重细节优化和质量提升，才能不断提高群众对透明法治政府的满意度、认可度。要进一步强化技术赋能，尽快新增信息采编平台自动检查纠错功能，后台信息发布之前自动对文档字词标点及格式进行校对，避免出现影响浏览体验的细节错误。要进一步提升依申请公开水平，对依申请公开工作的受理、登记、转办、协查、交邮、存档、复议、诉讼等关键环节进行全生命周期式同步管理并建立台账，对办件卷宗及时分类整理归档，做到流程规范、心中有数，便于事后查询、追溯、复盘和分析；聚焦当前形势变化、答复难点以及普遍面临困惑等方面有针对性地开展调研，对高频领域申请情况会同司法、住建、自规等部门建立答复会商机制，同时发挥法律顾问作用，对答复内容的准确性、合法性进行把关；梳理典型案例办理经验，通过定期开展多元化的培训交流，帮助工作人员深入理解把握答复要点，提升办理质量。

全面依法治国背景下行政复议信息公开评估报告

安徽观知天下数字科技发展有限公司评估研究组*

摘　要：行政复议作为政府系统内部自我监督纠错的制度机制，是推进法治政府建设的重要组成部分。安徽观知天下数字科技发展有限公司项目组（以下简称“项目组”）通过信息公开视角分析各地行政复议机关落实新修订的《行政复议法》等制度情况，总结取得的亮点与存在的问题，梳理典型做法，为行政复议机关做好行政复议工作提供经验借鉴。评估结果显示，行政复议化解行政争议主渠道作用不断凸显，行政复议受理机关、行政复议申请书格式样本、行政复议决定书更新及公开情况较好，但行政复议受理范围、条件、程序等内容修订及公开情况欠佳。

关键词：行政复议　政务公开　法治政府　主渠道

---

* 项目组负责人：吴俊杰，安徽观知天下数字科技发展有限公司董事长；王万秀，安徽观知天下数字科技发展有限公司执行董事；马甜莉，安徽观知天下数字科技发展有限公司总经理。执笔人：王真越、王希、代玲玲、李瑞雅、荆彩文。

一 评估背景

党的十八大以来，以习近平同志为核心的党中央高度重视行政复议工作，作出一系列重大决策部署。党的十八届三中全会提出，改革行政复议体制，健全行政复议案件审理机制，纠正违法或不当行政行为。2020 年 2 月，中央全面依法治国委员会第三次会议审议通过了《行政复议体制改革方案》。《法治中国建设规划（2020—2025 年）》和《法治政府建设实施纲要（2021—2025 年）》对推进行政复议体制改革、整合行政复议职责等提出明确要求。2023 年 9 月 1 日，十四届全国人大常委会第五次会议表决通过了新修订的《行政复议法》，自 2024 年 1 月 1 日起施行，新修订的《行政复议法》明确了行政复议原则、职责和保障，完善了行政复议范围有关规定，增加了行政复议申请便民举措，强化了行政复议吸纳和化解行政争议的能力，进一步规范了行政复议受理及审理程序，加强了行政复议对行政执法的监督。

行政复议机关深化对新时代加强和改进行政复议工作的认识，贯彻落实党中央决策部署及新修订的《行政复议法》等制度，持续推进行政复议工作纵深发展，可以有效防止和纠正违法或不当的行政行为，保护公民、法人和其他组织的合法权益，监督和保障行政机关依法行使职权，发挥行政复议化解行政争议的主渠道作用，加快推进法治政府和社会主义现代化法治国家建设。

二 评估对象、指标

评估对象的具体名单与《中国政务公开发展报告（2023）》一致，分别为 31 家省级政府、106 家较大的市政府和 120 家县（市、区、旗）政府。

项目组本次评估内容包括司法部关于行政复议数据的公开情况，257 个研究对象在政府网站更新公开的行政复议机关、受理范围、受理条件、程序以及申请书格式样本、行政复议决定书等情况。

三 行政复议数据公开情况

司法部在政府门户网站按年度持续公开“全国行政复议行政应诉案件统计数据”。根据其发布的近五年数据分析，行政复议化解行政争议主渠道作用不断凸显。

总体来看，2020 年以来省区市和兵团受理行政复议案件总数逐年增加(见图 1)。2021 年省区市和兵团受理行政复议案件环比增长 16.14%，低于行政应诉案件环比增长率 4.39 个百分点；2022 年省区市和兵团受理行政复议案件环比增长 2.98%，而行政应诉案件环比下降 7.56%。

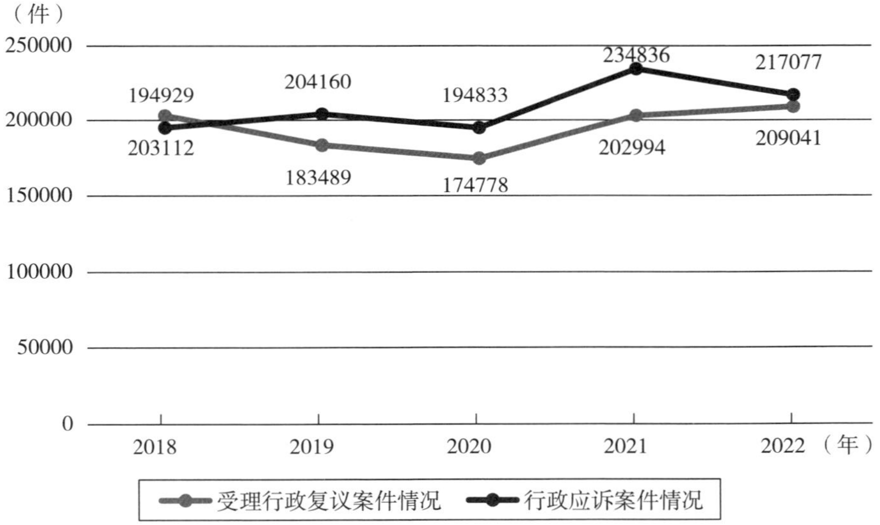

图 1 2018—2022 年省区市和兵团受理行政复议案件、行政应诉案件总数统计

对比各省份最新两年数据（见图 2 和图 3）发现，2022 年较 2021 年有更多省份的公众较行政诉讼优先选择行政复议。有 25 个省份行政应诉案件数量减少；有 21 个省份受理行政复议案件数量逐年递增，其中贵州、陕西、西藏、新疆、云南、内蒙古、湖北、湖南等省份行政复议案件增长率超过 40%，有 26 个省份的行政复议增长率高于行政诉讼增长率。受理行政复议案件数量超过行政应诉案件数量的省份，由 2021 年的 7 个增加至 2022 年的 12 个；有 19 个省份 2022 年受理行政复议案件数量少于行政应诉案件数量，但其中有 14 个省份受理行政复议案件数量与行政应诉案件数量的差距较 2021 年有所缩小，值得一提的是新疆、云南、湖北、重庆、河南、贵州、江西、江苏、安徽等省份受理行政复议案件数量同比增长，且行政应诉案件数量同比下降。以上变化也是行政复议制度优势的直观体现，较行政诉讼具有更大的受案范围、更简便灵活的程序、更短的处置时间、不收取费用、防止和纠正行政机关不当的行政行为等特点。

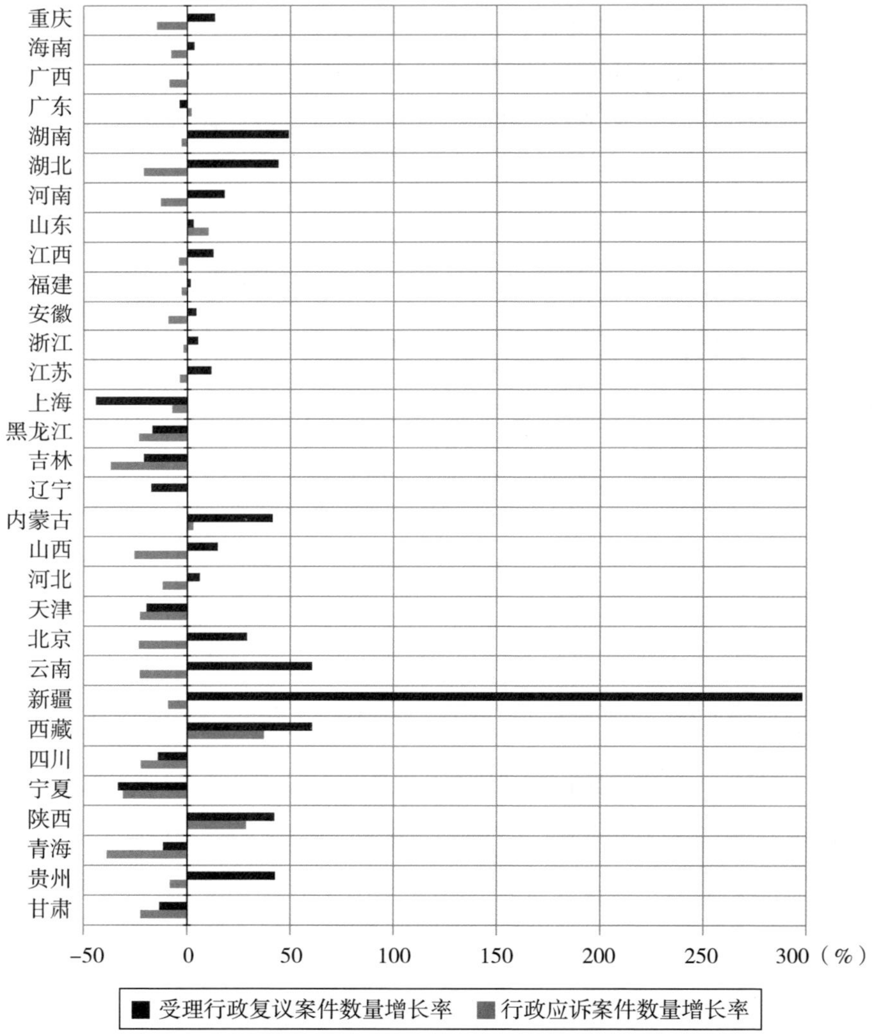

图 2　2022 年各省份行政复议、行政应诉增长率

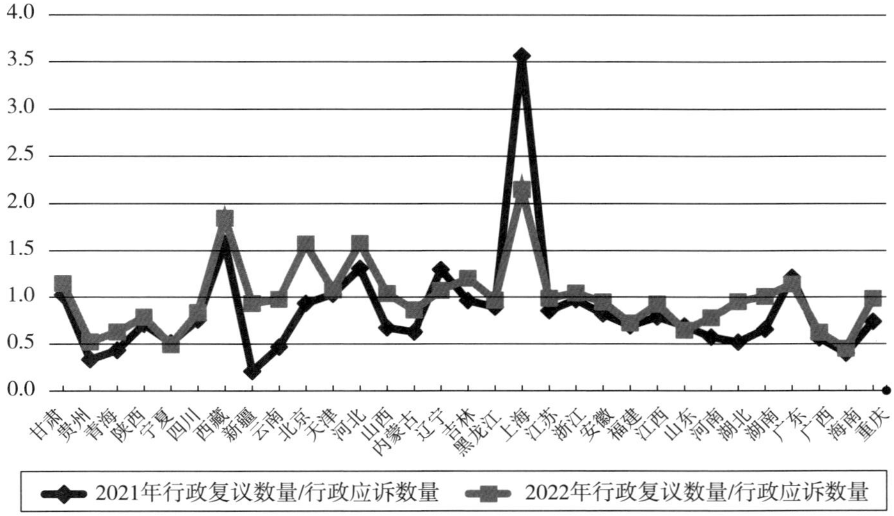

图 3 2021—2022 年各省份行政复议数量/行政应诉数量情况统计

四 行政复议服务信息公开情况

新修订的《行政复议法》明确规定“可以通过邮寄或者行政复议机关指定的互联网渠道等方式提交行政复议申请书”，因此政府网站主动公开行政复议机关、受理范围、受理条件、程序以及申请书格式样本等服务信息，是实现非现场申请的必要举措。

（一）行政复议受理机关

新修订的《行政复议法》优化了行政复议管辖体制，除垂直领导、履行行政复议机构职责的地方人民政府司法行政部门为被申请人等特殊情形外，申请人对县级以上地方各级人民政府工作部门及其派出机构、授权组织等作出的行政行为不服的，今后统一向本级人民政府申请行政复议。

评估发现，多数单位行政复议机关（机构）公示明确。有 22 家省级政府、80 家较大的市政府、74 家县（市、区）政府通过发布“行政复议办事指南”、行政复议申请渠道的通告等形式，明确行政复议受理机关（机构）信息。其中8家省级政府、16家较大的市政府、21家县（市、区）政府明确至本级人民政府；9家省级政府、21家较大的市政府、22家县（市、区）政府明确至司法行政部门；5家省级部门、43家较大的市政府、31家县（市、区）政府明确至具体科室或股室，如行政复议与应诉科或行政复议股等；山西省和5家市级政府、9家县（市、区）政府明确公示由单设的行政复议局统一受理行政复议案件。同时，为保障客观公正审查司法行政部门的行政复议案件，山西省、上海市、芜湖市、龙岩市等地区在办事指南、通告中明确规定了可以向本级人民政府、上一级司法行政部门申请行政复议。

（二）行政复议受理范围

新修订的《行政复议法》将行政复议受理范围从原有的11条变为15条，扩大了行政复议范围，明确对行政赔偿、工伤认定、行政协议、政府信息公开等行为不服的，可以申请行政复议；优化行政复议前置范围，明确对当场作出的行政处罚决定、未履行法定职责、不予公开政府信息等行为不服的，应当先申请行政复议，将行政复议前置其他情形的设定权限明确为法律和行政法规。

评估发现，行政复议受理范围公开、更新情况不佳。有15家省级政府、29家较大的市政府、38家县（市、区）政府未公开行政复议受理范围，占比达31.91%；另有12家省级政府、55家较大的市政府、67家县（市、区）政府公开的受理范围仍按照修订前《行政复议法》的规定，未结合新修订的《行政复议法》进行更新，占比达52.14%，仅有4家省级政府、22家市级政府、15家县（市、区）政府，按照新修订的《行政复议法》规定调整了受理范围。

（三）行政复议受理条件

新修订的《行政复议法》明确规定了7种应当受理的情形：有明确的申请人和符合本法规定的被申请人；申请人与被申请行政复议的行政行为有利害关系；有具体的行政复议请求和理由；在法定申请期限内提出；属于本法规定的行政复议范围；属于本机关的管辖范围；行政复议机关未受理过该申请人就同一行政行为提出的行政复议申请，并且人民法院未受理过该申请人就同一行政行为提起的行政诉讼。

1. 评估发现的亮点

多数单位行政复议受理条件完整明确。有 17 家省级政府、78 家较大的市政府和 72 家县（市、区）政府公开了行政复议受理条件，其中有 122 家单位行政复议受理条件完整明确，包含新修订《行政复议法》规定的 7 种情形。

2. 评估发现的问题

部分单位行政复议受理条件公开情况较差。有 14 家省级政府、28 家较大的市政府、48 家县（市、区）政府未公开行政复议受理条件；有 3 家县（市、区）政府行政复议受理条件公开不全面，缺少“申请人与被申请行政复议的行政行为有利害关系”“属于本机关的管辖范围”“行政复议机关未受理过该申请人就同一行政行为提出的行政复议申请，并且人民法院未受理过该申请人就同一行政行为提起的行政诉讼”等内容；有 2 家省级政府、20 家较大的市政府、19 家县（市、区）政府未结合新修订的《行政复议法》明确的 7 种应当受理的情形，仍为修订前《行政复议法》中相关表述。

（四）行政复议受理程序

新修订的《行政复议法》，完善了行政复议程序。其中，申请环节，增加邮寄、互联网渠道提交行政复议申请书等便民举措，提出复议前置情形告知要求；受理环节，明确了行政复议的受理条件，增设申请材料补正制度；审理环节，建立提级审理制度，增加简易程序及其适用情形，实行普通程序听取意见原则，新增听证和行政复议委员会制度，健全行政复议证据规则，完善行政复议附带审查规范性文件程序；决定环节，增加简易程序审理的行政复议案件作出决定的时限要求，细化变更决定、撤销决定、确认违法等决定的适用情形，增加确认无效、驳回等决定类型，对行政协议的决定类型予以完善。

1. 评估发现的亮点

行政复议程序公开形式多样。在公开行政复议案件程序时，除了通过文字的形式，部分单位还采用了表格、流程图等形式，对案件的申请、受理、审理、决定、送达、结案归档等环节进行直观地呈现，如贵州省遵义市播州区采用表格形式公开行政复议流程，并明确区分普通程序和简易程序；广东省佛山市禅城区采用流程图的形式公开办案程序，并对流程图中的日期进行备注和说明。

部分单位行政复议程序内容完善，除了《行政复议法》中明确的申请—

受理—审理—决定—送达等程序外，将结案归档也纳入程序内容中，如河南省郑州市中原区发布的“行政复议指南—行政复议流程图”中增加了录入系统环节。

部分地区行政复议申请方式多元。有 11 家省级政府、48 家较大的市政府和 36 家县（市、区）政府为申请人提供书面申请和口头申请方式。其中 5 家省级政府、16 家较大的市政府和 8 家县（市、区）政府书面申请中明确了邮寄申请、网上申请、当面申请等具体方式，更为全面。网上申请方面，部分地区已实现数字化集约化管理，如河北省、洛阳市、长沙市雨花区、贵阳市观山湖区等地区将行政复议申请与司法部“掌上复议”小程序深度融合，上海市建立“行政复议网上申请”平台，为申请人提供提出申请、提交材料、查询进度以及撤回申请等“网上办”功能。

2. 评估发现的问题

行政复议程序公开不理想。有 15 家省级政府、28 家较大的市政府、43 家县（市、区）政府未公开行政复议受理程序；5 家省级政府、9 家较大的市政府、7 家县（市、区）政府公开的程序中未包含申请提出环节；1 家省级政府、1 家较大的市政府、4 家县（市、区）政府公开的程序中未包含受理环节及补正情形；1 家省级政府、2 家较大的市政府、7 家县（市、区）政府公开的程序中未包含审理环节；1 家省级政府、4 家较大的市政府、7 家县（市、区）政府公开的程序中未包含决定环节。

行政复议程序未结合新修订的《行政复议法》进行更新。受理环节中，有 7 家省级政府、39 家较大的市政府、33 家县（市、区）政府未在受理环节增设申请材料补正情形。审理环节中；9 家省级政府、56 家较大的市政府、54 家县（市、区）政府公开的审理环节未包含听证；14 家省级政府、60 家较大的市政府、63 家县（市、区）政府公开的审理环节未包含简易程序。决定环节中，有 14 家省级政府、63 家较大的市政府、61 家县（市、区）政府公开的决定环节仅包含普通程序，缺少简易程序；12 家省级政府、55 家较大的市政府、55 家县（市、区）政府公开的决定结果不全面，未增加确认无效、驳回决定类型；7 家省级政府、36 家较大的市政府、51 家县（市、区）政府公开的撤销决定未细化为“撤销或者部分撤销该行政行为，并可以责令被申请人在一定期限内重新作出行政行为”。

（五）行政复议申请书格式样本

政府网站主动公开行政复议申请书格式样本，为申请人提供下载、提交等服务，是落实新修订的《行政复议法》中申请便民要求的关键。

从评估整体情况来看（见图4），市级行政复议申请书格式样本公开情况总体较好。31家省级政府中，有15家公开了行政复议申请书样本，占比48.39%；106家较大的市政府中，有90家公开了行政复议申请书样本，占比84.91%；120家县（市、区）政府中，有75家公开了行政复议申请书样本，占比62.50%。

部分单位分类编制行政复议申请书文书。在公开的行政复议申请书样本的180家单位中，有159家单位公开的行政复议申请书样本中明确对公民、法人或其他组织进行区分，占比88.33%；有79家单位除公开行政复议申请书样本外，还公开了“行政复议委托书”“法定代表人身份证明书”“自愿撤回行政复议申请书”等文书模板，占比43.89%。

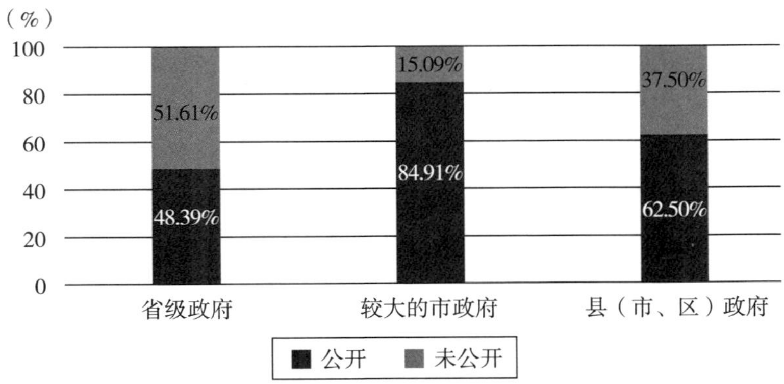

图4 行政复议申请书格式样本公开情况统计

1. 评估发现的亮点

一是部分地区行政复议申请文书种类齐全、实用性高。如海口市人民政府在“行政复议工作制度”栏目下集中公开“行政复议法律文书示范文本”，包含受理、审理和决定环节内相关的所有文书，且内容详细可直接使用，同时提供在线下载功能，为行政复议申请人提供便利；广州市司法局在“行政复议”专栏内公开行政复议申请书模板的同时，针对公民个人、法人或其他组织分类梳理申请提交材料清单，详细列出提出复议申请时，须上传提交的材料及要求。二是部分地区行政复议申请书模板内容详细，公开行政复议申请书时附带提供了填写说明。

2. 评估发现的问题

一是行政复议申请书格式样本公开不够便民。有16家省级政府、16家较大的市政府、45家县（市、区）政府未公开行政复议申请书格式样本，未给申请人提供模板参考。二是行政复议申请书格式样本内容有待完善。有3家省级政府、14家较大的市政府、22家县（市、区）政府公开的行政复议申请书格式样本内容较为粗略，存在样本内容所列出的申请人信息不全、未包含“行政复议请求”“事实和理由”、未明确附件材料等情况。三是行政复议申请书格式样本提供方式便捷度不高。有6家省级政府、14家较大的市政府、17家县（市、区）政府提供的行政复议申请书样本无法在线下载。

（六）行政复议决定书

新修订的《行政复议法》新增“行政复议机关根据被申请行政复议的行政行为的公开情况，按照国家有关规定将行政复议决定书向社会公开”，明确规定了行政复议机关对行政复议决定书公开的职责。行政复议决定书公开制度是保障群众知情权、参与权和监督权的重要举措，有利于增强我国行政复议的透明度和公信力，提升行政复议办案水平，促进行政机关依法行政。

从评估整体情况来看（见图5），市县两级行政复议决定书公开情况总体较好。31家省级政府中，有10家公开了行政复议决定书，占比32.26%；106家较大的市政府中，有86家公开了行政复议决定书，占比81.13%；120家县（市、区）政府中，有98家公开了行政复议决定书，占比81.67%。

行政复议决定书公开数量方面，在公开行政复议决定书的194家单位中，公开数量在100份以下的有73家，占比37.63%；数量在100—500份的有88家，占比45.36%；数量在500—1000份的有20家，占比10.31%；数量在1000份以上的有13家，占比6.70%。

行政复议决定书公开时间方面，在公开行政复议决定书的194家单位中，于2021年前开始公开的有82家，占比42.27%；于2021年后开始公开的有112家，占比57.73%。

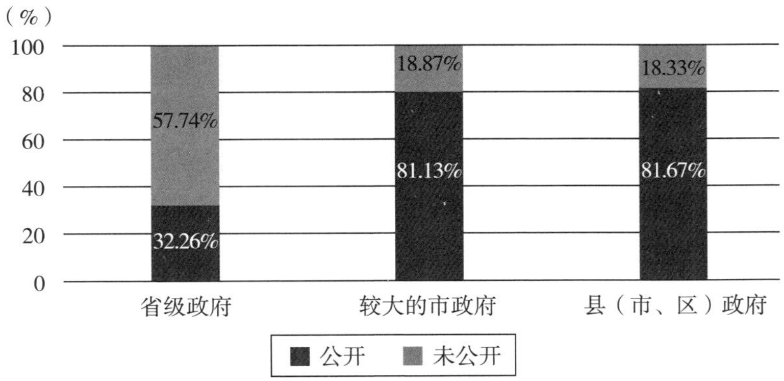

图 5 行政复议决定书公开情况统计

1. 评估发现的亮点

部分地区持续贯彻落实行政复议决定书公开制度，公开力度较大。如温州市乐清市自 2013 年 9 月开始在“行政复议”栏目内集中公开行政复议决定书，共计公开 566 份；滁州市司法局网站设置“行政复议决定书网上公开”专栏，专栏内自 2014 年 6 月至 2024 年 2 月集中公开了 700 余份行政复议决定书；上海市普陀区自 2014 年起在“行政复议决定书”专栏集中公开行政复议决定书，截至 2024 年 2 月集中公开了 903 份行政复议相关文书。

2. 评估发现的问题

一是省级政府行政复议决定书公开情况不佳。31 家省级政府中，有 21 家未公开行政复议决定书，占比达 67. 74%。二是行政复议决定书公开的及时性有待加强。有 6 家省级政府、61 家较大的市政府、62 家县（市、区）政府均存在行政复议决定书公开不及时的情况，未在行政复议决定作出后 20 个工作日内上网公开，占比达 50. 19%。

五 评估发现的典型案例

（一）安徽省、济南市建设行政复议告知及申请平台

安徽省依托“安徽法律服务网”，对行政复议受理条件、办理流程、申请须知等申请前基础信息进行一次告知，并提供行政复议线上申请信息填写、证

据材料上传等服务。

济南市通过“行政复议网上大厅”平台，“一站式”公开行政复议全过程信息，包含“申请行政复议须知（受理复议案件的范围、条件、程序）”“行政复议申请书格式样本”“行政复议流程图”“行政复议申请入口”“行政复议决定书网上公开”等板块，为群众了解、申请行政复议提供便利。

（二）江西省、湖北省行政复议受理机关集中公示到位

江西省人民政府行政复议办公室、湖北省司法厅均集中公示了全省县级以上人民政府行政复议机构信息，包含省、市、县三级所有行政复议机构名称、通信（办公）地址、邮编和联系电话。

（三）广州市、宜昌市行政复议受理范围完整公开

广州市在“行政复议—复议百科”栏目中对行政复议受理范围进行科普，以问答形式明确了 15 类可以申请行政复议的情形和 8 类不可申请行政复议的情形，便于受众精准理解和把握。宜昌市司法局通过“法治宜昌”公众号“行政复议七问七答”系列栏目，对行政复议受理范围、不予受理范围以及行政复议前置等内容进行解读。

（四）沈阳市行政复议程序公开情况较好

沈阳市司法局设置了“行政复议”栏目，并在此栏目下设置“申请复议”“表格下载”“法规政策”“复议百科”子栏目，其中在“申请复议”栏目下发布了“流程图”信息，“流程图”采用图片形式，并依据新修订的《行政复议法》详细列出申请—立案审查—受理—审理—决定环节。申请环节包含申请的方式及条件，立案审查环节增设申请材料补正情况，审查环节分为普通程序及简易程序，决定环节详细列出变更原具体行政行为；撤销或者部分撤销该行政行为，并可以责令被申请人在一定期限内重新作出行政行为；确认原具体行政行为违法；责令限期履行法定职责；确定原具体行政行为无效；维持原具体行政行为；驳回申请人的行政复议申请 7 类决定结果。

（五）河北省提供多样的行政复议申请方式

河北省司法厅发布《河北省司法厅关于行政复议申请渠道的通告》，提供

当面申请、邮寄申请、网上申请 3 种行政复议申请方式，其中当面申请明确了行政复议接待大厅的地址，邮寄申请明确了收件人、地址、联系方式和邮编，网上申请明确了邮箱、行政复议平台登录网址、微信小程序名称等，并为群众提供咨询电话。

（六）山西省行政复议申请书格式样本规范

山西省人民政府公开的行政复议申请书模板除了以留空的形式列出了当事人需要填写的信息外，还在“行政复议请求”后备注了“需填写明确的请求，如要求撤销具体行政行为、确认具体行政行为违法、责令履行法定职责等”，在“事实和理由”后备注需写明全部案件事实，提出行政复议申请的理由，以及知道行政行为的时间和途径，并列举有关证据材料，为申请人提供填写提示。

（七）柳州市制定行政复议文书规范

广西壮族自治区柳州市制定专门文件，对行政复议答复文书写作、复议文书网上公开等进行指导，对公开内容、公开形式等进行明确规定，全面落实了行政复议决定书公开职责，从而切实推动行政复议案件办理的精细化和透明度。同时为实现全市行政复议决定履行监督全覆盖，柳州市建立了行政复议决定文书履行情况报告机制，进一步发挥部门层级监督指导在法治政府建设中的积极作用，提升行政复议办案工作水平。

（八）上海市、黑龙江省制定行政复议工作制度

上海市制定建立行政复议听证程序工作规则的意见、加强行政复议案前调解工作的意见、重点领域行政复议案件办理工作指引等制度规定，不断提升办案规范化水平。通过加大行政复议建议（意见）书制发力度，对行政机关的行为加以指导，促使规范执法，降低被提请行政复议、行政诉讼概率。

黑龙江省司法厅制定专门文件，建立“简案速裁速办、繁案精审细办”工作机制，最大限度提高化解纠纷效率。

（九）重庆市深入开展行政复议专项行动，强化层级监督

一是畅通复议“主渠道”。以重庆市人大常委会专项监督市政府行政复议

工作为契机，深入基层开展“沉浸式”调研，形成以行政复议工作为主要内容的法治政府工作情况报告，督促指导区县优服务、强弱项、补短板。二是严把办案“质量关”。开展行政复议制度清理专项行动，对行政复议工作制度“立、改、废”200余件，出台全国首个行政复议助审员制度、案件审理回避制度和监督案件办理制度，出台行政处罚等类案审理标准。三是打好化解“组合拳”。率先在全国创新“复调对接”工作机制，实现行政复议案件调解全流程、全覆盖。推进专职调解员入驻行政复议机构，形成行政复议调解工作合力。四是用好监督“堵疏漏”。持续开展“以案促改”专项行动，印发行政复议监督纠错情况通报，对近三年的行政复议纠错案件和行政诉讼败诉案件开展专项整治，全面清查行政执法问题，进一步规范行政执法行为，强化源头治理，不断提升依法行政能力和水平。

六 未来展望

行政复议作为解决行政争议、维护公民和组织合法权益的重要法律制度，应在新时代全面依法治国的大背景下发挥更大的作用。这要求各级行政复议机关通过优化和落实行政复议制度，将行政复议的制度优势转化为制度效能，提高行政复议工作的公正性和效率性，为公民、企业和组织提供公正高效、便民为民的行政复议服务。

（一）提高行政复议服务信息公开透明度

根据新修订的《行政复议法》，对政府门户网站、政务服务网、行政复议办理平台中公示的行政复议受理范围、条件、程序等信息进行动态调整。行政复议受理范围应增加“对行政机关作出的赔偿决定或者不予赔偿决定不服”“对行政机关作出的不予受理工伤认定申请的决定或者工伤认定结论不服”“认为行政机关滥用行政权力排除或者限制竞争”“认为行政机关不依法订立、不依法履行、未按照约定履行或者违法变更、解除政府特许经营协议、土地房屋征收补偿协议等行政协议”“认为行政机关在政府信息公开工作中侵犯其合法权益”5种情形，增加对行政强制执行决定不服；申请行政许可，行政机关拒绝或者在法定期限内不予答复；对行政机关作出的征收征用补偿决定不服；

申请行政机关履行保护人身权利、财产权利、受教育权利等合法权益的法定职责，行政机关拒绝履行或者不予答复；认为行政机关侵犯农村土地承包经营权、农村土地经营权等补充情形。行政复议受理条件应包含新修订的《行政复议法》第30条中规定的7种应当受理的情形。行政复议程序应涵盖申请提出、受理、审理、决定、送达等程序，同时明确材料补正、听证等关键环节，区分普通程序和简易程序，细化决定的种类，做到内容全面、一目了然。

提升行政复议申请书格式样本公开便民性。申请书格式样本中可使用加粗字体、清晰的标题和分段等格式，列明填写要求、提示、目的，便于申请人阅读和理解。提供行政复议申请书格式样本在线查阅和下载功能，确保申请人可以直接使用。优化行政复议申请书填写线上服务，通过发布视频教程、常见问题解答、在线咨询和意见反馈渠道，帮助申请人快速准确填写。

（二）严格落实行政复议决定文书公开制度

一是健全文书公开机制。严格按照新修订的《行政复议法》第79条规定，结合当地行政复议工作实际，明确决定文书公开的主体、程序、栏目、形式，确保公开工作的标准化规范化。二是增强文书公开的及时性。被申请行政复议的行政行为公开的，对应的行政复议决定书应在决定作出后20个工作日内上网公开。三是严格保护个人隐私和信息安全。行政复议决定文书公开前，须进行严格的审核，确保公开的内容真实、准确、完整。对于个人隐私、商业秘密等敏感信息，应进行必要的技术处理，以保护当事人的合法权益。

（三）提高行政复议制度的公信力

一是不断畅通行政复议渠道，根据各地区实际情况建立健全行政复议基层联系点、代办点，实现行政复议咨询指引站点广域覆盖、响应及时，引导公民和组织通过行政复议表达利益诉求、解决行政争议，扩大行政复议知晓率、影响力、吸纳力。二是加强行政复议的宣传与教育工作，通过政府官网、政务新媒体、服务大厅公开，发放宣传手册、设置宣传展板、媒体宣传、法治宣讲、法律咨询等多种形式，结合典型案例、高频热点问题，普及行政复议知识，宣传行政复议制度的优势，增强公众对行政复议的信任感和认同感。

（四）多维度提升行政复议吸纳行政争议的能力

一是持续推进行政复议工作信息化建设。除推广使用全国行政复议应诉工作平台外，可探索推进行政复议与各种掌上小程序的结合，利用大数据、人工智能等技术提高行政复议工作的智能化水平，加强与各政府部门的信息共享和协同工作，提高行政复议工作的效率和质量。二是探索推行“说理式”行政复议模式，以解决问题为导向，将释法说理融入立案、审理、决定全过程，从情、理、法角度全方位阐释引导。三是建立跨部门协作机制，加强行政复议机构与其他相关部门的合作与沟通，深入推进行政复议与人民调解、行政调解、信访、公证、仲裁、行政裁决、诉讼等机制的衔接、联动，通过建立执行联席会议协商协作、信息互通共享、重大事项沟通协调、日常工作互动交流、案件移送等机制，打破部门壁垒，提高纠纷解决的整体效率和效果。四是完善行政复议监督与评估机制。通过定期发布行政复议工作报告、开展社会评议等方式，接受社会各界对行政复议工作的监督和评价；探索建立科学的评估体系，定期对行政复议工作进行评估和审计，发现问题及时整改，不断提升复议工作的质量和效率；扩大公众参与，制定行政复议有关政策过程中积极听取和吸纳群众意见，将群众的需求和期盼作为工作推进的重点方向。

亳州市谯城区市场监管领域政务公开的思考与探索

李智民　王　丹　杨舒琪*

摘　要： 市场监管是当代政府治理的重要课题。市场监管部门在服务、促进和保障中国式现代化建设中肩负崇高使命、艰巨任务和重要责任，围绕“讲政治、强监管、促发展、保安全”的工作总思路和“一个大市场、两个强国、三个监管、四个安全”的工作着力点，紧扣大局全局，把握职能定位，勇担新时代新征程使命任务。政府信息公开和市场监管都是目前人民群众关注的焦点问题之一，本文以安徽省亳州市谯城区市场监督管理局为样本，对其信息公开的矛盾和抉择、内容和方式等做客观分析，为今后加强市场监管、规范市场秩序提供战略性和现实性相结合的决策参考。

关键词： 市场监管　政务公开　治理工具　规范市场秩序

为了保障公民、法人和其他组织依法获取政府信息，近年来，安徽省亳州

* 李智民，安徽省亳州市谯城区市场监管局办公室一级主任科员；王丹，安徽省亳州市谯城区市场监管局淝河市场监管所工作人员；杨舒琪，安徽省亳州市谯城区人民政府办公室政务公开室主任，三级主任科员。

市谯城区市场监督管理局围绕《政府信息公开条例》的工作要求和部署，坚持需求导向，紧贴市场主体和人民群众实际需求，回应公众关切，涉及群众切身利益的事项应公开尽公开，增强市场监管基层公开的针对性、时效性，推动市场监管领域政务公开和行业治理的深度融合，逐步完善市场监管基础制度，建立健全市场基础制度，提高市场监管科学化水平。

一 推进政务公开， 着力构建新发展格局

（一）强化政策解读，建立健全主动公开目录

1. 完善本部门系统的主动公开目录

2010 年，工商行政管理部门由省垂直管理模式划转属地管理，政府信息公开形式也随之改变，为了做好机构改革的“后半篇文章”，实现“一个窗口许可、一支队伍办案、一条热线维权”的目标，在梳理本部门系统应公开内容的基础上，制定本部门本系统的主要公开基本目录，并进行动态更新，推进主动公开目录体系建设。

2. 推进行政审批政务公开标准化

探索适应市场需求的公开方式，依托“亳州市企业联办服务平台”，对全区企业登记、药品经营许可、食品许可等 89 个政务服务事项进行全目录、全流程梳理；整合内容、公开属性、主体、时限、方式、依据等要素，公开政务服务事项办理流程图、办理所需提供资料、完成时限等，让办事群众一目了然，切实优化政务服务，提升政府效能，破解企业和群众“办证多、办证难”问题，打通政府联系群众“最后一公里。”

（二）积极回应关切，提高市场监管高质量发展

1. 信息平台数智赋能

按照“分工管理、分级管理、谁主管谁负责”的原则，以经济发展情况和社会高度关注、人民群众切实利益相关的市场监管领域为重点，对权责清单和动态调整情况、公共服务清单和中介服务清单、行政权力运行结果、行政许可和行政处罚双公示、食品药品监管等 24 个方面，主动发布政府信息、扩大

便民惠企政策措施等市场监管相关信息的知晓率和覆盖面。2023 年，通过亳州市谯城区人民政府政务公开网发布各类政务信息 1385 条。

2. 强化宣传引导

依托谯城区政府网站和政府信息公开平台向社会公开依法行政类信息。向社会主动公开局属各单位的办公地址、办公时间、办公电话等，接待群众咨询，为社会公众和企业提供服务。加强与亳州市电视台、区融媒体中心的协同，积极向国家、省、市等媒体推送市场监管信息，通过报道市场监管事业发展成效和亮点特色工作，努力从更大维度、更深层次上思考、推进政务公开工作。2023 年，在区级以上主流媒体刊发市场监管信息 1062 篇次。

（三）立足岗位目标，发挥标准引领作用

1. 力培“两种思维”

一是底线思维。提高政治站位，坚决维护国家意识形态安全、政治安全，坚持把政府信息公开审查、文件运转、新闻宣传信息发布程序相结合；保密审查同频进行，严格涉密涉敏和典型错别字排查，把底线思维贯穿到信息制作、审核、发布全过程，突出高度、深度、精度，确保涉密信息不公开、公开信息不涉密。二是共治思维。加强与政府其他部门协同配合，联合开展执法联动、政策宣传、走访调研等，通过视频讲解、政策解读、授课宣讲等方式，让政府施政更加透明高效，便利企业和群众办事创业，增进公众对政府工作的认同和支持，让广大群众和企业积极参与到市场监管工作中来。

2. 明确政务公开事项范围

按照“公开为原则，不公开为例外”的基本要求，围绕市场监管领域食品、药品、消费、特种设备等重点领域，围绕优化营商环境、加强政策宣导、做好依申请答复民生和基础工作等政务公开年度重点工作任务，贴近人民群众的需要，完善政府信息公开内容。根据《政府信息公开条例》要求，将机构职能、内设股室的工作内容和标准，有关市场监管政策法规、业务内容和办事流程、责任追究、监督举报电话、地址、电子邮箱等政府信息公开内容及权责清单，努力做到应公开、尽公开。同时，严格按照中央和上级要求，畅通受理渠道、规范答复流程、严守办理时限，不断提升依申请公开办理回复意见质量。2023 年，共受理政府信息公开申请 22 件，均依法、按时办结。

（四）加强组织领导，强化政务工作责任意识

1. 建立责任制度

把政府信息公开作为“一把手”工程来抓，成立“一把手”负总责、班子成员分管负责的政府信息公开工作领导小组，各股室负责人对本股室政府信息公开工作负具体责任。健全政府信息公开工作领导小组办公室，指定专人负责管理与协调，切实加强政府信息公开各项工作的组织领导，确保各项工作组织领导到位。

2. 积极参与培训学习

积极参与市、区组织的政务公开专项业务培训，着力强化领导干部在互联网环境下的政务公开理论，提高指导、推动政务公开工作的能力和水平。政务公开工作人员自觉提升政务理论学习和业务研究，准确把握政策精神，增强专业素质。

3. 完善制度规范

根据《政府信息公开条例》要求，结合市场监管工作实际，梳理政府信息公开主动公开、重大行政决策公众参与、公文公开属性源头认定、政策解读回应、依申请公开办理、统计、考评、监督员、开放日、社会舆情回应、社会评议、投诉举报、监督检查、责任追究等制度，切实规范权力运行。

（五）坚持人民至上，抓住政务公开重点

1. 转变思想观念

根据《政府信息公开条例》的有关规定，结合实际情况，进一步完善政府信息公开管理制度，规范政府信息公开的工作行为，完善和规范政府信息公开的工作流程，确保政府信息能及时准确地公开，为树立勤政廉政、阳光透明的市场监管部门形象夯实基础。

2. 拓宽公开范围

把人民群众普遍关心、涉及人民群众切身利益的问题作为政务公开的重点内容，围绕优化营商环境、市场监管基础工作、政策宣传等事项，不断拓展政务公开的内容。及时公开市场监管领域最新政策法规，积极公开民生领域市场监管信息，主动公开行政许可、行政处罚、行政强制等情况。2023 年，全年共计主动公开行政许可类信息 39723 条、行政处罚类信息 1144 条，行政强制

类信息 174 条。

3. 规范公开形式

在政府信息公开过程中，根据公开内容属性，分长期和及时公开。把领导分工和机构人员、办事权限、办事程序、办事时限、行政审批事项等与广大人民群众利益密切相关的政策法规等情况进行长期公开。把日常市场监管过程中产生的相关信息，及时整理汇编，按月、按季公开；凡是要主动公开的政府信息首选在区人民政府网上公开；另外，其他相关市场监管信息，通过各类新闻媒体、宣传资料、宣传专栏等载体扩大宣传面，以达到最大限度公开。

二 提升公平监管，规范事前事中事后监管

（一）聚焦“双随机、一公开”监管实施

对直接涉及公共安全和人民群众生命健康等特殊重点行业，依法依规实行全覆盖的监管。对食品、药品、医疗器械、特种设备等重点产品的抽检过程中，全面实行随机抽取检查对象、随机选派执法检查人员、抽查情况及查处结果及时向社会公开。同时，健全跨部门随机抽查事项清单，将更多事项纳入跨部门联合抽查范围。抽查结果通过国家企业信用信息公示系统、“信用中国”网站、国家“互联网 + 监管”系统全面进行公示。2023 年，依据《安徽省人民政府关于在市场监管领域全面推行部门联合“双随机、一公开”监管的实施意见》，开展双随机检查 27 次，共抽查企业 1633 家。食品类抽检 2820 批次；药械类抽检 100 批次；特种设备类产品质量监督抽查 226 批次。

（二）聚焦监管执法公开推进

聚焦行政执法的源头、过程、结果等关键环节，严格落实行政执法公示、执法全过程记录、重大执法决定法制审核制度。将办理案卷统一录入执法信息公示平台（涉及国家秘密、商业秘密、个人隐私等依法不予公开的信息除外），按照“谁执法谁公示”原则，对行政执法的启动、调查取证、审核决定、送达执行等全过程进行记录，做到全程留痕和可回溯管理。重大行政案件执法决定必须经过案审会审核，未经案审会或者法制股审核的案件，一律不准

作出决定。2023 年，审核案件 735 件，其中入选国家、省典型案件 3 件。

（三）聚焦社会监督作用发挥

整合优化、高效利用投诉举报平台功能，畅通渠道，及时回复响应。在执法过程中，积极借鉴经济发达地区办案经验，按照突出重点、务实求效原则，聚焦市场主体、群众关系最密切的行政执法事项，着力解决反映强烈的突出问题，曝光典型案例，让市场主体、群众切实感受到执法成效，震慑违法行为。2023 年，“亳州市谯城区梁某某农资经营部经营不合格肥料案”入选安徽省第三批“铁拳”行动典型案例；“安徽某药业有限公司生产‘赤小豆芡实红薏米茶’霉菌不合格案”入选安徽省第七批“铁拳”行动典型案例；“安徽某肉类食品有限责任公司加工销售食品添加剂超标的糖醋蒜案”入选“食安守护”典型案例。2023 年 12 月，在省委政法委法学会、省律师协会主办的“法治政府建设暨行政法律实务热难点问题研讨会”上，“亳州市某加油站破坏计量器具准确度案”入选点评案例，“亳州市葛某某无证经营药品案”“亳州市某城房置业有限公司发布违法广告案”两案入选汇编案例。

（四）聚焦综合行政执法监管闭环

全面落实市场监管总局对清权、减权、制权、晒权等改革要求，统筹推进机构改革、职能转变和作风建设。为使监管业务数字化、网络化和智能化的有序推进，利用亳州市市场监督管理局创新开发的“亳药安”药品安全信息化小程序，进一步巩固、提升药品安全。药品经营使用单位的企业主体基本信息、处罚信息、药品进货票据及台账需上传至“亳药安”平台。同时平台设置投诉举报功能，消费者可以在线投诉举报，监管部门实现在线监督检查，一键移交案件线索，查看处理结果，实现闭环管理。

（五）聚焦执法力量下沉要求

坚持有权必有责、有责要担当、失责必追究。亳州市在全国率先搭建落实食品安全“两个责任”数智管理平台。2023 年，本市主要领导在全国食品安全宣传周主场活动上分享亳州落实“两个责任”经验做法时提到：要建立市数据中心和 5 个县区数据分中心，构建市县乡村一体化食品安全数智管理体系，打通落实“两个责任”最后一公里。谯城区市场监督管理局始终秉持末端发力、终端见效的原则，深入推进食品安全属地责任和食品生产经营企业主体责任落实，2116 名包保干部入驻平台，入网食品生产经营主体 13142 户，明确食品安全“四员”（管理员、宣传员、协管员、信息员）618 名。严格落实食品“两个责任”（属地管理责任和食品生产经营单位主体责任），做到“一责、两员、三制”（“一责”即落实食品安全主体责任；“两员”即配备食品安全总监和食品安全员；“三制”即日管控、周排查、月调度工作制度）。明确“两个台账三清单一承诺”（“两个台账”即包保经营主体台账和包保干部台账；“三清单”即责任清单、任务清单、督查清单；“一承诺”即《食品安全责任与任务承诺书》）。

三 政务公开与商事制度改革有机融合

（一）完善准入准营规则和市场退出机制

安徽省亳州市谯城区市场监督管理局积极探索建立包含便利登记、证前指导、综合检查、信用修复、一屏注销等惠企纾困全过程服务体系，服务企业从“出生”到“退出”全生命周期。

1. 便利登记

聚焦涉及面广、办理量大、办理频率高的政务服务事项，持续提升“一件事、一次办”服务水准，实现最大限度减时间、减环节、减材料，实施“最多跑一次”，推进市场主体登记注册便利化。2023 年，新增各类市场经营主体 3.6 万户，同比增长 24%。

2. 证前指导

在企业和个人正式申请办理食品经营许可前，由市场监管工作人员提供事前业务咨询、预约审图、提前查看现场等指导服务。通过将行政资源关口前移，降低企业、个人办事的制度性成本，提升后续行政审批办理效率。申请人可根据自身需求，选择现场指导或远程指导，远程指导可通过微信拍摄上传经营场所照片，指导过程全透明、可追溯，实现服务“零接触、零跑动”。

3. 综合检查

按照政府主导、部门牵头、协同联动、统筹推进的原则，整合同一对象涉及多个部门的检查事项，由检查频次高的部门牵头，在充分尊重企业自主选择的基础上，按照能合尽合、能联尽联的原则，有计划开展联合检查，减少涉企检查频次，实现“进一次门、查多项事、办多样事、指导多件事”。

4. 信用修复

制发信用修复指导书，延伸信用修复服务链，强化对经营主体信用指导，结合年报公示、“双随机”抽查，重点对农村和城乡接合部的个体经营者普及信用监管知识和重要性，让信用修复操作路径更明晰规范、高效便捷，避免部分经营主体因不了解正确的信用修复途径而“病急乱投医”，防止造成不必要的损失。

5. 一屏注销

为提高市场经营主体退出市场便利度，与税务部门建立共同工作群，加强业务协同，完善信息共享联动机制，由市场监管局工作人员将个体工商户基本信息发送工作群中，联系税务部门进行税务注销并反馈清税信息，通过一次受理、一屏办结、一站式服务，个体工商户简易注销办理时间从原来需 10 天缩短至 10 分钟左右，做到“当场办”“及时办”，改变了以往办理个体工商户注销“两头跑、多处跑、耗时长”的诸多缺点，变“群众跑路”为“数据跑路”。

（二）全面推开“证照分离”改革

为进一步理顺政府与市场关系，加快推进政府职能深刻转变，激发市场主体活力，加快营造法治化国际化便利化的营商环境，自 2022 年以来，安徽省谯城区市场监督管理局致力于推进“证照分离”改革。

1. 精简审批

公示审批事项和程序，明确受理条件和办理标准，进一步精简审批材料，压缩审批时限，减少审批环节，提高登记审批效率。

2. 实行告知承诺

对暂时不能取消审批，但通过事中事后监管能够纠正不符合审批条件行为的行政审批事项，实行告知承诺。主动制作告知承诺书，并向申请人提供示范文本，一次性告知申请人审批条件和所需材料。落实“非禁即入”要求，围绕清单式管理，清单之外一律不得限制企业进入相关行业开展经营。

3. 推进电子证照

推进电子证照运用，实现跨地域、跨部门互认互信，从“减证便民”向

"无证利民"转变。实现一体化政务服务平台与电子证照库管理系统对接，电子证照嵌入办件业务流程，与纸质证照同步制发。随着电子证照社会认可度不断提升，以后企业和群众办事时"不带证"将逐步成为现实，让更多的办事群众和企业体验到电子证照的便利。

（三）优化企业简易注销登记程序

探索拓宽企业简易注销适用范围，压缩简易注销公告时间，建立简易注销容错机制，构建更加便捷高效的市场退出制度，形成市场主体从准入到退出全生命周期便捷登记服务，打造优胜劣汰、公平竞争市场机制。加大各项改革举措的宣贯力度，让改革红利惠及更多企业，增强企业的获得感和满意度。

（四）主动调研了解企业真实需求

通过组织"企业家早餐会"、走访调研等方式，主动了解企业的真实需求，针对问题"提需求""定菜单"，按照"菜单"提供服务。通过送政策进企业、进单位等活动，丰富政务公开、政策解读辅导形式，不断改进政府管理方式，提高办事效率，密切政企、干群关系，增强政府的公信力和执行力。

（五）实行企业年报常态化服务

聚焦百姓关注，收集民情民意，优化抽检的靶向性和针对性，推动食品安全社会共治取得新成效。通过微信公众号、朋友圈、电话通知等方式向经营主体广泛宣传年报公示的必要性和重要性，并提供专业、简明、快捷的年报指导。设置专门的窗口帮助群众办理企业年报，有效提高年报公示工作的知晓率和覆盖面，引导经营主体自觉报送年度报告。梳理历年年报公示情况，建立台账，通过电话、短信等多种方式提示未年报经营主体，实现经营主体年报宣传有的放矢、精准高效。

四　仍存在的瓶颈问题

（一）数字技术赋能有待提质

当前，亳州市谯城区以"食卫安""亳药安"等智慧监管平台推动非现场监管，完善农贸市场、学校食堂、零售药店等领域生产经营中问题的“发现—交办—反馈”闭环管理工作流程，以数字技术赋能市场监管提质增效，提升食品、药品、特种设备、产品质量等“三品一特”精准管控能力，“互联网+政务”绩效已初步显现。但后期仍需加强数字技术覆盖权力运行全流程、政务服务全过程，逐步实现政务服务全过程制度化、标准化、信息化水平的提升。

（二）重点领域信息公开有待提升

立足市场监管职能，聚焦食品安全、药品安全、特种设备安全、产品质量、知识产权等重点领域，主动回应社会关切，全力推进政府信息公开工作扎实有序开展。但还存在政府信息公开不全面、不及时及政策解读质量不高等问题。

（三）信息公开方式较为单一

近年来，随着经济社会迅速发展，社会各界对市场监管的参与热情和关注度越来越高，运用多种方式发布信息、解读政策、加强引导、便于群众知晓、理解和监督。坚持问题导向，以公开促规范、促服务、促治理，推动共建共治共享，促进市场经济健康有序发展。但政府信息公开以文字居多，较为单一，形式不够丰富。

五 提升市场监管政务公开质效的思考

安徽省亳州市谯城区市场监督管理局将严格按照《政府信息公开条例》要求，深入贯彻省、市、区政务公开工作的指示精神，立足市场监管职能，坚持监管为民的理念，坚持把优化营商环境、提高优质服务、促进经济发展作为政务公开工作的出发点和落脚点，加强全系统干部培训，提升信息公开处置能力，扎实推进政务公开工作。

（一）坚持党建引领，推进基层政务公开平台规范化

坚持以习近平新时代中国特色社会主义思想组织全系统干部认真学习《政府信息公开条例》等法律法规，增强干部信息公开意识。加强基层党组织

建设，以“星级党支部”创建为抓手，扎实开展“市场窗口党旗红”党建品牌创建和我为群众办实事活动，把党支部建在一线，引导党员干部牢固树立以服务地方经济发展为中心的思想，让党旗始终在窗口高高飘扬、让党徽始终在窗口熠熠发光。持续加大宣传力度，及时报道为民办实事、为企优环境的典型经验和事例，发挥“小个专”的“行业＋党建”优势。

（二）建立监督机制，狠抓政府信息公开工作落实

明确政府信息公开工作职责，将信息公开工作纳入主要工作考核，实行信息公开责任追究制度，按规定应公开而不公开、弄虚作假、投诉举报处理不及时的，视情节轻重追究相关责任人的行政责任。以方便企业、方便群众办事为原则，简化审批程序，规范行政行为，提高行政效率。规范执法行为，执法人员持证上岗、亮证执法，两人以上参与执法；做到执法程序合法，执法文明，调查取证严谨，适用法律条款正确。

（三）厘清监管事权，着力推动市场监管工作提质增效

坚持面向群众、贴近群众，在政务公开的内容上，突出群众关心关注的热点，以及食品、药品、特种设备、产品质量等市场监管工作重点，确保公开内容到位。认真落实要求，不断提高依申请公开网上办理能力，确保依申请公开登记、审核、办理、答复、送达、归档各个工作环节答复规范化。

（四）拓展公开渠道，主动接受社会监督

利用市场监管办事窗口公开，在办事窗口对行政审批和服务事项的办事依据、办事程序、承诺时限等进行线上线下同步公开。利用报刊、网站、电视台等媒体平台及时向社会公开市场监管部门工作动态。及时受理和督促处理公众反映的各类投诉举报，认真解答群众的各类咨询。

法治政府视域下政务公开发展研究

——以聊城市东阿县为例

山东省聊城市东阿县人民政府办公室课题组*

摘　要：政务公开是法治政府建设的主要内容，也是法治政府建设的主要保障。本文以聊城市东阿县法治政府建设为切入点，运用信息不对称理论与信息共享理论、公民知情权理论、开放型政府理论，通过参与式观察、案例分析、文献研究等方式，分析东阿县政务公开标准化规范化建设助力法治政府建设的经验做法，指出存在的问题，并提出针对性对策建议。

关键词：政务公开　法治政府　标准化规范化

2021年8月，中共中央、国务院印发《法治政府建设实施纲要（2021—2025年)》，明确提出“全面建设数字法治政府”的目标要求和基本路径。而在数字化法治政府的建设过程中，政务公开的作用不容忽视。党的十八大以来，中国特色社会主义进入新时代，政务公开更加主动、更为透明，为中国特

* 课题组负责人：付朝辉，山东省聊城市东阿县人民政府办公室主任；刁中燕，山东省聊城市东阿县司法局局长。课题组成员：马兵、王圣婷、张斌、刁丽杰、王昌健、明汝杰。执笔人：王圣婷，山东省聊城市东阿县人民政府办公室政务公开负责人；王昌健，山东省聊城市东阿县司法局四级主任科员。

色社会主义民主政治的发展提供了便捷道路，不断引导人民群众进行有序的政治参与，确保公民权利不受侵犯；不断增进人民群众对工作的理解和支持，努力成为人民群众与党和政府之间的桥梁。

当下，政务公开已步入数字化发展时期，互联网已成为人民生活中不可或缺的交流平台。在互联网平台上，政府的各项工作与职能，都在政府网站上进行公开发布，诸如决策会议公开、重大项目建设、行政执法公示、专家咨询论证意见与过程公开等内容。由此可见，强化政务公开标准化规范化建设，有助于全面推进基层服务型政府和法治政府建设。

东阿县始终坚持以习近平新时代中国特色社会主义思想为指导，深入学习贯彻习近平法治思想，牢牢把握法治体系建设正确方向，坚定不移走中国特色社会主义法治道路，坚持依法行政，以公开促落实，推动重大行政决策科学化；以公开促监管，推动行政执法信息规范化；以公开促提升，推动政府治理能力现代化，不断以深化政务公开为突破点，以优化政务服务为落脚点，认真转变政府职能，将法治思维与法治方式贯穿于政府工作的各领域、全过程，持续推进法治政府建设。

一 法治政府视域下政务公开建设经验成效

（一）决策公开：扎实推进依法行政

决策是管理的关键，是决定管理效果和质量的关键环节。提高决策质量，既需要对决策信息进行搜集、整理、加工，使公众能够充分了解和掌握相关信息，也需要公众对政府决策提出意见、建议。在传统决策模式下，由于决策者与公众之间存在一定距离，缺乏群众参与的渠道和途径，导致公众的知情权难以得到有效保障，意见建议也无法进行传递。在此基础上，东阿县人民政府通过完善决策公开机制，将公众参与、意见征集、专家论证、风险评估、合法性审查、政策解读、决策后评估等确定为重大行政决策法定程序，积极保障公民知情权，畅通意见建议渠道，切实提高决策质量。

为进一步规范全县重大行政决策行为，提高决策质量和效率，根据《重大行政决策程序暂行条例》（国务院令第 713 号）《山东省重大行政决策程序规定》（省政府令第 336 号）《山东省重大行政决策事项目录管理办法》（鲁司〔2022〕41 号）《山东省重大行政决策档案管理办法》（鲁司〔2023〕54 号）等规定，结合全县工作实际，研究制定《东阿县重大行政决策程序工作指引》，对重大行政决策的承办机构、事项范围、履行程序、执行与监督等方面进行规范，为全县各单位行政决策行为提供了工作指引和基本遵循。

同时，东阿县严格履行重大行政决策法定程序，采取“点菜单”和“部门提报”相结合的方式，将全县性和影响面广的决策事项纳入县政府年度重大行政决策目录并向社会公布，明确事项名称、决策依据、决策程序、实施计划、承办单位、完成时限，提高政府决策透明度。围绕文件起草、发布、执行、清理的全过程，全面推进政策文件全生命周期公开，坚持重大行政决策前充分征求意见，通过网站、媒体等渠道，广泛征集各方意见建议，在东阿县，形成以法律顾问为代表，参与政府重大行政决策的工作制度，政府规范性文件制定、合同协议签订等工作都注重听取法制机构和法律顾问的意见建议。目前，东阿县全县已实现法律顾问县镇村三级全覆盖，2023 年共完成重大行政决策事项 5 项，调整 2 项；审核县级行政规范性文件 1 件，部门规范性文件备案 3 件；对市政府立法征求意见提出意见建议 17 条；县委县政府法律顾问共审核涉法事务 120 余件，党政部门法律顾问参与处理涉法事务 300 余件，镇街合法性审查队伍参与处理涉法事务 108 件。从源头上确保了决策事项能够严格履行法定程序、积极回应群众关切，努力做到依法行政。

（二）执行公开：打造阳光、透明政府

执行公开是行政机关在执行活动中依法向社会公开行政执行过程和结果，保证行政执行信息的及时性、准确性、完整性，使行政机关和社会公众及时了解和监督行政机关的工作，以实现行政机关内部监督与社会监督相结合，从而提高行政执行力的制度安排。

作为经济学领域中的常见现象，信息不对称不仅存在于经济领域，还存在于社会生活的方方面面。事实上，在一些政府主导的重大建设项目和重点工作中，确实存在着很多信息不对称的现象。

从理论本身出发，我们可以看到，政府部门有义务提供更多信息以满足社会公众对公共服务的需求，而部分群众却因信息的缺失导致无法行使自身的知情权。此外，政府在提供公共服务的过程中，由于行政程序复杂、程序不规

范、透明度低等原因，很容易出现信息缺失的情况，由此，极易导致服务对象对政府提供的公共服务质量不满意，从而引发社会矛盾。

因此，相关责任部门有必要通过强化政府信息公开，来减少政府和群众之间的信息不对称。

在信息准确性方面，东阿县始终坚持法治底线，紧盯重大项目、土地征收和招商引资等风险较高的领域，梳理法律风险点，依法依规对合同双方主体资格、合同内容、合同的履约方式、违约责任条款和合同争议解决方式等内容进行全面重点审查，2023 年，东阿县县委县政府法律顾问审核党委政府政策类文件 110 余件，提出 234 条修改建议；审核政府签订的合同协议 10 件，提出 12 条修改建议，有效保证了公开信息的准确性。

在信息公开方面，东阿县高度重视行政机关在执行活动中的全过程公开。一是财政方面，牢固树立过紧日子的思想，严格财政预算管理，优化支出结构，强化财政资金资源统筹，加强财政预决算、财政收支、重点绩效管理等信息公开。通过“东阿县预决算公开平台”，群众可以查询近 5 年的政府和部门的预决算，切实提高了财政资金的使用效益和透明度，确保全县财政收支平稳运行；二是重大建设项目方面，及时公开政府项目的相关情况，包括项目内容、项目名称、实施单位、资金来源、建设进度和规划设计等，对于群众特别关注的“招标投标信息”“质量安全信息”，实行重点公开，做到公开内容全面、清晰，经得住检验。同时，政府部门每季度公开县政府工作报告进展情况，让公民、法人和其他组织能够准确获取相关信息，了解政府年度工作任务的进展、完成情况，确保各项行政权力都在“阳光”下运行。

（三）管理公开：提供优质的法治保障

政府管理公开是指各级政府及其工作部门依法全面公开行政管理工作的内容、程序和结果，以满足公民、法人或其他组织对政府管理工作的知情权、参与权和监督权。政府管理公开是实现人民群众知情权、参与权和监督权的重要途径，也是建设法治政府的重要内容。

一方面，东阿县政府根据《政府信息公开条例》的有关规定，从各单位自身的职能职责、服务事项出发，牵头制定并完善各单位的主动公开工作标准目录，目录中涵盖各单位每个政务公开事项的名称、内容、依据、责任单位以及公开的时限要求等，并在政府网站进行集中公开，方便群众了解、查阅。主动公开标准目录的编制，细化了各单位具体的政务公开事项，对政务公开工作的每个环节进行了规范，让基层政务公开工作变得有据可依，有章可循。截至目前，全县各单位领导信息、机构职能、权责清单均已更新完毕，基层政务公开的标准化和规范化不断提升。

另一方面，严格规范全县执法行为。东阿县政府研究制定东阿县整治“重复检查、多头执法、随意处罚”攻坚行动实施方案，强化执法监督力度，提升依法行政水平。2023 年全县共开展行政检查 6115 次，联合检查 724 次，较 2022 年同期数据相比，行政检查下降 15.9%，联合检查上升 13.5%。同时，东阿县积极推动全县行政执法公示，严格规范事前、事后公开。在事前公开阶段，全县各重点行政执法机关都会通过县政府网站及时公示公开执法主体信息、职责信息、依据信息、程序信息、清单信息、监督信息等，并根据实际进行动态调整，便于群众了解、查询。在事后公开阶段，在执法决定作出之日起 20 个工作日内，各行政执法机关都将通过政府网站向社会公布行政执法结果及总体情况有关数据等信息，自觉接受社会的监督。行政许可、行政处罚等执法决定信息在执法决定作出之日起 7 个工作日内也会在政府网站进行公开，方便群众查询。对于群众关注的执法人员问题，东阿县通过公开行政执法人员查询平台，让群众能够通过执法编号等信息查询执法人员详细情况，避免“无证执法”现象的发生。通过完善行政执法公示，对全县行政执法工作进行全面规范，有助于促进全县行政执法于法有据、制度健全、程序规范、监督有力，为全县经济社会高质量发展提供优质的法治保障。

（四）服务公开：助力打造法治化营商环境

在现代政府治理中，政府服务公开是其中一项重要内容。政府服务公开是由政府、市场、社会三大主体共同参与的，其实质是多元主体间的协同治理。政府在推进政府服务公开过程中，要将公民、企业、社会组织等作为政府服务公开的多元主体，形成多元主体协同治理的格局，从而提升政府服务公开的质量和效果，为法治政府建设奠定坚实基础。

东阿县人民政府紧紧围绕人民群众关心关注的热点、难点问题，积极采取有效措施，把政府服务公开工作做得更加具体、更加细致、更加贴近群众，创新政府服务公开方式和渠道，在新闻发布、政策解读、在线访谈、网上咨询等方面，拓展政府服务公开内容。实现政府服务从单向向互动转变，不断提高政府服务公开的质量。

一是完善政务服务平台建设。东阿县认真落实党中央、国务院关于“放管服”改革决策部署，不断深化行政审批制度改革，依托“数字政府”一体化平台，以优化营商环境为目标，积极推动“互联网＋政务服务”平台建设。同时，持续加强“一件事一次办”业务梳理，推进平台接入事项“应上尽上”，实现政务服务事项全覆盖，为企业和群众提供线上线下融合、实体线上融合、异地可办的优质政务服务。

二是加大公共法律服务供给，法治护航经济社会高质量发展。东阿县深入开展“律师进企业”“法企同行　护航民营企业发展”等一系列公益法律服务活动，建立“产业链＋法律服务”工作站，搭建涉企服务平台，为企业提供全生命周期法律服务；在全市率先试点“产业链＋法律服务”模式，围绕全县生物医药、高端装备、绿色建材3条产业链开展法律帮扶活动；开展企业合规试点工作，印发实施《东阿县企业合规建设试点工作方案》。2023年东阿县累计开展企业“法治体检”活动52次，解答咨询及提供法律意见、建议86件次，进一步优化了法治化营商环境。

三是开设专题专栏，提供多元化信息服务。东阿县网络平台开设“收费目录清单”专栏，积极公开政府性基金目录、涉企事业性收费、涉企保证金、经营性收费等内容，并就相关部门优化营商环境政策进行解读，方便群众了解、掌握；积极公开中小微企业及创业群体关心关注的税收方面的问题，全面加大惠企政策宣传力度，引导企业和群众用足用好各项优惠政策，让企业和群众办事更明白、更便捷、更舒心；开设“减税降费”专栏，进一步推进纳税缴费便利化改革、持续提升市场主体服务水平、加快打造市场化法治化国际化税收营商环境；以东阿县税务局为牵头单位，定期向群众推送减税降费新政策，如增值税留抵退税政策、保障和改善民生税费优惠政策等，实现减税降费惠民政策家喻户晓。同时强化跟踪问效，县税务局定期更新该季度减税降费落实情况，确保各项优惠政策不折不扣落实到位，不断增强市场主体的获得感、满意度。

（五）结果公开：提高公众参与度、取信于民

结果公开，是指行政机关在作出行政行为、处理行政事务、进行行政管理时，除依法需要保密的内容以外，将政府及其部门作出的有关行政行为和进行

行政管理的情况，向社会公开。结果公开，是法治政府建设中的重要组成部分，在推进法治政府建设过程中发挥着不可替代的作用。

结果公开，有助于社会公众了解和监督政府行为的合法性，从而增强政府公信力。从根本上讲，公众参与是法治政府建设的必然要求。通过公众参与，可以保障民众对政府工作的知情权、参与权和监督权，使其更好地理解和支持政府工作，有效避免决策失误。从本质上讲，结果公开是对公民权利的尊重与保障。公民通过参与可以了解和监督政府部门在依法行政、科学决策等方面的工作，增强其对政府工作的理解与支持。

东阿县高度重视结果公开，充分听取公众意见建议，广泛收集和了解民意，在政府网站开设“结果公开”专栏，促进政府科学决策，积极助推法治政府建设。

一是公开发布法治政府建设工作报告，充分发挥依法治县办职能。2023年，东阿县推动召开县委全面依法治县委员会会议 2 次，县委全面依法治县委员会办公室会议 4 次，各协调小组会议 11 次。对全县法治建设工作进行安排部署，有序推进优化法治化营商环境、法治政府示范创建、年终述法、民法典宣传等重点工作落地落实；组织镇（街）、部门党政主要负责人履行推进法治建设第一责任人职责年度述法汇报；组织县直部门开展专题述法活动；组织各镇（街）、各部门作 2023 年度法治政府建设报告，并在东阿县人民政府网站进行公示。

二是组织公开人大、政协建议提案办理情况。建议提案是宪法、法律和政协章程赋予人大代表和政协委员参与管理国家事务、履行监督职能的重要内容，是反映人民意见建议的重要手段，也是法治政府建设的重要内容。东阿县人民政府高度重视代表建议、批评和意见及政协提案办理结果公开工作，通过全过程公开倒逼各承办部门接受社会监督、群众监督。通过“关键词搜索”功能，群众可以精准查询该项建议提案的办理情况，有助于促进承办部门不断提升办理水平和办理质量。2023 年东阿县共收到人大、政协建议提案 177 件，已全部办理完毕并进行公开。

三是对全县各类统计数据、审计与执行效果等对群众利益有重大影响的决策事项进行结果公开。对一些晦涩难懂的信息，通过数字化解读的形式，例如，东阿县规模以上工业累计增加值增幅，便以折线图的形式呈现（见图 1），较为直观地进行呈现，切实提升结果公开质效。通过公开完善，有助于人民群众清晰了解政府相关决策结果和实施情况，消除监督盲点。

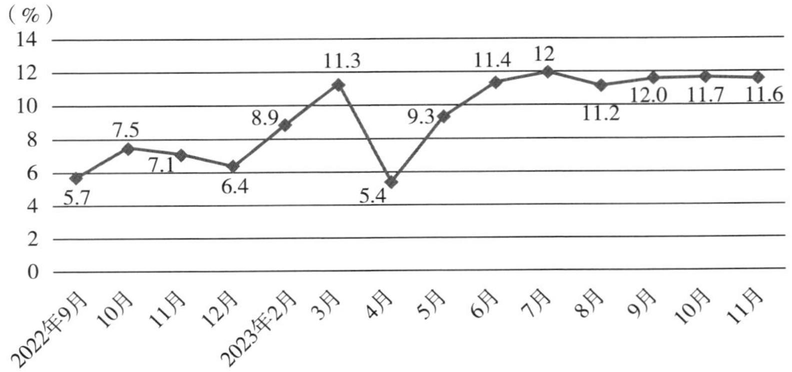

图 1 东阿县规模以上工业累计增加值增幅统计

二 法治政府视域下政务公开面临的问题

（一）思想认识不到位

政务公开涉及的工作内容较为复合、繁杂，仍处于不断优化、调整和深化的过程中。部分政府单位还没有认识到推动政务公开工作是推进国家治理现代化、加快建设法治政府和推动政府职能转变、建设服务型政府的重要抓手，没有真正树立起公开的理念。从各政府单位普遍开展工作的情况可以看出，各政府单位不仅对政务公开工作实质的理解还存在不一致、不到位的问题，在对政务公开工作重要性、必要性方面的认识也不够，这就导致了工作开展的方向不对、效率不高、落实工作的效果不好。

（二）队伍建设不完善

基层单位大多工作多、任务重、人员少，大部分政府单位没有设立专门的政务公开工作机构，负责政务公开的工作人员也都身兼数职，这就导致工作人员多忙于主要业务工作，而疏于政务公开理论知识学习和对政务公开工作新要求、新任务的学习，对工作的认识和理解仅仅停留在落实上级文件要求、工作要求上，对待政务公开标准化规范化工作往往是靠突击完成，工作质量和效率难以保证。同时，基层工作人员流动频繁、变动大，负责政务公开的工作人员经常更换，导致政务公开工作衔接不到位，工作往往存在脱节、脱管的问题。

（三）监督考核不到位

政务公开工作监督考核的形式和内容还较为单一，政府在公开信息时存在一定的随意性，造成了政府与公民之间的信息不对称，使公民难以有效地对政府的工作进行监督，影响了公开的效果。一是缺乏日常监督考核。当前对政务公开工作的考核采取年度考核的形式，严重影响了政务公开工作的时效性和有效性，许多信息变成了“为了考核而公开”。二是监督形式较为单一。当前对政务公开的监督考核形式为内部上级部门监督考核，尽管也存在第三方评估考核，但在开展第三方评估工作中，评估指标的制定多数情况也是评估机构和委托机构制定的，公众的期盼与需求实际上未能得到有效的体现。

（四）公民参与度不足

充分保障公众知情权和监督权，是建设法治政府的基本要求，也是实现和维护公众利益的有力抓手。但从基层政府工作实际来看，社会公众主要对征地拆迁、补偿发放等与自身利益息息相关的政府信息较为关注，对宏观政策的关注度较低，对政策是否落实也存有事不关己的心态。同时，受限于知识水平、传统观念等客观因素，基层群众遇到问题习惯走信访、12345 热线等途径，但对政务公开工作还没有较强的监督意识。导致基层政务公开工作接受到的监督少，以民声民意促进工作提升还不够，社会公众参与度不足。

三 法治政府视域下政务公开提升的主要举措

政务公开作为保障公民知情权、参与权、表达权和监督权的一项重要制度，是推进法治政府建设的主要抓手。它能为法治政府建设提供良好的社会环境和制度基础，有助于推进法治政府建设进程。而法治政府建设也可以为政务公开提供坚实的保障和有力支撑。二者在目标导向上高度一致，在内容上高度相关，在实施路径上高度契合。因此，应当从理念、内容、方式、机制等方面加强政务公开与法治政府建设的深度融合。

（一）提升思想认识，明确政务公开的重要意义

政务公开是政府的一项基本职能，是深化行政体制改革、转变政府职能、建设法治政府的必然要求。政务公开是保障公民知情权、参与权、表达权和监督权的一项重要制度，对规范行政权力运行具有十分重要的作用。通过政务公开，有利于政府与公民之间的良性互动，让公民更好地参与到政府工作中来，有利于改善政府和公民之间的关系，提升公民对政府的信任度，增强政府工作的透明度。通过政务公开，可以促使行政机关依法行使职权，更好地服务于人民群众。因此，政务公开是推进法治政府建设的重要内容，也是发展社会主义民主政治的内在要求。要将政务公开作为推进法治政府建设的重要抓手和突破口来抓，从思想上重视、行动上落实，实现观念更新、制度更新、方式更新，为推进法治政府建设提供更加坚实有力的保障。

（二）加强队伍建设，提升政务公开标准化、专业化水平

一是强化标准引领，完善政务公开标准规范。要深化标准体系的融合运用，固定标准，细化各领域和各环节公开的内容、形式、时限。同时，明确政策解读、舆情回应、制度建设等各方面的标准和规范，让行政机关公开有据可依，也便于群众监督，积极助力服务型政府建设。

二是加强政务公开队伍建设。政务公开工作具有专业性强、涉及面广、时效性强等特点，需要从事政务公开工作的人员具备较高的政治理论水平和业务素质，善于把握政策走向，提出针对性强的对策建议。为此，应当加强政务公开队伍建设。通过机构调整、人员补充等方式充实工作力量，确保政务公开工作有人抓、有人管。同时，要强化业务培训。通过定期组织开展业务培训，让从事政务公开工作的人员熟悉相关法律法规，掌握政务公开工作流程和业务知识，了解最新政策动态和工作要求，不断提高开展政务公开工作的能力水平。

（三）强化监督检查，确保政务公开取得实效

政务公开作为推进依法行政、建设法治政府的一项基础性工作，不仅关系到政务管理和服务水平的提升，也关系到公众对政府的信任感和满意度，因此必须要完善相应的监督机制。

一方面要完善监督检查机制。政府办公室要加强对政务公开工作的指导和

监督，组织开展定期、不定期检查，督促各部门、各单位切实履行政务公开工作职责，发现问题及时纠正，确保政务公开工作规范有序开展。另一方面要加大监督考核力度。应将政务公开工作作为法治政府建设考核的重要内容，定期组织开展政务公开工作专项考核和日常检查。建立健全监督检查机制，聘请人大代表、政协委员、民主党派、无党派人士和群众代表等担任社会监督员，充分发挥社会监督员对政府权力运行的监督作用，形成全社会共同参与和监督的良好氛围。同时，要充分发挥媒体舆论监督作用，通过对典型案例进行曝光，对违反政务公开要求的行为予以曝光，切实发挥舆论监督在推进法治政府建设中的积极作用。此外，还可以加强政务公开与行政执法检查的衔接联动，完善法治政府建设考评体系中的行政执法检查情况。

（四）加强与公众的互动交流

一是要提高公众参与的积极性。要重视决策意见征集过程，强化公众的参与意识，在制定重大行政决策时，提前谋划，加大宣传，引导利益相关的群众和企业积极参与相关政策的制定，保障征集渠道广泛、征集期限充足、群众对象充分参与，能有效、充分地征集群众意见，倾听民声，立足实际，保障决策科学合理，提升群众的参与感，将扩大社会公众的有序参与政治作为深化政务公开的着力点之一。

二是注重保障公民获取政府信息的权利。要运用好政务新媒体传播速度快、方便交流沟通的特点以及政府网站的互动沟通功能，加大政府与群众的互动力度，提高回应速度，认真研究群众提出的意见、建议，并对外公开吸收采纳情况。做到群众有呼吁、政府有回应，切实提升人民群众的获得感和满意度，努力赢得社会公众的信任和认可。

四 展望

法治政府建设是一项需要与时俱进的系统性、长期性工程。近年来，政务公开在人民群众生产生活中发挥着重要的作用，它是加快建设法治政府的重要举措，也是促进公众参与社会治理的基本保障。基于此，只有持续推动转变执政理念，大胆创新举措，释放政务公开的积极作用，促使群众“无障碍”获知政府信息，充分发挥政务公开在汇聚众智、凝聚共识、形成合力、推动解决问题等方面的积极作用，才能使法治政府建设工作更接地气、更合民意，为法治政府建设助力。

第四编 政务公开助力推进社会治理

山东省聊城市政务公开视角下推进政民互动的探索与实践

聊城市社会科学规划课题组*

摘　要： 政民互动反映了政府与公民之间双向交流与互动，在这个过程中，公民积极参与社会治理与政府决策，政府在公众需求的回应中让政府决策充分反映民意、广泛集中民智。聊城市把政民互动作为政务公开的有效途径，通过丰富公开形式、畅通互动渠道、搭建公开平台等方式进行政民互动交流，有效保障了群众知情权、参与权和监督权，为政府科学决策、民主决策、依法决策提供了有力保障。

关键词： 政务公开　政民互动　公众参与

一　引言

人民群众对政务的充分知晓，是政民互动走深走实走心的前提和基础。

* 课题组负责人：郭守印，山东省聊城市政府秘书长、一级调研员；仝雯，山东省聊城市政府办公室副主任。课题组成员：邢静欣、陈朴、孙嘉伟、李晨阳。执笔人：邢静欣，山东省聊城市政府办公室政务公开办公室主任、一级主任科员；李晨阳，山东省聊城市大数据局办公室科员。

“聊得深”才能“聊得准”，“聊得准”才能“为得好”。为此，聊城市不断创新政民互动内容和方式，打通公众走进政府通道，推动政府决策、管理、服务更加透明、规范、高效，以人民为中心推进政务公开工作由一般公开向品质公开转变、由分散公开向便民公开转变、由粗放公开向精准公开转变、由单向公开向互动公开转变，以高质量政务公开助力展现聊城风采。

二 丰富政民互动形式　有效引导公众参与

（一）建立“每月一题”　政府决策汇民智

自2022年以来，聊城市创新实行市政府常务会议“每月一题”工作机制，以全方位政务公开回应社会热点和群众关切，以高质量政民互动释放更多群众获得感和幸福感。

1. 公开征集议题，切实问需于民

坚持开门纳谏，在充分听取市民代表意见建议的基础上，结合聊城市“12345”市民热线民生大数据，聚焦群众诉求量大、涉及面广、高频出现的热点难点问题，每月综合打分研判确定“每月一题”内容和主责部门。2022年1月，有高达72%的市民代表反映“停车难”问题，市民热线当月受理该问题居高不下，尤其在医院、商圈重点区域表现突出。由此，“停车难”高分当选“每月一题”探讨首题。

2. 倾听多方意见，切实问计于民

聊城市政府常务会议“每月一题”建立常态化工作机制，每月邀请议题利益相关方、市民代表、专家学者共同列席会议。会上，市民代表以PPT形式充分展示调研的问题图片和解题良策。通过深入分析探讨，凝心聚力攻坚，从顶层设计层面寻求问题解决之策。既注重解决一个个具体问题，又着力研究形成务实管用的长效机制，以新思路、新招数办好民生实事。2023年5月，针对“共享单车乱停放”议题，市民代表提出共享单车覆盖点位不全问题，在城市会客厅“一校三馆”附近没有设置停放点。会议结束后，聊城市城管局立即带领单车企业现场论证、规划电子围栏和停车线，并通过大数据分析，在聊城大学等重点路段增设停放点，高效解决市民骑行停放问题。

3. 树牢结果导向，坚持问效于民

建立清单推进、督查督办、回访评估制度，让问题解决形成完整的闭环系统。聊城市政府建立“主要领导—分管领导—责任单位—责任人”四级推进体系，落实“一天一会商、一周一调度、一月四通报”机制，公示“每月一题”进展情况台账，采取平台线索办理情况回头看、重大问题挂牌督办等措施，形成工作闭环，推动问题解决。代表提、政府办、公众督，自实行“每月一题”以来，由61位市民代表在常务会上建言献策，听取群众代表意见建议657条、多条建议得到市政府主要领导充分肯定，并迅速转化为政府决策。由15个市级部门牵头负责，推动建成了智慧停车泊位1万余个、铺设农村公路787.5公里、改造300个无人值守换热站等基础设施，出台了《聊城市单用途预付消费卡管理条例》，以及反电诈、幸福食堂等内容的10余项政策法规，累计完成269项工作任务，全力确保群众出行更便捷、生活更安心、环境更舒心，群众满意度不断提升。

（二）开展“政府开放” 政府决策听民意

多渠道、多方位、多角度举办政府开放活动，把政民互动作为基本形式，把公开透明作为基本原则，是贯彻以人民为中心的发展思想的具体体现，也是加强服务型政府建设的重要举措。自2021年起，聊城市将每年9月定为“政府开放月”，开展形式多样、内容丰富的“公开聊亮·为您开放”政府开放月活动，“零门槛、零距离、零缝隙”邀请市民代表、企业代表感受政府工作，助力打造阳光、透明、开放的服务型政府。

1. 全方位宣传，市民参与“零门槛”

每年9月初，聊城市政府办公室组织各级、各部门在政府网站“政府开放月”专栏对全市政府开放活动信息进行集中展示。通过新闻媒体、政务新媒体矩阵对“政府开放月”活动进行集中宣传报道，市民可通过联系电话与主办单位联系直接参与活动。聊城市政府办公室精选社会关注度高的活动邀请媒体记者参与体验报道，提高活动知晓度。

2. 多形式体验，政府开放“零距离”

政府开放月活动围绕优化营商环境、便民服务、市场监管、城市治理、人居环境、消防安全、民生保障等社会关注度高的重点领域，通过邀请社会各界代表走进行政机关办公场所、开设政策宣讲点为群众和企业“面对面”提供政策咨询和解答服务、召开座谈会近距离与群众交流互动，以及开展政务公开知识线上线下竞赛活动等群众喜闻乐见的形式，推进政务公开深入基层、深入群众。

3. 送政策上门，政民互动“零缝隙”

聊城市政府办公室组织各市直部门召开政策解读专场，聚焦近期出台的与群众关系密切、社会关注度高的扩大有效投资、优化营商环境、社会救助养老服务、就业、乡村振兴、卫生健康、政务服务、教育、社会治理等政策深入企业、深入群众进行细致解读并将解读内容同步在网站公开，“面对面”了解企业诉求，“心贴心”关注群众急难愁盼，有力打通政策服务“最后一公里”。

（三）实施“公开议事” 政府决策聚民意

聊城市以群众诉求为中心，创新开展“居民公开议事日”活动，将政务公开与村（居）务公开相融合，在基层走访的基础上，社区（村）针对群众关心的问题和即将开展的工作公开征求居民（村民）意见，民主讨论、自由发言，并将议事内容、结果等信息进行公开。议事过程中，基层政府根据议题需要，邀请法官、警察、律师等专业人士参加活动，使问题的解决不仅合理合法，也合乎乡风民俗、民情民意，做到了居民有序参与、过程公开透明、信息及时公开、执行监督有效。围绕“公开议事”，聊城市政府在基层探索搭建了三个服务平台，大力畅通群众诉求表达渠道，引导群众主动来“说事儿”。

1. 线下公开议事平台

在乡镇和社区设置“居民议事厅”，制定了包含列席议事会、意见征集、决议复议、结果公开等制度，定期开展公开议事活动，形成了“收集问题—形成议题—公开议事会—决策公布—民主监督”等程序完善的社区居民议事流程。

2. 网格化服务平台

充分发挥网格员立足社区、服务居民的作用，积极主动为居民提供相关服务，并将收集的信息第一时间上报、第一现场处理、第一受理转办，办理结果及时通过线上、线下多渠道公开。

3. 智慧社区平台

在基层社区，利用大数据和云计算，以居民需求公开信息为中心，精心打造“政务公开+智慧社区”，实现了政务公开数字化、网络化、智能化管理。群众通过智慧社区平台可以获取各类社区信息，还可以直接将想获知的信息和意见建议向社区反映，工作人员会第一时间与当事人进行直接对接，主动上门服务。2023年，聊城市共开展“居民公开议事日”活动9531次，收集群众意见建议12851条，解决群众问题11623项。

三 畅通政民互动渠道 积极回应群众关切

（一）走好网上群众路线 群众回应“快速办”

聊城市政府办公室牢固树立以人民为中心的发展理念，认真践行网上群众路线，积极统筹协调好人民网“领导留言板”网民留言办理工作，确保网民留言办理认领及时、办理高效，用心倾听群众意见建议，用情回应群众急难愁盼，用力化解群众“烦心事”。2023年，全市人民网留言办理答复率100%，满意率95%，聊城市政府办公室首获“2023年人民网网上群众工作民心汇聚单位”，为全省获评的6个设区市政府办之一。

1. 高度重视，顶层推动“定方向”

突出顶层设计、全盘推进，聊城市政府高度重视网上群众工作，要求全市各级各单位积极转变工作思路，及时掌握网民诉求，了解网民所思所想，第一时间为群众办实事，以扎实有效的举措走好网上群众路线。聊城市政府出台一系列制度文件，按照“属地管理、分级负责”和“谁主管谁负责”的基本原则，明确了认领、督办、核处、审核、回复等各项办理流程与操作细节。人民网“领导留言板”留言办理工作已基本形成了有章可循、有据可依、有度可量、有责可究的管理机制，规范化、制度化程度不断提升。

2. 压实责任，考核驱动“有抓手”

着眼于网民留言问题“事事有回音、件件有回应”，对留言办理实施全程督办和通报机制，有效压实办理单位的主体责任。严格实行“日交办、月调度、季通报”制度，每天通过“OA”办公系统将网民留言交办给各责任单位，后台同步发送短信提醒督办；每月调度各单位办理情况，每季度通报整体情况，对于办理不力的单位进行通报督促，敢于揭短亮丑、督促改进。

3. 集体会商，部门联动“促合力”

注重部门协同合作，针对网民留言反映的重点难点问题，特别是反复发帖、分歧较大、久拖未决以及涉多个部门管辖的复杂问题，由聊城市全市各级政府办公室牵头，召集相关部门集体会商或点对点协商，开展专题调度、调研，对留言内容开展风险分析研判和实时动态监测，并就如何化解问题进一步明确责任、通力配合，加快办理速度，更好地回应网民期待。

（二）搭建“云聊政务”直播　群众问题“直接答”

1. 打造一支队伍，汇聚直播力量

以企业和群众办事创业更快更好更方便为着力点，创新打造一支过硬“云聊政务”直播队伍。搭建“云聊政务”四级直播体系。印发《关于健全“云聊政务”直播市县乡村四级服务体系的通知》，从市、县、乡、村（社区）四级政务服务工作者中优选业务能力强、表达能力好、沟通能力优的业务骨干为主播，组建一支“云聊政务”专业主播团队。目前，已组建“云聊政务”四级直播队伍近300人。

2. 用好一个平台，丰富传递形式

依托微信公众号平台，创新直播形式，多样化开展直播活动，实现“云上聊政务”。借力已有群众基础优势的微信公众号为直播平台，开通“云聊政务”视频直播号，开展政务服务直播，实现“一号双开”，互益提升。

3. 构建一张网络，提供便捷服务

聊城市在为民服务理念上，全方位对接群众和企业需求，不断创新服务模式，为企业和办事群众提供更加便捷、高效的服务。搭建线上一张网。通过“云聊政务”直播为群众提供线上直播服务，围绕政务公开、最新政策、业务指南、办事流程等为群众进行政策解读及业务指导，解答群众疑惑，提高办事效率。

（三）举办政策例行吹风会　政策疑难“规范解”

市政府办公厅印发《关于建立市政府政策例行吹风会机制的实施方案》，及时公开政府信息，权威解读政策文件，主动回应公众关切，有效引导社会预期，依法保障人民群众的知情权、参与权和监督权。

在解读主题上，聊城市政府新闻办公室根据市政府常务会议议题审议情况，按照“应公开尽公开”原则，会同政策起草部门共同研究确定政策例行吹风会主题。主要对聊城市政府制定的政府规章和以聊城市政府、政府办公室、政府部门名义印发的规范性文件，聊城市政府常务会议审议通过的重要政策举措，涉及面广、与民生关系密切、社会关注度高的重要政策性文件以及其他明确规定和需要解读的事项进行公开解读，以常态化机制确保实质性成效。

在解读内容上，相较于传统新闻发布会、答记者问等形式，市政府政策例行吹风会主动出击，务求实效，更全面、更系统、更权威地对有关政策文件从政策制定背景、决策依据、出台目的、重要举措等方面进行解读。其中，涉及群众切身利益及重大公共利益的，在吹风会上说明出台依据及合法性、合理性，并对政策性文件中的关键词、专业术语以及可能引发社会公众误解、疑问、质疑的内容邀请专家阐释解读，及时回应关切。

对于在原有政策基础上进行修订的文件，由吹风会说明修订理由与新旧政策的衔接和差异，务求做到“该解读必解读、应解读尽解读、能解读全解读”。

在解读形式上，聊城市政府政策例行吹风会创新解读形式，拓展公开渠道，通过多平台、多形式发布政策吹风内容，传递权威信息，凝聚社会共识。对于吹风会发布的解读内容，第一时间通过各级政府网站、各类政务新媒体进行权威发布，做好矩阵传播，充分发挥线上宣传阵地作用，有效提升政策的社会知晓率，更好满足人民群众的信息公开需求。创新解读发布形式，通过“一图读懂·公开聊亮聊政策”系列政策图解、微视频解读、H5新媒体等群众喜闻乐见的形式，让群众“一看就懂、一学就会”，实现政策上门解读，真正架设起政民互动的桥梁和纽带。

四　优化政民互动平台　搭建政民沟通桥梁

（一）建好公开主平台

充分发挥市政府门户网站政务公开主阵地作用。建立政务公开标准化目录，编制12项重点领域信息公开指导标准、9项基层政务信息指导目录，主动公开全覆盖14项44类政务信息。畅通政民互动主动接受监督，2023年，办理依申请公开1164件，依申请公开事项实现行政复议、行政诉讼零败诉。

（二）线上线下齐发力

加强政务公开专区建设。围绕提升为民服务效能，以“为民、便民、利民”为出发点，扎实推进政务公开标准化建设，在各级政务服务大厅、党群服务中心、重点公共企事业单位等便民服务场所，筛选打造了集信息公开、服务展示、查阅办理于一体的一批有特色、有亮点的品牌专区，以方便办事群众就近享受到“一站式、一体化”的政务公开服务。统筹考虑办事人对公开和服务的需求，实现了公开中有服务，服务中有公开，有效整合了公开和服务的资源。

（三）落实政策优服务

1. 搭建“政策快享”服务平台

实现了政策的发布解读、条件查询、智能匹配、网上兑现、免申即享等基本功能，变政策“分散找”为“精准送”、“线下跑”为“网上办”、“多头跑”为“一次办”。

2. 开展“局长大讲堂”活动

以思想破冰、解决问题为导向，既能有效助推干部履职能力大提升，又能通过“一把手”讲政策促进落实，加快释放政策红利。组织 33 个市政府组成部门“一把手”登上讲台进行“授课”解读政策。截至 2024 年 6 月，活动已开展 19 期，同步在聊城市政府门户网站开设了“局长（主任）大讲堂”政务公开专题，将授课内容同步上网公开。

五 政务公开推进政民互动所取得的成效

（一）有效提高了政府的行政效率和决策水平

政府通过公开渠道收集公民的意见和建议，可以更准确地了解公民的需求和关切，从而更有针对性地制定政策和提供服务。根据政民互动结果反馈，聊城市建立起规范发布、集中归集、动态更新、有序管理的政策文件公开机制，建成全市统一的政策文件库，累计公开各类政策文件 4043 项。建立行政决策事项主动公开目录，推动行政决策事项“研究起草、论证评估、意见征集、审议决策、正式发布”全流程公开，累计公开行政决策事项212项。政民互动程序的逐渐规范化、互动机制的逐渐完善化促进了政府服务意识、行政效率和决策水平的提高。

（二）切实激发了公民的主体意识和参政热情

随着政务公开工作水平的提升，线下市民代表列席常务会议、政务公开专区、政府开放日、公开议事日活动，线上政府网站、政务新媒体为公民提供了更丰富便捷的政民互动形式，公民能更直接、更全面地了解政府决策的过程和结果，向政府表达自己的意见和诉求。2023年，全市围绕优化营商环境、民生项目、城市治理等专题开展市民代表走进机关、项目观摩、政策座谈会等政府开放活动619场（次），收到并答复人民网领导留言板市长留言203件。公民的知情权、参与权得到了较为充分地发挥，其参与的热情随之被激发，政府在与公民的便捷、经常性的沟通中获得了认同感。

六 政务公开推进政民互动存在的问题

（一）政民互动质量有待提高

随着服务型政府建设不断推进，各级部门逐渐意识到政民互动的重要性，我市每年举行公众参与活动的数量逐渐提升，但在公众参与活动质量方面还有待加强。个别部门在开展政府开放活动时，只在群众参观行政机关建设上下功夫，忽视了对群众意见建议的采集、归纳、处理、落实；或在政策解读宣传活动时，只通过在线下发放宣传单页的形式进行，没有与政策宣传对象进行深入沟通，没有提供政策交流反馈渠道，不利于提升政民互动实效。

（二）公众参与范围较为有限

近年来，聊城市逐步探索出“政府开放月”“居民公开议事日”和“市民代表列席常务会议‘每月一题’”等政民互动渠道，但以上活动目前大部分通过线下形式且必须在固定的时间、固定的地点进行，受到严格限制，群众报名积极性不高，每项活动只能邀请到数十名市民代表参加，政民互动机动性弱，辐射范围有限，亟须拓展线上开放渠道。

七 具体改进措施和发展路径

要加强政民互动，就要以保障和改善民生为出发点和落脚点，力求解决好群众最关心、最直接、最现实的利益问题，使群众享有更多的获得感、幸福感和安全感。

（一）拓宽渠道，保障民众有效参与

当前，提升公众参与的积极性和有效性是政民互动的重点工作。

从政府视角来看，首先要畅通线上线下的政民互动渠道，丰富公众参与功能。要运用新媒体平台主动发声，调动民众和社会组织的积极性，使不同渠道发挥好各自的优势，共同参与到国家治理和社会治理中来。而共治过程中既能有效提升政府的公信力，也能让公众收获政治参与的成就感。

从民众视角来看，要切实增强群众政民互动意识。大规模、非特定的市民积极参与能够为治理贡献源源不断的智慧和力量，要从思想层面上增强政民互动意识，让百姓从主观层面认识到群众参与政治的重要性。始终坚持群众主体地位，激发群众积极主动参与到政民互动过程中来，引导群众理性看待社会热点问题，在了解事实真相的前提下发表自己的观点，主动向政府各项工作提出意见和建议。定期邀请人大代表、政协委员、专家学者、市民代表新闻媒体等不同群体组成监督评议队伍，采取随机抽查、集中查看、座谈点评等多种方式进行监督，实现各方参与、齐抓共进的共同目标。

（二）优化平台，丰富互联网服务功能

互联网是政府同群众交流沟通的重要平台，是了解群众、贴近群众、为群众排忧解难的重要途径，是发扬人民民主、接受人民监督的重要渠道。因此，优化平台建设，提供优质、高效、便捷的服务是当前工作的重中之重。

一是切实提高互动多样性。随着网络化和信息化的发展，网络逐渐成为政民互动的重要途径，要做好与社会公众沟通交流的工作，可以通过开设一些政

民互动板块，运用一些技术手段实现网民自由评论，为政府和群众交流互动提供便利平台。争取让政府和公民在互动过程中找到解决问题的方法，进一步推进全民参与政府决策的进程。

二是要有效提高诉求响应率。建立线上互动长效机制，在通过政民互动接收到群众反映的诉求后，尤其是一些投诉问题，要组织相关工作人员深入基层进行调查取证，客观分析问题及其背后产生的原因，采取积极的解决措施，维护群众的合法权益，提高政策转化的比率。

三是要积极提高沟通主动性。数字鸿沟的现象屡见不鲜，一些弱势群体的利益诉求难以有效传递，要主动通过多个渠道收集存在于弱势群体中的诉求，这样做可以使政府倾听更多的声音，也可以在更大范围拉近政府与民众的距离，进一步提高政府的公信力。

（三）数字转型，推动政府信息共享

在全球数字化转型浪潮中，要提升政民互动有效性，需要主动有序，推动政府信息共享。

一是要健全政民互动体制，形成领导重视、机构健全、上下联通、协调有力的政务公开大格局。强化数字化转型制度意识，以制度促规范，以规范促提升。用制度化、法治化、数字化的方式，通过技术手段对信息的分级分类进行管理和界定，确保信息开放共享有章可循。切实发挥我国政务数据共享资源优势，让群众切实感受到政务信息化带来的便利条件，增强人民幸福感、获得感和安全感。

二是要提升政民互动广度。数字化政民互动平台能够有效加强政民间的关系联结。数字化手段为原子化分布的市民提供了参与渠道和工具。政府要积极运用数字化转型契机，通过技术手段加大力度引导广大市民参与城市治理，增强群众主人翁意识，从而激发城市治理的内生动力。

三是要优化政民互动方式。传统政民互动是常见的“你留言、我回复”模式，政府往往是被动回答。要进一步利用好平台数字化的优势，积极探索创造“民众主动参与”的全新政民互动模式。例如，在重大行政决策“全流程”公开过程中，可利用数字化手段提前对决策内容进行征集；或是利用大数据技术和智能算法进行预测分析，直接针对民生堵点难点问题开展意见建议征集活动。

新时代政务公开推进基层社会治理共同体构建的实践路径研究

——以济宁市兖州区酒仙桥街道为研究样本

郭红亮　杨　婷　丰晓寒　钟灿昊*

摘　要：政务公开作为政民之间沟通联系的桥梁纽带，不仅是践行基层政府依靠人民、服务人民的工作宗旨，也是激发创新活力、推动基层社会治理提质增效的重要途径，对于增强基层政府现代化治理能力和治理水平，保障人民群众知情权、参与权、表达权、监督权，具有积极作用。近年来，济宁市兖州区坚持把政务公开作为提升基层社会治理能力的有力抓手和重要手段，积极探索政务公开与基层社会治理深度融合的“兖州实践”，全面提升基层政府决策、执行、管理、服务能力和水平。本文以济宁市兖州区酒仙桥街道政务公开与基层社会治理结合情况为切入点，分析相关工作开展方向、重点，以及取得的成效和存在的问题，探索新时代政务公开提升乡镇基层社会治理效能、与群众构建治理共同体的有效路径。

* 郭红亮，山东省济宁市兖州区人民政府办公室党组成员、副主任；杨婷，山东省济宁市兖州区人民政府办公室政务公开科负责人；丰晓寒，山东省济宁市兖州区酒仙桥街道党工委副书记；钟灿昊，山东省济宁市兖州区酒仙桥街道党政办公室工作人员。

关键词： 政务公开　基层社会治理　治理共同体

自2013年以来，“政务公开”开始固定地出现在国务院政府工作报告中，成为政府部门一项常态化工作得到强调和落实；2016年2月，中共中央办公厅、国务院办公厅联合印发《关于全面推进政务公开工作的意见》，要求进一步推进政务公开，积极回应群众关切，推进阳光政务，政务公开工作全面展开。基层政府作为直接联系服务广大人民群众的主阵地，其政务公开工作成效关系到人民群众切身利益实现效果、治理能力提升程度，是构建基层社会治理新格局的关键因素。多年来，兖州区持续深化基层政务公开标准化、规范化建设，强化“积极行政”的服务理念，充分发挥政务公开在汇聚众智、凝聚共识、解决问题等方面的积极作用，从各个角度、多个领域推进基层社会治理体系不断完善、优化，构建治理共同体。在此基础上，兖州区酒仙桥街道积极探索政务公开与基层社会治理相融合的方法、路径，真正用活政务公开，打造共建共治共享的基层治理新格局，努力建设人民满意的服务型政府。

一　济宁市兖州区酒仙桥街道政务公开工作概述

酒仙桥街道位于兖州区东部，成立于2008年，东临曲阜市，西接鼓楼街道，北临大安镇，南到兴隆庄镇，面积15.17平方公里。截至2024年，辖区内共有8个村民委员会，11个居民委员会；常住人口2.77万人。现有党组织87个，共有中共党员1773名。

酒仙桥街道位于老城区，地域面积不大、人口数量不多，但是临城靠矿、沿河驻站，区域位置、人口成分、社会治理情况极其复杂特殊，配套设施相对落后老旧。通过融合政务公开与基层社会治理，做好政府信息主动公开的“传话筒”和解决问题的“贴心人”，搭建起政府与群众之间的沟通桥梁，将政务公开的“神经末梢”铺设到村居、拓展至住户，把惠民政策、便民服务送到家门口，有效保障群众知情权、参与权、表达权和监督权，不断提升基层治理效能，真正让群众成为基层治理的“合伙人”。

二 政务公开对促进基层社会治理的实践与探索

政务公开是政府管理服务社会的内在需要和重要方式，加强政务公开与基层社会治理的有机融合，既是落实好基层政务公开标准化规范化工作要求的有力抓手，更是加快推动服务型政府建设、促进政务公开更好服务基层群众的有效途径。酒仙桥街道以“听民声、解民忧、暖民心”为主要目标，主动瞄准群众需求“靶心”，着力在打造平台阵地、创新优化形式、突出重点领域上下功夫，真正激发政务公开工作效能，提升基层社会治理水平。

（一）以群众需求为导向，深入推进政务公开标准化、规范化、全面化建设

酒仙桥街道坚持以保障社会公众依法获取政府信息的权利为原则，通过深化政务公开延伸基层社会治理触角，最大限度满足人民群众获取政府信息的合理需求，推动政务公开工作由“单向管理”向“双向互动”的转变。

1. 立足多群体，健全“常态化体验”机制

“政府开放日”对促进政民互动、推进行政权力公开透明运行、提高群众对政府工作的满意度具有重要意义。近年来，酒仙桥街道把“政府开放日”活动作为一项常态化工作持续开展，全面了解各类群体的实际需求和相关工作，搜集群众意见建议，方便街道及时调整优化政务公开内容，提升工作质效。酒仙桥街道针对外卖员、快递员等新业态新就业群体以及老年人、青少年、家庭困难人群等特殊群体创新开展“我来代言”政府开放日活动，以浏览介绍、观摩体验、座谈交流等方式，介绍和展示机关工作情况，广泛听取参加者对于政府工作的意见和建议，全面了解各类群体的实际情况和真实需求，搭建好政府与群众之间的沟通桥梁。2023 年酒仙桥街道共开展“我来代言”政府开放日活动 6 场，邀请各类群体共 140 余人参与。

2. 立足多渠道，构建“全方位收集”体系

坚持“应公开、尽公开”原则，酒仙桥街道建立涵盖财政预决算、乡村振兴、社会救助、脱贫攻坚等各领域信息的主动公开目录清单，同时根据民生政策变化和群众实际需求进行动态调整，确保公开内容全涵盖、公开对象全覆

盖；主动将政务公开与政府热线、信访案件相结合，以“12345”热线问题和信访诉求为导向，定期梳理企业群众关心关注的热点、难点问题纳入清单目录；同时建立多方联动政务公开例会机制，定期组织民政、人社、扶贫、农业、自然资源分中心等科室部门召开政务公开工作例会，围绕各领域政府决策，管理服务、政策解读与回应关切等方面，将群众日常咨询度高、反映问题多的事项一并纳入清单目录。2023 年酒仙桥街道共收集群众意见建议 60 余条，完善补充清单内容 8 条。

3. 立足多形式，开展“零距离走访”服务。探索建立政务公开“网格化”精准服务模式，充分利用“街道党工委—社区党委—网格党组织—小区党支部—楼宇党小组—红色楼栋长”6 级网格体系，选优配强 5 名网格员、4 名小区党支部书记、16 名微网格员、152 个红色楼栋长，积极开展“网格党支部 + 政务公开”项目，广泛征求、汇总广大群众在居住环境、社会治安、文化生活、义务教育、看病就医等方面的意见和建议，宣传最新惠民政策并现场解答群众提出的疑难问题，切实打通政策宣传普及、居民诉求反映渠道，让政务公开触角延伸到每个居民的身边。

（二）以建强平台为基础，提升便民利民服务水平

酒仙桥街道在强化政府门户网站主渠道建设的同时，积极运用信息技术和新媒体平台等拓宽公开渠道，形成“以政府网站为主、政务新媒体全面展开、专区专栏相互补充”的大公开格局。

1. 加强“一网”提升

充分发挥政府门户网站政务公开第一平台作用，在现有政府信息公开平台栏目的基础上，不断拓展和深化街道信息公开内容和范围，在“镇街动态”“计划总结”“财政信息”“通知公告”等栏目，定期向群众公布动态要闻、工作进展，同时对群众普遍关心的财政信息、民生实事、社会公益事业等信息进行上传，以群众“看得见”“能了解”政府信息为目标，不断优化政府信息公开渠道建设。

2. 完善“两微”升级

酒仙桥街道充分利用微信公众号、居民微信群“两微”公开媒介，及时发布医疗保险、社会保障等惠民政策以及街道重点工作动态，让群众足不出户就能获取各类政府信息，弘扬“指尖上的政能量”。不断创新、升级公开内容

和形式，在信息公开中运用漫画手册、视频等形式，发布通俗易懂、形式多样、易于传播的政策解读信息，使广大群众“听得懂、看得懂”，并在公开中严格注意信息时效性，确保群众“用得上”“有意义”。2023 年酒仙桥街道通过“两微”平台发布工作动态、政策新闻等信息 12000 余条，真正实现了一手政策“直达快享”。

3. 强化“一区”打造

酒仙桥街道坚持做好政务公开专区建设工作，打造线下公开“精准点”，以惠民、便民为目标，按照“有场所、有人员、有设备、能办事”的要求，构建“1 +19 +N”政务公开专区矩阵，以 1 处街道为民服务中心专区为中心、19 处村（社区）党群服务中心专区为辐射点，打造涵盖政府信息查阅区、互动交流区、依申请公开受理区等功能齐全的群众“家门口”的政务公开专区，放置政策文件、手册等资料供企业和群众翻阅；每处安排党员干部提供咨询、受理、解读等服务，实现阵地服务全域覆盖，助推服务提档升级；2023 年共接待咨询群众 2000 余人次、查阅资料 1200 余人次。

4. 夯实“一栏”基础

高标准建设村居“三务”公开栏，内容上坚持原则导向，以满足群众关心为出发点，日常工作定期公开、敏感问题重点公开，同时动态更新低保发放、财务收支等村务和与群众切身利益相关的各项政策，尽量做到通俗易懂，真正把公开栏建设成“阳光下的账本”“群众看得懂的工作交流平台”。同时街道定期到村居对“三务”公开情况进行实地督查指导，指导村居对村级事务进行全面、真实、深度的公开，保证将公开贯穿于事前、事中、事后的全过程，同时对不公开、假公开、公开不全等问题进行监督整改，保障阳光政务不偏向，不走样。

（三）以深化治理为目标，构建共建共治共享格局

服务型政府提倡人民民主和公民参与，实现与公众的双向互动。酒仙桥街道坚持把深化政务公开作为密切联系群众、回应社会关切的重要途径，作为推进依法行政、维护群众利益的重要抓手，通过主动靠前服务与强化交流互动同向发力，切实提高政府行政效能，构建共建共治共享格局。

1. 主动靠前服务，增强基层社会治理效能

一是“公开 + 集市”常态化，打造群众满意“助推器”。积极将政务公开

融入“党群联动、资源联合、品牌联创、活动联办”四联工作模式，通过社区党委“牵线搭桥”“穿针引线”，充分整合社区共建单位、公益组织、志愿人士等多方力量，创新开展“公益集市”“睦邻大集”等特色集市，2023 年依托特色集市开展政务公开知识宣传以及政策解读活动 28 场，解答群众咨询 1000 余人次，通过“赶集”与群众面对面讲解，零距离沟通，用“接地气”的白话将“高大上”的政策变得通俗易懂，获得群众广泛好评。

二是“公开 + 科技”个性化，做强信息公开“直通车”。深化“数字门牌　马上服务”平台服务，将网格资源集成至数字门牌，通过“码”上查模块，为群众提供涉及人社、医保、卫健等领域的 150 多项高频政务服务事项办事指南；通过“码”上说模块，为群众畅通线上诉求反映渠道，网格员积极、迅速地回复群众意见建议，直接为群众提供帮办代办服务，有效解决居民供水、物业等民生诉求问题，实现网格信息一扫即查、政务服务一触即看、民生事项一点即办、意见诉求一点即应。

三是“公开 + 宣讲”多样化，打造政策解读“传声筒”。将政务公开融入基层宣讲，发挥“声动酒仙桥”“红色布谷鸟”等宣讲品牌作用，围绕新政策、新热点、群众新需求开展即时性的公开宣传活动；组建“宣讲先锋队”，积极开展政策进村居、进校园、进企业“三进”活动，针对不同宣讲对象提供精准化的政策宣传解读服务，让各项惠民政策、惠企政策能够在群众中落地生根、开花结果。2023 年，共开展政策宣讲 80 余场次，惠及群众 1200 余人次。

2. 强化交流互动，凝聚基层社会治理合力

一是打造“说事平台”，激活基层社会治理“原动力”。打造“居民会客厅”“邻里议事会”等家门口的议事平台，推动民政办、城建办、物业办、行政执法中心等科室部门“资源下沉、管理下沉、服务下沉”，同时充分发挥离退休党员、法律援助工作者、党员志愿者等“能人”的带动作用，为群众解读惠民政策、法律法规，组织群众协商政府重点工作在基层落实的具体措施，激发群众参与社会治理的内生动力。

二是创新“议事机制”，提升基层社会治理“凝聚力”。探索社区治理“五步工作法”，从“谈生活琐事”“解居民难事”抓起，逐步赢取群众信任、认可，再到“说家中烦事”“理邻里小事”，由家庭和谐带动邻里和谐，逐步延伸拓展“居民说事”内容，最后实现集中群众力量“议社区大事”，推动社

区治理与民生改善双促进、双提升。建立“有事好商量”“村民议事会”等自治载体，各村每月围绕集体经济发展、公共事务以及村民反映强烈、迫切要求解决的实际问题进行议事协商，让村务公开更加具象化，引导村民个体由治理“对象”走向治理“主体”。

三是开展“交流活动”，注入基层社会治理“新动能”。常态化开展“广场夜话”活动和“社区书记、物业经理接待日”活动，邀请网格员、业主委员会、物业公司等多方力量，广泛听取民意，精准对接群众需求，针对群众关心的路段整修、老旧小区改造等热点问题即时解读解答，有效解决好群众“急难愁盼”问题。2023 年酒仙桥街道共举办“广场夜话”37 次，收集解决群众管道堵塞、电梯故障、线路老化等诉求 855 件。

（四）以服务群众为根本，推动基层政务公开提质增效

以人民为中心是基层社会治理的出发点和落脚点，酒仙桥街道通过政务公开与重点领域的结合，有重点、有方向、有抓手汇聚众智、凝聚共识、形成合力、推动解决问题，使政务公开真正为提升政务服务质量而公开。

1. 立足优化营商环境，以公开助力发展“上台阶”

实施“机关干部包靠企业”机制，建立街道企业包保台账，定期对辖区内企业走访，充分了解企业生产经营情况及存在的困难和问题，街道助企干部通过研究“瞪羚企业”认定方案、严格把关上报材料的质量、联系主管部门答疑解惑等途径，与企业共同谋划、积极对标国家和省战略新兴产业发展方向，“机械转动部件表面磨损强化修复关键技术”被科学技术成果评价委员会确认为“达到国际先进水平”。深化企业“点餐”、政府“配餐”方式，建立街道惠企政策宣传群，邀请辖区企业家进群，打造政策文件包，让企业能够“实时”掌握最新惠企政策，以主动服务、优质服务让企业放心、安心、顺心。

2. 立足健全医疗卫生，以公开助推服务“大升级”

以“医疗服务”为核心，着力推动资源下沉，依据群众广泛需求，建立由社区卫生服务中心统筹管理的焦河服务点，充分利用紧密型医共体的优势资源，构建“1 +4 + N”医疗服务体系，以社区卫生服务中心为依托，抽调中心骨干力量，成立涵盖基本诊疗、康复护理等服务在内的 4 个工作专班进行日常坐诊，每周一将坐诊专班计划通过微信群进行宣传，护航服务点高质量运行；特邀济宁市兖州区铁路医院专家每周固定两天坐诊、开展业务指导，进一步提

升服务点医疗质量水平，让老百姓可以在家门口看名医，享受到更优质的医疗服务。同时，街道全面配合卫健部门做好基层医疗卫生院信息公开工作，协助区级经常性开展信息公开情况现场检查，确保基层卫生院信息公开更全面，更好服务辖区广大居民。

3. 立足做细养老助老，以公开稳稳托起“夕阳红”

一方面，积极做好政策公开及补贴发放工作，街道、社区、村居积极配合民政部门、卫生行政部门做好经济困难老年人补贴、老龄补贴等审核、发放工作并按时在村（居）务公开栏进行公开；配合相关部门，进行养老政策宣传讲解，深入社区村（居）一线，实时为群众提供政策宣讲。另一方面，以公开促服务，在充分征求群众建议的情况下，整合九一慧济养护院、铁路医院乐龄福院等服务机构和社区卫生服务中心资源，在社区设立家庭病床，组建“全科医师＋执业护士＋居家助老员”服务团队，动态掌握居民医养需求，定期为居家失能、慢性病等老人开展健康养老需求评估、上门治疗、随访管理、康复护理等医养结合服务，截至 2024 年 6 月，服务共辐射辖区老人 1800 余名。定制居家养老《春萱手册》，通过楼栋张贴的形式公开社区两委成员、公益岗、网格员结对服务老人名册，每天对老人三餐进行走访，敲门“三问”，即问健康、问餐食、问家常；进门“三检”，即检查水、检查电、检查燃气安全；出门“三清”，即清楼道、清杂物、清通道，真正让“养老”变“享老”。

4. 立足改善住房环境，以公开兜牢民生“保障网”

做好老旧小区改造工作，坚持“决策共谋、发展共建、建设共管、效果共评、成果共享”的改造思路，充分满足群众对政府信息的知情权、表达权，听取群众意见，在改造前充分“问需于民”，通过下发问卷、走访业主、召开恳谈会等形式，广泛收集社情民意，并以此为依据进行规划设计，2023 年顺利完成辖区 6 个老旧小区改造。做好房屋斑裂处置工作，将“四议两公开”程序应用到房屋斑裂处置工作全过程，集体商议查验方案、补偿款分配等事项的各个环节；创新运用“村‘两委’征求意见、村民小组提出建议、村‘两委’审查同意、村民小组户代表会议决议通过”的“一征二提三审四通过”程序，实现村民全参与、意见全覆盖，保障房屋斑裂处置工作顺利开展。

5. 立足推进文化建设，以公开塑造两创“新标杆”

依托“黄河大集”联动阵地平台，高质量开展“黄河大集”系列线下活动，借助“黄河大集”“春夏秋冬”四季主题，打造独具特色的基层政务公开

“体验专区”。充分发挥农家书屋“基层知识宝库”的作用，依托“山东农家书屋”微信小程序，将村居农家书屋地址及照片上传至“书屋地图”版块，并及时公开活动开展信息，把文化阵地搬到群众指尖，营造浓厚文化惠民氛围。通过资源整合、优势互补，将街道文化活动阵地纳入青少年社会实践打卡点，通过“七彩好队员争章兑换存折”向青少年展示阵地地图，积极引导青少年通过阵地参观、活动参与，提升青少年精神文化素养。

（三）政务公开推进基层社会治理工作取得的实效

一是工作体系更加规范。酒仙桥街道结合实际工作内容、工作特点，全流程全方位梳理形成了《酒仙桥街道关于2023年政务公开工作任务分解的实施方案》《济宁市兖州区酒仙桥街道政务公开清单目录》《2023年济宁市兖州区酒仙桥街道主动公开基本目录》，全面细化和规范公开事项的名称、依据和相关内容、时间要求、公开流程、公开方式，增强了公开事项的完备性，保障了群众依法获取政府信息并参与和监督政府权力的实现，对提高政府工作透明度、规范权力运行、提高基层社会治理效能具有十分重要的作用。

二是政务服务更加便捷。依照公开标准体系和公开规范，政府信息与政务公开工作得以规范开展，群众获取政府信息更为全面、便捷、及时。通过及时准确发布涉及群众切身利益、需要社会公众广泛知晓或者参与的政府信息，进一步扩大政务公开的覆盖面和影响力，增强了政务公开主动性。通过“12345”政务服务便民热线、为民服务大厅政策咨询服务台等互动平台，以“暖心式”的答复，让群众少跑腿。村居政务公开专区进行“依申请公开”受理、自助信息查阅、增进政民交流互动，政务服务实现提能增效。

三是群众满意度更高。聚焦增进民生福祉，坚持“民有所呼，我有所应”，以群众关心关切的热点问题为导向，完善政务公开工作内容和方式；提高政务公开工作的靶向性和针对性，最大限度让群众满意。通过组织民意诉求反馈活动，收集群众对进一步改进街道政务公开工作的意见和建议，为下一步找“短板”补“弱项”提供精准路径；通过开展多形式的线下政务公开宣讲、宣传活动，实现政策一对一直达，让政策从纸面上下来走到群众身边，真正让群众感受政府工作的贴心、用心，提升了街道群众的幸福感和获得感。

四 推进基层政务公开过程中存在的问题

一是思想认识与权利保障不协调。《政府信息公开条例》第 1 条就明确“为了保障公民、法人和其他组织依法获取政府信息，提高政府工作的透明度，建设法治政府，充分发挥政府信息对人民群众生产、生活和经济社会活动的服务作用，制定本条例”。充分保障公众知情权、参与权、表达权和监督权，是政务公开运行的实际意义。但是从目前很多单位推动政务公开的实践看，服务意识、民主意识、公开意识不强，只简单把政务公开作为一项事务性工作，没有从转变政府职能、建设法治政府的高度来认识和推进，导致很多公开信息流于形式，干货少水分多，政务公开整体性作用不强。

二是信息供给与群众需求不对称。近年来，各级政府主动公开了大量政府信息，但是仍然不能满足群众需要。尤其是一些政策文件，内容较为专业，群众理解有偏差，影响政策的落地。同时，基层政府在公开过程中还存在部分领域不全面、不具体，公开内容与群众实际需求不一致的情况，只公开结果，不公开过程，不能很好地满足群众对政府信息的参与、表达、监督。在实际工作开展中，还存在以宣传代替公开的情况。

三是队伍建设与工作要求不匹配。政务公开是一项统领全局的工作，政策性强、涉及面广，需要专业且稳定的工作人员队伍。但是由于镇街一级工作多、任务重、人员少，政务公开工作人员都是身兼数职，对工作的认识和理解仅仅停留在落实上级文件要求、工作要求上，对公开工作的理解不够深入，独立思考不够。直接导致街道和村居政务公开工作人员在政策宣传、群众问题解答上力不从心，难以满足群众需求。有时还由于人员频繁流动，容易导致工作衔接不到位，“传帮带”作用无法充分发挥，政务公开工作往往存在脱节、脱管的问题，政务公开效能较低。

五 进一步深入推进政务公开工作的建议

一是强化公开思想观念认识。继续压紧压实政务公开相关责任，以公开促落实，以公开促规范，以公开促服务，把政民互动作为基本形式，把公开透明作为基本原则，基层政府应基于基层实际，探索更加便民、利民的公开方式，满足基层不同群体对政府信息的需求，变“人找信息”为“信息找人”，让更多群众参与、了解政务公开，用“接地气”的方式搭建政府与群众之间的沟通桥梁，增进彼此了解与互信，确保群众看得到、听得懂、能监督，使基层政府更加富有公信力、凝聚力和执行力。

二是提高政府信息供给质效。有效整合各类政府信息资源，确保法定主动公开的内容全部公开到位，加大与群众之间实现信息共享的力度，同时，持续深化重点领域信息公开，聚焦当前中心工作和涉及社会公众利益、社会高度关注的领域，及时了解群众需求诉求，不断完善公开目录和公开清单，及时、全面、高质量发布相关信息。加强网上互动交流渠道建设，聚焦群众所想所盼，搭建收集民意、凝聚民智的沟通交流平台，开设“留言板”“意见征集”等形式丰富的渠道，促进与群众互动交流。

三是强化政务公开队伍建设。各级政府要结合实际，紧扣薄弱环节，认真组织开展政务公开业务培训，持续优化培训内容，不断提升政务公开工作队伍的整体水平和专业化水平。要求各级工作人员持续强化有关专业理论和政策文件的学习和业务研究，深化对政务公开工作的认识，加强有关专业知识的积累，理解政策文件的内涵及准确把握政策执行的标准和方法，不断提升工作开展的水平。

第五编

政策解读创新
推进政务公开建设

数字政府视野下的成都惠企政策公开实践

高永泽　田　蒙　徐　霁*

摘　要： 惠企政策公开不仅是政府提高公开透明度、增进公信力的重要手段，更是提升政务服务能力、优化营商环境的关键措施。针对近年来惠企政策“找不到、读不懂、办不了”等痛点、难点问题，成都市结合惠企政策运行实践，以推进惠企政策规范、集成、精准公开为切入点，探索做好惠企政策全生命周期管理，把公开理念贯穿惠企政策执行全过程，以此提升数字政府建设下政务公开的科学化、精准化、智能化水平。

关键词： 政务公开　惠企政策　数字政府

一　引言

政务公开对于发展社会主义民主政治，提升国家治理能力，增强政府公信力执行力，保障人民群众知情权、参与权、表达权、监督权具有重要意义。国

* 高永泽，成都市发展和改革委员会营商环境建设处处长；田蒙，成都市城市运行和政务服务管理办公室政务公开处副处长；徐霁，成都市经济发展研究院智慧治理研究所所长。

务院办公厅在《关于全面推进政务公开工作的意见》中明确提出要提高信息化水平，积极运用大数据、云计算、移动互联网等信息技术，提升政务公开信息化、集中化水平。其中，政策公开是政务公开的重中之重，使群众知晓、理解政策并配合执行好政策，是政务公开最根本的初心使命，也是政府治理的重要一环。四川省人民政府办公厅印发的《2023 年全省政务公开工作要点》特别强调了涉企政策公开的重要性，提出要提高政策透明度和获取便利度，为企业创造更加清晰、透明的政策环境。惠企政策作为政策体系中的关键组成部分，对于良好营商环境的构建，促进企业的生存和发展至关重要。《四川省惠企政策“直达快享”实施方案》明确要求坚持企业需求导向，推动惠企政策事项标准化、服务流程规范化、兑现方式便利化。

在此背景下，为规范政策制定、公开、实施工作，成都市以惠企政策为切入点，提出惠企政策全生命周期管理理念，实行政策制定、发布推送、申报兑现、评估问效全流程管理，保障政策制定、公开和实施全环节“对象明确、标准清晰、申报便捷、流程精简、兑现高效”，进一步深化政务公开、助力优化营商环境。

二 主要做法和经验

为推动政务公开的数字化转型，进一步发挥政务公开在优化营商环境中的作用，成都市坚持从企业需求出发，通过做好政策制定全生命周期管理、政策实施科学精准公开和政策执行全过程监督问效，提升惠企政策公开质效，助力企业“知政策、懂政策、享政策”。

（一）探索惠企政策全生命周期管理

政策制定的规范标准对于保障政策的有效实施、提高政策质量有着重要作用。成都市出台《成都市惠企政策全生命周期管理办法（试行）》，明确政策酝酿、制定、发布、解读、推送、兑现、评估等政策服务全流程各环节的制度性要求，实现惠企政策全生命周期规范化、标准化管理。

1. 把政策测算作为惠企政策公开的前置条件

政策测算作为政策制定过程中的一个重要环节，其目的在于通过深入调研、数据分析以及专业测算，确保政策的有效性和针对性，避免政策资源空转。针对部分政策制定不精准、执行难量化问题，成都市明确提出在政策制定环节开展政策测算工作，明确测算依据及规则，从政策主体、政策资金来源及需求总量、制定部门资金分担比例等方面进行测算，充分论证了政策制定必要性、实施可行性和财力可承载性。一是政策惠及主体测算。开展调研摸底和数据分析，重点关注政策将惠及的经营主体数量及其构成，精准定位目标群体，提高政策的针对性和有效性，确保政策能够覆盖到真正需要支持的企业。二是资金需求总量测算。对政策的资金需求总量进行精确测算，明确政策资金来源、资金是否有所保障，以及是否能够满足经营主体的实际需求，避免出现政策出台后配套资金不足、助企效率不高等问题。三是部门的资金分担比例测算。明确各部门在政策实施过程中的资金分担比例，厘清各部门之间的责任划分，确保政策出台后部门间形成合力共同推动政策实施，避免部门在资金分配上出现推诿扯皮现象。

2. 把联合审查作为惠企政策公开的必要条件

决策公开是政务公开的重要环节之一，它不仅是强化政策统筹、确保同向发力的关键手段，也是提高政府治理能力和社会满意度的重要途径。成都市在推进决策公开的过程中，建立政策联审机制，对新出台的惠企政策必要性、制定规范性、实施可操作性、预算可承载性等方面进行多维度联合审查，对惠企政策的联审流程、联审机制、联审内容进行明确规定，确保相关政策的衔接性、协同性。

一是联审流程的无缝衔接。要求政策制定实施部门在提交决策程序前，必须先将政策草案提交至联审机构进行审查。联审流程中各个环节紧密相连，确保政策草案在各个环节中得到全面、深入的评估，各部门按照规定的时间节点和程序要求，完成各自的审查任务，推动联审流程的顺畅进行。

二是联审机构的紧密配合。建立跨部门、跨领域的联审机构，包括市发展改革委、市城运办、市财政局、市审计局等相关部门。联审机构成员之间应保持密切沟通，确保信息畅通，及时解决审查过程中出现的问题。各部门应根据自身职责和专业领域，对政策草案提出有针对性的意见和建议，共同完善政策内容。

三是联审内容的明确分工。对联审内容进行了明确分工，确保各部门在审查过程中能够聚焦自身专长和领域。市发展改革委负责对政策的出台必要性和规范性进行审查，确保政策在制定过程中充分考虑了社会、经济和环境等多方面的因素，以及政策与现有政策的协调性；市城运办则关注政策的精准性和上线运行的可操作性，确保政策在实施过程中能够顺利进行，并能够满足企业和公众的需求；市财政局和市审计局则分别负责审查政策涉及的财政投入和程序合规性，确保政策在制定和实施过程中遵循了相应的法律法规和程序要求。通过建立跨部门、跨领域政策联审机制，推动增强惠企政策制定的系统性、整体性、协同性，使各项惠企政策相互配合、相互促进。

3. 把实施细则作为惠企政策公开的必须要件

为进一步增强惠企政策的透明度和可操作性，保障政策从发布到落地实施能够无缝衔接，成都市要求在政策文件公开发布或生效时，同步公开实施细则作为必需要件，确保政策发布后能够落地执行，实现政策目标。

一是明确政策事项内容。在政策文件中清晰界定政策事项的内容及分类，使企业能够准确、快速地理解政策所涵盖的范围和重点。明确将惠企事项按照“免申即享”“易申快享”进行分类，“免申即享”类事项无须主动进行申报，而是由制定实施部门依据实施细则和业务数据，直接生成符合条件的支持对象名单；“易申快享”要求经营主体主动进行申报，按照申报受理、事项审批、资金兑现 3 个环节和规定时限开展工作。相较于传统的申报流程，其流程更加简化，审批时间大幅缩短，使经营主体能够尽快享受政策优惠。

二是落实部门责任。公开政策主管部门、责任处室及联系方式，便于企业在遇到问题时能够及时寻求帮助和解答。

三是规范惠企政策对象标准。在实施细则中明确企业的规模、行业、经营状况等标准，使企业可以更加准确地判断自己是否符合政策要求，从而有针对性地申请和享受政策优惠。

四是公开申报流程信息。在实施细则中明确申报条件、所需材料、申报时间、承诺兑现的时限以及审批环节和时限等关键信息，使企业可以更加清晰地了解申报的具体步骤和要求，减少因信息不透明而导致的申报失败和延误，确保企业在享受政策红利时能够明确自己的权益和义务。通过公开详尽明确的政策实施细则，使政策内容更加透明、企业能够快速定位和理解政策的核心内容，从而提高政策的可理解性和可操作性。

（二）做好惠企政策集中科学精准公开

针对惠企政策知晓查询不够方便、政策理解不够到位、申请流程不够便利等情况，按照《四川省惠企政策“直达快享”实施方案》中提出的“全量归集、政策解读、精准推送”要求，成都市推进市政府门户网站改版升级，联合媒体开展政策解读，优化“天府蓉易享”智能服务平台，推出“政策找企业主动推送，企业查政策智能推荐”特色应用场景，不断完善一站式发布机制，确保惠企政策的集中发布、高效传递和精准送达。

1. 把政府网站作为惠企政策集中公开的第一平台

在政策公开发布方面，成都市将市政府门户网站作为权威发布惠企政策的平台。通过开展门户网站全面改版工作，升级“天府蓉易享”平台，进一步提升惠企政策集成、规范、精准公开水平。一是在市政府门户网站开设“数字政府”专区，通过数据资源的整合共享和关联应用，实现“一网通办、一网公开、一键回应、一网监管”。在“一网公开”版块设置“成都市政策文件库”和“一件事政策服务集成”两大专栏。“成都市政策文件库”作为政策查询总入口，推动各区（市）县和市级部门有关于科技创新、产业升级、扩大内需、营商环境等多个领域的政策信息在市政府门户网站汇聚，按照政策层级、性质、文种、主题和特色进行细致分类，构建“分类分级、集中统一、共享共用、动态更新”的政策文件体系；“一件事政策服务集成”提供主题导航服务，实现政策信息的一站式公开发布、多站点共享。二是升级“天府蓉易享”智能服务平台，集成企业政策查找、申报、结果公示和政策推荐一系列功能服务，实现惠企政策信息一站式获取。平台设计充分考虑了企业的实际需求，涵盖成都市本级、区（市）县共 14 种类别的政策文件，并规定实施部门应在惠企政策文件印发后的 10 个工作日内在“天府蓉易享”平台上同步发布政策文件、实施细则和惠企事项申报指南，确保政策信息的及时性和准确性，易于查找、易于理解、易于应用。截至 2024 年 5 月，共涉及政策文件 2092 条，政策事项 2077 项，政策文件及可申兑事项全面覆盖。通过这些措施，成都市为企业提供了更加高效、便捷的政务公开体验。

2. 把政策解读作为惠企政策科学公开的关键环节

在政策解读方面，《成都市 2023 年政务公开工作要点》提出要做优做强主账号，发挥政务新媒体的矩阵联动效应，及时开展惠企政策解读和咨询答疑工作，实现政策公开从单向发布向双向互动的转变。一是建立线上政策解读矩阵。以市政府门户网站、“成都 12345” 微信公众号、天府蓉易办 App 为主阵地，联通多个市级部门和 23 个区（市）县微信公众号构建政务新媒体矩阵，通过线上渠道及时发布政策文件和解读材料，确保政策信息的全面覆盖和深度解读。2023 年共发布政策解读信息 1416 条，制作政策图解 20 期。如《成都市持续优化提升营商环境十大举措》发布之后，以“成都发布”“成都 12345”等为代表的政务新媒体同步发布针对该举措的“一图读懂”“文字解读”等多元化方式的解读，并提供公众评论区进行话题讨论，有效提升政策的传播影响力，构建出多平台、多维度的政策公开解读双向良性互动氛围。二是构建线上线下联动政策直播间。以“政策直播间”拓宽政策公开维度，邀请政策制定部门走进直播间，利用政策直播间开展“企业税费政策”“成都市 12345 亲清在线直播间——惠企政策青松享”“人才政策”等系列主题政策解读，联动多个区（市）县融合电视、电台、微信公众号、抖音号、政务 App 等多种媒体渠道，为惠企政策提供定向解读和推送服务，帮助公众更好地理解和利用优惠政策。通过多元化的政策传播渠道和解读互动方式，成都市提升了政策信息的传播速度和覆盖范围，增强了公众参与度和互动性，实现政策信息立体化公开。

3. 把智能应用作为惠企政策精准公开的重要手段

成都市通过政策、企业“双画像”等智能化手段，不断提升政策公开和政策兑现服务效能，确保企业能够高效便捷地享受政策红利。一是惠企政策“直达快享”。依托“天府蓉易享”平台，对企业社会信用代码、法定代表人、经营信息、行业分类等信息统一归集，建立“一企一档”企业信息库，对企业进行精准画像。同时将政策文件梳理配置成企业可以直接申报的政策事项，对政策进行精准画像，通过“双画像”比对匹配，找到符合享受条件的企业，主动通过短信、站内信等方式将政策与在线兑现渠道精准推送至企业，提升政策兑现率、快申快享率，扩大企业惠及面。二是政策制定部门主动推送。全面压缩政策推送时间，要求惠企政策的制定和实施部门应在惠企政策申报前 5 个工作日内，依托“天府蓉易享”平台和企业服务体系，向相关经营主体推送相关的惠企政策和事项，并提供一对一咨询指导服务。通过主动推送使企业及时了解和掌握政策信息，提前做好申报准备，提高申报的成功率。三是惠企政策定制化推送。通过深化数据算法，创新线上精准推送方式，在“天府蓉易享”平台中增设政策智能推荐功能，企业只需输入企业名称，即可生成企业专属政策列表，提供定制化的政策推送服务，满足企业的个性化政策需求。企业可以一目了然地看到各项政策的最高奖励金额，实时了解哪些政策正在申报中，哪些政策申报已经结束，以及哪些政策即将开始申报。这种转变极大地提高了政策获取的便捷性和效率，实现了企业获取政策从传统的“按需查找”向“智能推荐”模式的转变。

（三）把公开理念贯穿惠企政策执行全过程

成都市坚持把公开理念贯穿惠企政策线上申兑、线下服务全过程，并对政策执行进行监测，确保惠企政策的高效执行和公平实施，提升企业获得感。

1. 线上申兑全流程透明

为进一步优化政策申兑流程、节省企业申兑时间，成都市采取创新举措，将政策类别划分为“免申即享”和“易申快享”两类，并对申请事项进行区别拆分，重新设计惠企政策的申兑流程并强调兑现时限要求。这一改革的核心在于将原本较为烦琐的申请流程简化为更加清晰且易于理解的步骤。每一个步骤都配备了明确的操作指南和预期结果，确保申请者能够轻松、快捷地完成申请过程。以“免申即享”政策申兑流程为例，成都市将其优化为“名单确定—事项审批—推送确认—资金兑现”4个环节。在名单确定阶段，成都市利用信息技术手段，通过系统数据比对企业库和政策库，自动筛选出符合政策条件的经营主体，生成拟支持名单。这一环节确保了信息的准确性和一致性，提高了政策执行的精准度。在推送确认阶段，成都市要求制定实施部门在完成最终审批流程后10个工作日内，依托“天府蓉易享”平台和线下企业服务体系，向经营主体定向推送惠企事项兑现提醒信息。这一措施确保了信息的及时性和针对性，使经营主体能够第一时间了解到自己的奖补支持情况。同时，通过“天府蓉易享”平台，经营主体可以方便地对是否接受奖补支持进行意愿确认，并对收款账户信息进行补充或确认。在资金兑现阶段，制定实施部门在经营主体完成意愿和信息确认后3个工作日内，会同财政部门将资金直接拨付到经营主体账户，并将兑现名单上传至“天府蓉易享”平台。通过这一系列的改革和优化，成都市不仅提高了政策申兑的便利性和效率，还进一步强化了政策申兑过程的信息公示公开。申请者可以清晰地了解到政策申兑的每一个步骤和进展情况，增强政策执行的透明度和公信力。

2. 线下服务全方位保障

在数字化时代，虽然网络平台在政务透明化和企业政策服务方面扮演重要角色，但政策服务线下渠道作为传统服务窗口的延伸和补充，仍然具有不可替代的作用。成都市依托线下政务服务中心，设立政策服务专窗、编制政策申兑指南、开展政企交流，确保政策服务的全面覆盖与深度落实。

一是设立政策服务专窗。成都市在市、区（市）县两级政务服务中心设立“惠企政策服务专窗”，并鼓励相关部门进驻，提供惠企政策的统一咨询、受理和办理服务，让企业只进“一扇门”，为经营主体提供一站式、全方位的服务支持，提高政策实施的准确性和有效性。

二是制定政策申兑指南。政策实施部门制定并公布本领域的政策申兑指南，详细列出各项政策的申请条件、办理流程、所需材料等相关信息，使企业在申请政策时能够做到心中有数，有据可依。如成都市新都区推行“政务公开＋营商环境”为模式的专区建设特色，在“政务公开＋营商环境”综合服务专区叠加“企业管家工作室”“党员先锋示范岗”等服务功能，梳理印发包含165条优惠政策的《成都市新都区申请政策补贴办事指南汇编》。

三是开展政企交流。如四川天府新区建立“一企一专员”工作制度，为企业获取政策提供“面对面”解读、“点对点”辅导；成都市新津区推出了“蓉易见·政商恳谈会”“蓉易见·津商茶叙”、周三企业服务日，以及区级领导联系服务企业等新举措，面对面和企业沟通交流，“零距离”收集诉求建议，做到当天交办、一周回复。

3. 运行成效全过程监测

为了确保惠企政策的有效执行和公平实施，成都市政府采取一系列措施来增强透明度、接受公众监督，并加强执行监督。

一是加强实施监测。制定实施部门依托“天府蓉易享”平台对本部门的政策执行情况进行监测，强化企业信用分级分类监管和信用画像在惠企政策中的应用，收集和分析政策执行过程中的数据，了解政策实施的效果和存在的问题。同时，实行全过程留痕、可追溯管理，确保政策执行的每个环节都有记录可查，为后续的监督和评估提供有力支持。

二是设置资金兑现黄红灯预警机制。“天府蓉易享”平台管理部门对惠企事项的兑现情况进行实时监控，并设置黄红灯预警机制，当某个事项的兑现进度出现延迟或问题时，平台将自动触发黄灯预警，提醒相关部门和人员关注并处理。如果问题得不到及时解决，系统将自动升级为红灯预警，并通知更高层级的领导或部门介入处理。通过预警机制及时发现和解决问题，确保政策能够落到实处。

三是健全执行监督机制。成都市对政策执行情况进行跟踪问效，包括设立专门的监督机构或部门，对政策执行情况进行定期检查和评估。同时，建立举报和投诉渠道，鼓励企业和群众对政策执行过程中的问题进行举报和投诉。通过政策执行公开和监督，增强政策执行的透明度，确保政策能够真正惠及企业。

三　数字政府视野下的政务公开数字化转型思考

随着数字政府建设的推进，政务公开的深度与广度持续提升。在政府数字化转型的大背景下，如何用好、用准、用实数据，充分发挥数据在政务公开各个环节中的关键作用，进一步推动政务公开数字化转型，值得深入探讨和思考。

（一）数据分析为科学制定政策服务

在政策制定的关键环节中，运用大数据进行政策分析和研判已成为提升政策有效性和针对性的重要途径。传统的政策制定虽然通过政府机构或组织内部会议、研究和讨论形成政策草案，并借助意见征集、信息公开、听证制度等方式增加了公众参与和政策制定的透明度，但其在数据驱动和政策测算方面仍有待加强。因此，在政策决策前，应善用现代信息技术开展深入的政策研制工作，对政策公开征求意见留存的反馈意见数据、企业政策申兑留存的政务服务数据等多维度信息进行深入挖掘和分析，揭示政策拟定、执行过程中可能存在的问题，从而帮助政策制定部门更加精准地把握政策实施的方向和重点。同时，构建预测模型，对政策实施后可能产生的社会、经济、环境等方面的影响进行前瞻性的预测和评估，以提供科学依据和决策支持。通过这种方法，可以确保政策制定更具前瞻性、科学性和针对性，更好地满足社会发展和公众需求，实现政策目标的有效达成。

（二）数据画像为精准推送政策服务

政策的精准推送能够将政策信息快速传递给目标群体，减少政策落地的时间和成本。在传统的政策发布过程中，发布的方式较为单一，即政策制定完成后，通过官方渠道向公众发布，然后公众自行获取并解读政策。然而，这种方式存在政策传递的时效性不强、公众对政策理解程度不一等问题。因此，政府部门应抓住目前数字政府建设机遇，适当采用技术手段优化政策的推送和解读工作。一方面，政府应推进不同部门之间的数据共享和协同工作，建立统一的政策推送平台，优化政策推送机制。通过数据分析和人工智能技术，识别不同行业、企业类型、人员身份等细分推送对象，并全面梳理辖区内符合条件的企业或应享未享的企业，通过筛查确认，确定企业名单。在政策精准推送过程中，政府可以充分利用政务数据，为企业精准“画像”，实现自动识别、“点对点”精准推送。另一方面，政府应积极构建政务新媒体矩阵，创新解读形式、拓宽互动渠道、畅通反馈机制、分析解读效果，不断提升政策解读的质效。

（三）数据算法为政策便捷执行服务

在当前信息化快速发展的背景下，数据资源的有效利用能够极大地提升政策执行的效率和效果。传统政策申兑执行涉及多个环节，包括政策了解、申请表格填写、材料准备、提交审核、人工审批等流程较为烦琐，影响政策支持的及时性和有效性。通过合理化运用数据和智能算法，能够优化政策申兑流程，提高公共服务效率，使企业享受到更加便捷、高效的服务。在政策拟支持企业名单确定环节，充分利用数据比对技术，精准分析企业数据与政策要求的匹配度，实现名单的自动化筛选和精准确定，提高效率的同时也确保名单的准确性和公正性。在材料审查环节，构建政策智能评审算法模型，结合线上自动评审与专家人工评审的方式，形成科学、高效的评审机制，确保评审环境的公正性和评审结果的公平性。在资金拨付环节，基于后台大数据，通过政策拨付计算模型，精确计算出符合惠企政策条件的企业应获得的拨付金额，确保拨付金额准确性的同时提升资金拨付的效率。政府数字化转型下的政策执行将呈现更加智能化的趋势，智能化的政策执行将使政府能够更好地应对社会经济发展的变化，提供更加精准个性的服务，提高公民和企业的满意度。

顺应数字化发展趋势，优化政策公开、解读、推送、申报服务，变“人找政策”为“政策找人”，这不仅是技术进步的必然结果，也是政府适应新时代要求、提升治理能力的必然选择。然而，这一转型过程也伴随着挑战，包括数据安全和隐私保护等问题。在推进政务公开数字化转型的过程中，政府需要确保技术的合理应用，保护公民各项合法权益，同时提供足够的资源，促进形成数字治理新格局，提升政府履职科学化精准化智能化水平。

安徽省宿州市 “局长给你讲政策”视频直播解读的探索与实践

张　瑞*

摘　要： 随着信息技术的发展，新媒体成为企业群众获取政府信息的重要途径。长期以来，政策语言专业术语较多、解读形式比较固化，影响了政策的触达度和知晓率，一定程度上违背了政策出台的初衷。因此，探索出一条推动惠企便民政策有效落实的解读路径迫在眉睫。宿州市探索开展“宿政速说·局长给你讲政策”直播解读系列活动，邀请部门负责人走进抖音直播间解读政策，增强了政策解读的权威性，提高了政策知晓率，为走好新时代网络群众路线作出了有益探索。

关键词： 政策解读　视频直播　互动答疑

为深入贯彻落实中央关于运用信息化手段推进政务公开工作的要求，自2023年6月以来，宿州市开展了“宿政速说·局长给你讲政策”直播解读共10期，邀请市直部门负责人走进“宿州发布”抖音直播间解读政策，解读热点惠企便民政策500余条，观看人数累计80000余人次，用视频直播“流量”

* 张瑞，安徽省宿州市人民政府办公室政务公开办主任。

赋能政策解读质量，有效提升了政策触达度和知晓率。

一 视频直播解读的实践与意义

（一）数字技术为视频直播解读提供了技术支撑

2024 年 3 月，第 53 次《中国互联网络发展状况统计报告》显示，截至 2023 年 12 月底，中国现有互联网用户 10.92 亿（手机网民 10.91 亿），普及率达 77.5%，网络视频用户规模 10.67 亿，占网民总体的 97.7%，有 37.8% 的人第一次上网时使用的是网络视频应用。政务抖音作为政府开展行政工作和政务服务的新平台，政府部门可以依托它更加便捷、有效地发布政府信息、提供政务服务、回应社会关切。相对于微博、微信而言，抖音操作更加容易，更容易被用户群体接受和使用。抖音的出现给公众提供了一个新的参政议政平台，这个政务传播工具能够极大地提升公众参与政府决策、公共事务的积极性；公众获取政府信息、参加公共事务的途径也显著拓宽。

（二）顶层设计为视频直播解读提供了政策依据

2018 年 12 月底，国务院办公厅印发的《关于推进政务新媒体健康有序发展的意见》（以下简称《意见》）中“推进政务公开，强化解读回应”部分指出，应积极运用政务新媒体传播党和政府声音，做大做强正面宣传，巩固拓展主流舆论阵地。做准做精做细解读工作，注重运用生动活泼、通俗易懂的语言以及图表图解、音频视频等公众喜闻乐见的形式提升解读效果。“宿政速说·局长给你讲政策”视频直播解读，适应时代发展下需要充分利用政务抖音解读企业、群众关心关注的政策，是对国办《意见》的贯彻落实和积极回应，是践行新时代网上群众路线的一次有益尝试。

（三）公众参与为视频直播解读提供了探索动力

人民日报、央视新闻、共青团中央、四川观察等抖音账号粉丝数量多达几千万，甚至过亿，单条视频的播放量可达数亿人次，在信息传播方面占有极大优势，成为公众认识政府部门、获取官方信息的重要渠道和窗口。政务抖音视频采用轻松活泼的网络用语，改变了往日严肃的表述风格，增添了许多亲民色彩，更容易拉近公众的心理距离，带来了新体验。依托政务抖音的特点和优势，扩大公众的参与度，对提高政策的到达度和知晓率具有重要意义。

（四）“直播带货”为视频直播解读提供了参考案例

近年来，很多地方官员纷纷走进抖音直播间，化身“主播”“网红”，如四川甘孜旅游局局长刘洪、新疆昭苏副县长贺娇龙等，为当地的特色农产品、文旅资源“代言”，取得了很好的“带货”效果，这就为抖音视频直播解读政策提供了参考。部门负责人如果可以参照“直播带货”模式进行“直播带策”，凭借别出心裁的政策视频直播解读模式、自然亲民的解读风格，同样能够吸引大量网民，让人眼前一亮，具有成功的可能。

二 宿州市“局长给你讲政策”主要做法

（一）精心组织，以保障促落实

一是广泛征集主题。围绕出台的重要文件，聚焦金融服务、减税降费、招生入学、社会救助、优生优育等领域，开展视频直播政策解读系列活动。政策涉及部门也可根据对应时间段企业、群众关心关注的热点、难点问题自选主题，进行视频直播解读，推动政策落地见效，真正走进企业、深入人心。

二是明确责任分工。主办单位负责直播活动的策划、组织、实施，并对直播活动进行指导、协调；承办部门负责相关政策的情况介绍、脚本撰写、视频直播等工作；视频制作专业机构负责直播活动的宣发、录制等工作；网信部门负责舆情监管工作，直播前进行风险提示，规避可能引起的舆情风险。

三是集体研究会商。为保证直播解读效果，主办部门成立了视频直播解读活动领导小组，在开播前组织相关部门召开协调会、会商会、推进会等研究政策解读脚本、直播中可能出现的问题及应对措施。提前 1 天在全市政务新媒体发布并置顶直播预告，便于群众及时观看解读视频、了解相关政策。

（二）视频直播，以流量促质量

一是新媒体发出好声音。发挥市级新媒体平台的“流量”优势，依托

“宿州发布”抖音平台开设“宿政速说·局长给你讲政策”直播栏目，充分借鉴企业、群众喜爱的“直播带货”网络宣传形式，定期邀请政策涉及部门负责人走进直播间开展政策解读。与其他视频直播不同的是，局长直播不带货，只给大家讲政策，赢得了广大网友的一致好评。

二是负责人讲出权威性。邀请政策制定部门负责人进入“宿州发布”抖音直播间，聚焦企业、群众关注的痛点、堵点、难点，围绕政策文件出台的背景依据、主要内容、政策举措、适用对象、办理程序等实质性内容，通过与网友实时互动、在线答疑解惑，有效避免了自媒体曲解误读。

三是互动性扩大传播力。“宿州发布”抖音直播间，政民互动性更强，社会关注度更高，网友可以在评论区留言，解读人实时解答网友提问。招生入学、金融惠企、医保惠民等政策直播解读，通过全市 180 多家政务新媒体转发直播预告，视频解读单场最高浏览量超过 20000 人次，点赞互动 5000 余人次，推动各类惠企便民政策有效落地落实。

（三）跟踪解读，以服务促提升

一是“集成式”解读。将减税降费、教育招生、金融服务等涉及民生保障和经济发展领域政策进行集成式解读，对国和省、市同一主题政策做归集整理，实现一窗展示、同步更新，重点解决政出多级、多门情况下的查找难等问题，方便企业、群众更便利地获取相关主题的全量信息。

二是“专题式”发布。在“政府信息公开”专栏“政策解读”中，分领域展示“宿政速说·局长给你讲政策”直播解读视频和文本。解读中一般不少于 30 个热点难点问题，一问一答的解读形式，更加便于企业群众“一站式”获取政策信息。

三是“保姆式”答复。在视频直播解读过程中不能现场提供政策咨询答复的，后台工作人员会第一时间与留言网友进行私信联系，及时了解实际情况，提供便捷高效的政策咨询服务。同时，安排专人统计网友评论区留言，掌握社会公众对政策关注的核心内容，便于进行跟踪解读。

三 视频直播解读的经验启示

（一）创新解读形式，有利于提高政策文件知晓率

2023年安徽省政务公开重点工作任务清单中关于“深化政策解读”明确提出了要利用新媒体对重要政策进行解读，提高政策到达率和知晓度。随着信息技术的飞速发展，政府信息公开方式也要与时俱进作出相应的改变。在夯实政府门户网站这个政府信息公开主阵地的同时，进一步拓展公开新阵地，创新利用“宿州发布”抖音号开展政策解读，一定程度上满足了移动端用户获取政府信息的需求。比如，同一条政策解读预告信息，在门户网站浏览量仅有几百人次，在“宿州发布”微信公众号却可达几千人次，而“宿州发布”抖音号中则高达几万人次。政务新媒体在政策解读中的运用，既提高了公众获取政策信息的便利性，也提高了政策解读的传播力。

（二）领导带头解读，有利于打造学习型干部队伍

“宿政速说·局长给你讲政策”视频直播解读活动以来，共有10位市直部门的分管负责人走进“宿州发布”抖音直播间解读相关领域政策，回答网友提问。在走进直播间之前，解读人要对解读领域现行有效政策、办理流程进行全面的梳理，并熟记于心才能在线解读政策、解答提问。比如，社保缴费、医保惠民、招生入学等领域政策，涉及千家万户，网友的提问五花八门，各种具体情形都有可能出现。市税务局、市医保局、埇桥区教体局分管负责人每场在线回答网友提问50人次以上，取得了良好的解读效果。“宿政速说·局长给你讲政策”视频直播解读，促使解读人必须学习政策、掌握政策、熟记政策，既有利于提高政策解读的权威性，也有利于打造一支学习型、业务型干部队伍。

（三）官方权威发声，有利于抢占新媒体舆论阵地

习近平总书记多次强调，善于运用网络了解民意、开展工作，是新形势下领导干部做好工作的基本功。“宿政速说·局长给你讲政策”视频直播解读，

分管负责人“现身说法”，实时与网友互动，打破了领导干部给人“高高在上”的传统印象，更加亲民、“接地气”。视频直播解读不仅解决了政策解读权威性的问题，还更加有力地规避了自媒体对政策的曲解误解引起网络舆情的风险；例如，2023 年中小学招生方案出台后，很多自媒体在抖音上解读相关政策，其中对埇桥区户籍中小学生入学是否需要迁户口问题进行了错误解读，误导了部分学生家长，为全市招生入学工作带来了不小的麻烦。2023 年 6 月 27 日，宿州市人民政府办公室邀请宿州市和埇桥区教体局相关负责人，以主播身份走进“宿州发布”抖音直播间主动辟谣，为全市学生家长提供了最权威、最全面的招生入学解读信息，有效化解了一场网络舆情风险。

（四）实时在线互动，有利于增强社会公众参与度

随着信息技术的发展，政府信息发布逐渐从单向传播变为双向传输，政务信息公开透明化也成为社会各界的共识，公众参与渠道也越来越宽。公众本能上对政府有信任之感，当然也更加相信和认同官方账号发布的政策解读内容，尤其是部门负责人视频直播解读。“宿政速说 · 局长给你讲政策”除了解读政策外，还积极与网友在线交流，广泛听取群众的声音，回应公众关切，解答网友疑问，充分发挥抖音平台开展政务公开工作的优势，更好地履行政府职能，增强公众参与度。例如，垃圾分类政策解读专场直播中，网友对碎玻璃、面膜、废旧电池等生活垃圾属于哪类垃圾、该如何分类处理关注度较高，解读人在直播中逐一进行了回应，促使垃圾分类政策深入人心。同时，有网友在评论区留言想了解其他方面的政策，为下场直播主题选择提供了参考。

四　当前政策解读存在的主要问题

（一）政策解读渠道比较单一

政策解读发布渠道比较单一，政府门户网站作为政策解读的权威发布渠道，解决了政策解读的权威性问题。但随着信息技术的发展，移动端用户数量远远超过 PC 端用户，社会公众更愿意通过便捷高效的移动端获取信息，从而导致政府门户网站政策解读浏览量很低。即使是大家关注的招生招考政策、惠

企便民政策，在 PC 端的浏览量也不及移动端的零头。用户浏览量与政策解读的触达度和知晓率密切相关，实践证明移动端比 PC 端在提高政策触达度和知晓率方面更具优势。

（二）政策解读形式不够灵活

政策解读形式主要以文字解读、图片解读、新闻发布会等解读形式为主，动漫视频解读制作成本较高，很难广泛使用，而在现实中专家解读、负责人解读又很难有效落实。文字解读对文件起草背景依据、起草过程、主要内容、保障措施等要素规定比较机械，导致部分文字解读比较冗长，同时罗列小标题、照抄原文件的问题不同程度存在。图片解读对解读材料要求更高，在有限的版面内简明扼要地解读政策核心信息，实际上图片解读内容与文字解读内容雷同情况较为普遍，解读质量不高。新闻发布会报批审核、执行过程要求比较严格，在现实中解读效果也不是很理想。

（三）互动反馈渠道有限

当前政策传播主要是双向不对称模式，即政府高度垄断政策传播的资源，以强势向社会公众（目标群体）传播政策的目标、内容、宗旨和精神等。由于缺乏有效的信息反馈通道，社会公众对政策执行的评价与意见很少能够进入政策系统。虽然政策解读后会附上政策解读部门联系人、咨询电话，但现实中相关部门很少接到公众电话咨询。一方面网站政策解读浏览量少，另一方面与电话咨询相比公众更喜欢网络留言，这就容易导致政策系统掌握反馈信息较少，影响政策根据公众真正需求实事求是地修订和落实。

（四）跟踪解读不够到位

按照规定政策发布 3 个工作日内，政策解读材料要同步发布，目前这一要求基本能够有效落实。但是有些公共政策时间跨度时间较长、涉及面较广，在执行过程中可能会根据实际需要对政策作出相应的调整，这就需要政策制定部门要对政策进行跟踪解读，向目标群众说清楚政策调整的原因、内容及执行要求等核心内容，争取公众对政策执行的支持。可在实际工作中，基本上是政策发布时进行一次性解读，跟踪解读很少，这在一定程度上可能会影响政策执行效果。

五 关于视频直播解读的建议

（一）精选主题，提升内容实用性

在这个信息爆炸和时间碎片化的时代，只有优质作品才能抢先吸引到公众的眼球。就政策解读主题而言，可以多发布一些社会关注的热点事件相关政策和群众生活密切联系的实用性内容，在能满足社会大众好奇心和办事需求的同时，主动回应公众关切。抖音视频的推荐机制基于用户浏览时长、关注、评论、点赞和转发等因素综合分析后进行智能推送，所以视频内容越好、质量越高，越容易被推送给更多的网友，越有利于政策的宣传落实。另外，抖音平台用户群体具有年轻化的特征，视频指标解读要想吸引粉丝并通过粉丝评论、转发扩大影响力，还需要针对这一群体的心理需求来选择内容。

（二）建设阵地，扩大直播覆盖面

目前，直播间和技术保障均由第三方提供，阵地不固定、效果难保证。建议在市县政务服务中心大厅政务公开专区建设标准化、规范化政务直播间，培养一支素质高、技术好的保障队伍，推动“局长讲政策”与“局长走流程”“科长（股长）比业务”等工作相互融合。当政策制定出台后或办事流程更新后，请部门负责人、科室负责人走进直播间第一时间解读政策、演示办事流程，开展“直播带政策”“直播带服务”，为企业、群众带来更加便捷高效的解读和办事服务。

（三）优化方式，加强解读实效性

目前，视频直播解读政策优点和缺点都很明显。优点是政策全面，解读基本涵盖了国家和省、市三级相关领域现行有效政策；缺点是视频太长，每场时长基本在45—75分钟，视频回看和公开文本都比较长、内容比较多，公众很难从中快速地获取想要的信息。建议在做好“局长给你讲政策”直播解读的基础上，鼓励政策制定部门聚焦公众关注的热点、难点问题进行颗粒化视频解读，便于公众精准高效地获取政策和办事流程信息。

（四）主动回应，增强公众参与感

目前，视频直播解读还处于探索阶段，少数分管负责人作为主讲人仍停留在“自说自话”的层面，没有真正适应“政策主播”身份，与网友在线实时互动做得还不够亲切自然。建议在今后的直播中，政策解读人要进一步提升学网用网能力，练就过硬本领，真正将政策内容、办事流程烂熟于心，转化成网友能够听懂的语言，加强与网友的在线互动，主动回应公众疑问，增强公众的参与感、获得感。

（五）加强推广，提高账号关注度

由于抖音视频直播解读政策形式较为新颖，很大一部分人群还不熟悉它。各级政府部门应尽可能通过电视新闻、广播报刊、微信等渠道和其他媒体平台多渠道、多角度加强对政策解读抖音账号的宣传推广，鼓励公众多了解、多关注官方抖音账号，从而推动官方政策解读账号的有效渗透，提升账号关注度。账号粉丝量越多，政策解读的覆盖面就会越广、知晓率就会越高。

（六）生动表达，增加解读趣味性

当前部门负责人视频直播解读政策语言表达有些“官里官气”，还没有充分运用网络语言拉近与网友的距离。建议视频直播解读人在保证政策内容“不走样”“不跑偏”的同时，将政策解读转化为典型案例、知识普及等，再灵活运用幽默风趣的网络语言，增加政策解读的趣味性，吸引更多的网友关注政策、了解政策，让视频直播解读既有用又有趣。

广州市海珠区政府探索推出“订制式”基层政策宣讲服务模式

探索打造政务直播间政策宣讲新模式课题组*

摘　要： 为践行“以人民为中心”发展理念、贯彻“以公开促服务”工作要求、营造“以法治解难题”良好氛围，广东省广州市海珠区政府探索推出“订制式”政策宣讲服务模式，构建“宣讲主题广泛搜集—专业队伍权威解读—宣讲渠道立体搭建—政策辅导闭环服务”机制。该机制具有针对性强、实用性强、互动性强的亮点，实践效果明显。下一步，海珠区将借助信息科技逐步推动宣讲智能化与方式多元化，切实提高政策宣讲实效，促进惠民利企政策生效落实。

关键词： 政务公开　基层政策宣讲　政务直播间

基层政策宣讲是基层政府信息和政务公开工作的重要组成部分，是基层政府履行公共教育职能的重要方式之一，也是打通惠民利企政策落地见效“最

* 课题组负责人：王惠杰，广东省广州市海珠区政务服务和数据管理局党组书记；魏丽萍，广东省广州市海珠区政务服务和数据管理局三级调研员。课题组成员：张莹、梁芷珊、黄子聪。执笔人：张莹，广州市海珠区数字政府运营中心综合部副部长；梁芷珊，广州市海珠区数字政府运营中心工作人员。

后一公里”的重要举措。为了让公众更好地理解、掌握和运用政策，提高对政策的认同感和执行力，扎实有效推动各级政策落实落细与进一步完善，广东省广州市海珠区（以下简称海珠区）坚持以人民为中心、以需求为导向、以效果为评价、以创新为动力，探索推出“订制式”基层政策宣讲服务模式，以更喜闻乐见的形式、更立体全面的渠道、更深入浅出的方式、更精准闭环的服务，将政策决策等信息“送”至公众手上。

一 推出“订制式”基层政策宣讲服务模式的背景

（一）海珠区聚焦基层政策宣讲的重要意义

1. 践行“以人民为中心”发展理念

党的十八大、十九大及二十大报告均指出，发展全过程人民民主，巩固基层政权，完善基层民主制度，保证权力正确运行，需要保障公民的知情权、参与权、表达权、监督权，而知情权是参与国家事务和公共事务管理的基础。做好基层政策宣讲工作是坚持以人民为中心发展理念的实践彰显，是保障公民知情权的实现路径，是推动公民参与权、表达权和监督权有效落实的重要保障。多年来，海珠区坚持“从人民群众中来，到人民群众中去”的工作理念，不断深化基层政策宣讲探索。各单位主动进楼宇、进园区、进社区、进企业，通过问需求、搭平台、拓渠道等形式，建强基层政府与人民群众间沟通联系的桥梁纽带，充分了解人民群众所思所想所盼，也让人民群众更全面了解国家发展状况、政府工作情况，更好参与和监督政府施政，更实在地共享社会发展红利。

2. 贯彻“以公开促服务”工作要求

《关于全面推进政务公开工作的意见》提出，政务公开工作要坚持“紧紧围绕经济社会发展和人民群众关注关切，以公开促落实，以公开促规范，以公开促服务”的基本原则，推动打造法治政府、创新政府、廉洁政府和服务型政府。海珠区一体推进、做优做细政务公开和“放管服”改革等工作，以政府职能转变动态调整政策宣讲为着力点，围绕大力推进“百县千镇万村高质量发展工程”及做好经济高质量发展、城中村综合提升、平安海珠建设等重点工作，开展“8 +1”系列政策宣讲会、宣讲交流会、线上宣贯会等活动，切实提高公众在政策决策出台及落地执行过程中的参与度及监督积极性，强化对基层政府权力运行的制约，推动各基层政府部门依法公开公正透明地履职尽责，不断增强基层政府公信力、服务力和执行力，保障各项政策落地执行具有一贯性、稳定性与实效性。

3. 营造“以法治解难题”良好氛围

强化政策宣讲是提高公众对政策接受度、理解度和认同度的重要途径，是培育公众权利意识和主人公意识、引导公众依法理性维护合法利益及表达诉求的前提，也是加快建设法治国家、法治政府、法治社会的必然要求。为保障各级各类惠企利民政策能在创业就业、城中村综合改造、优化营商环境等工作中发挥促规范、解民需、利发展的作用，海珠区以更精准的政策内容、更生动的宣讲形式、更多元的宣讲渠道、更直达快享的政策兑现，切实提高公众法治观念和法律素养，让公众意愿和政策措施同频共振，最大程度减少社会摩擦、汇聚社会合力，促进社会和谐稳定。

（二）基层政策宣讲存在不足

基层政府是推动政策落实到群众的重要环节，但受限于基层事务繁重、矛盾繁杂、人手与经费不足等原因，基层政策宣讲工作与新形势新要求、与人民群众期待仍有差距。一是宣讲理念不到位。部分基层政府部门仍存有对政策“重执行，轻宣讲”的问题，错误认为政策宣讲是被动施加给部门的责任约束，对政策宣讲工作重视度与积极性不足。二是宣讲内容不精准。部分政策宣讲员法规政策观念不强、业务能力水平不高，出现对政策“重文本，轻实操”的问题，宣讲时未能结合基层实务准确把握公众诉求，未对政策申报条件、申请流程、权利救济等涉及公众切身利益的内容有的放矢地作出回应，存在照本宣科、碎片化宣讲的情况。三是宣讲实效不理想。部分政策宣讲活动存在“重宣讲，轻反馈”的问题，形式上以“部门主动宣讲、公众被动接受”为主，缺乏生动有效的互动，导致基层政府未能有效地通过公众反馈，及时提升政策宣讲解读时效性、规范性、靶向性和持续性，政策宣讲实践效果不佳。

（三）新时代政务公开工作对基层政策宣讲提出新要求

中共中央、国务院高度重视政务公开工作，国务院成立了全国政务公开领导小组，系统安排部署政务公开工作，要求各地各部门准确把握新时代政务公开工作面临的新形势、新任务、新要求，进一步增强工作的主动性、创造性。

《关于全面推进政务公开工作的意见》指出，基层政策宣讲应“坚持改革创新，注重精细化、可操作性，务求公开实效，让群众看得到、听得懂、能监督。以社会需求为导向，以新闻媒体为载体，推行‘互联网＋政务’，扩大公众参与，促进政府有效施政”。一是建立健全政务舆情收集和回应机制，及时针对社会关切确定政策宣讲内容和计划，切实提高政策宣讲的响应度和精准度；二是要充分发挥新闻媒体，特别是新媒体的作用，注重运用大数据、云计算、移动互联网等信息技术，探索不同层级、不同领域公众参与的新模式，搭建政民互动平台，开展良性互动，激发公众在基层政策宣讲中的参与度；三是要加强培训，增强政策宣讲员的宣讲意识提高法规政策意识和业务水平，提升政策发布解读和回应关切的能力，打造更具针对性、科学性、生动性和权威性的政策宣讲品牌。

二 “订制式”基层政策宣讲服务模式的构建、特点及意义

（一）“订制式”基层政策宣讲服务模式的构建路径

1. 宣讲主题广泛搜集

除通过定期汇总政务服务过程中的高频问题、随机派发政策宣讲诉求调查问卷、对接区内重点企业了解具体诉求等传统形式搜集辖内公众所想所需所盼，海珠区创新政策宣讲诉求的征集形式，在“对外问需于民”基础上“对内业务联动”，强化业务信息共享，深度挖掘省长留言办理工作、政府信息依申请公开回复工作及“12345”政务服务便民热线工单办理工作等业务信息及数据“富矿”。海珠区立足区内城中村综合提升改造、优化营商环境、平安海珠建设等重点工作，梳理辖内重点企业和办事群众普遍关注度高、疑惑问题点集中的政策类服务类共性问题，构建起多渠道、广覆盖的政策宣讲诉求征集机制，力求宣讲内容更反映民情、更贴近民心、更解决民需。

2. 专业队伍权威解读

海珠区发挥区内民政、公安、司法、人社、住建等部门及街道业务骨干深耕基层、了解群众、熟悉业务的积极作用，密切沟通宣讲单位，兼顾满足群众获取政策信息的需求及基层单位有效开展工作的需求，基于基层工作中企业、群众密切关注、疑惑较多或争议较多的话题，有针对性地制订宣讲计划，明确宣讲形式、宣讲切入点及宣讲内容。海珠区选派熟悉业务的一线工作人员或经验丰富的负责同志加入宣讲队伍，确保宣讲形式易接受、宣讲人员熟业务、宣讲内容够权威，切实保障政策宣讲的权威性、惠民性与精准性。

3. 宣讲矩阵立体搭建

海珠区加大对区内改革创新政策及措施的公开、宣传、解读力度，打造“线上+线下”全方位、立体化的宣讲矩阵，以宣讲暖民心，以公开促服务，充分提高涉企惠企和便民利民政策的到达率和知晓率，切实提高政务服务水平。在线上，充分发挥新媒体特色优势，打造“政务直播间”政策宣讲品牌。针对投资环境、政务服务、创业就业、旧村改造、养老服务等最贴近企业群众切身利益的话题，通过“座谈”“聊天”的形式，在最短时间内，用最通俗易懂的语言，最大程度地推动政策“入民心”“暖民心”。在线下，以广州市政务服务中心琶洲分中心（琶洲大厅）为宣讲阵地，面向基层工作人员、联社、企业、群众等举办专题式政策宣讲会，现场解读本区层面最新政策及特色服务，并有针对性地进行答疑解惑。

4. 政策辅导闭环服务

海珠区为改变基层政策宣讲工作中存在的“大海捞针式”查询政策以及“大水漫灌式”政策辅导的问题，从基层政务服务“小切口”入手，探索打造“问需—宣讲—跟进—反馈”的服务闭环，推动“订制式”基层政策宣讲服务模式体系化延伸。一是推动线上宣讲“不断线”。为方便公众及时回顾、随时观看线上政策宣讲内容，海珠区注重对“政务直播间”直播活动的全程记录，以文字实录或剪辑短视频的形式整理宣讲内容并在海珠区人民政府门户网站中进行专栏、专题发布。同时，开放网友留言功能以便及时获取宣讲反馈并为公众答疑解惑，切实增强宣讲实效。二是建立政策辅导机制。结合海珠区推行的“海珠合伙人”工作机制，海珠区政务数据局（区政务公开办）牵头组建政企交流微信群，加强服务专员与企业、部门的互动，重点做好政策辅导、服务诉求等后续跟进处理，建立台账管理机制，“靶向”发力精准推送及辅导各类优惠政策，实现惠民利企政策“精准滴灌”。

（二）“订制式”基层政策宣讲服务模式的亮点

1. 强针对性

“订制式”基层政策宣讲服务模式坚持问题导向，紧紧围绕党委政府工作大局和公众关注的热点疑点，能在政务服务中强化公众行为分析，结合大数据、人工智能大模型、云计算等前沿技术，分析、筛选最能匹配公众政策宣讲诉求的选题，让宣讲内容更具针对性；能结合新阶段需要、新政策出台、新热点出现等，及时开展专题政策宣讲，宣讲时机更具针对性；能根据受众、选题针对性邀请基层经验丰富、实务能力强的相关基层宣讲员开展政策宣讲，政策宣讲更具权威性。

2. 强实用性

“订制式”基层政策宣讲服务模式变“政府思维”为“受众思维”，变“官话”为“白话”，针对选题能够多层次、多方面、多角度地搜集相关一系列法律法规政策，力求宣讲内容设置更加体系化；能够用群众身边故事、热点新闻或典型案例作为切入点，通过案例的讲解和分析，生动形象地向公众展示政策背景、政策实施目的及政策落实要点等“硬道理”，帮助公众更好理解政策；能够将惠民利企政策的申请条件、申请形式、申请流程、申请时限等内容以访谈、座谈、讲故事等形式有机融合到宣讲中，切实提高政策宣讲的靶向性，增加政策宣讲的可操作性。

3. 强互动性

“订制式”基层政策宣讲服务模式不同于传统的政策宣讲服务模式，其依托数字信息技术的发展，允许公众在“政务直播间”和线下宣讲会中进行实时交流评价及问答互动，也允许公众利用海珠区人民政府门户网站宣讲专题下的留言功能提出疑问与作出评价，有效改变单一、单向、灌输式的传统政策宣讲模式，政策宣讲的覆盖范围得以充分扩大，政民互动更加清晰与直接，极大增强公众的参与感。

（三）“订制式”基层政策宣讲服务模式的意义

1. 推动政务公开工作有益创新

政务公开来源于创新，并在创新中不断发展。海珠区“订制式”基层政策宣讲服务模式回应了新时代政务公开工作的创新要求，利用大数据技术应用和信息技术发展对信息传播的方式与模式进行革新的时代红利，创新政策宣讲诉求征集机制，联动直播平台和政府门户网站，打造“政务直播间”政策宣讲品牌，充分扩大了政策宣讲的覆盖范围，推动公众整体、连贯地参与到政策宣讲活动中，切实提高政民互动质效，更好地回应了公众对政务公开的新期待。

2. 助力政府公开多元价值目标实现

为政策落实创造基础性条件，是政务公开的初心本源和基本使命，也是政府治理的重要工作。“订制式”基层政策宣讲服务模式真正发挥出政务公开推动政策落实的功能。一是缩短政策到民的链路。该模式借助数字化手段灵活开展政民互动，依托其所具备的高互动属性，搭建公众与政府近距离沟通的窗口，畅通政策咨询解答渠道，减少政民沟通交流的中间环节与成本。二是推动政策落实到位。通过“正向推介 + 反向问需”精准对接公众对政策宣讲的诉求，及时回应公众关切并进行权威解读，让公众更直观地了解到政策落实的对应负责部门、具体政策内容及详细的政策执行流程，以政策解读的“透”引导公众预期的“稳”，以公众预期的“稳”应对政策落实环境的“变”。三是提高政府治理水平。该模式充分提高了公众在政策宣讲的参与度，倒逼基层政府部门工作人员内部加强政策法规和政策宣讲培训，切实提升政策落实力度和准度。政策透明还能够排除基层政府对政策的内容、范围、规制对象等要素的“变通制定”或“变通执行”行为，防止出现“权力寻租”现象。

3. 回应数字政府建设的客观需要

大数据时代互联网和信息技术的广泛应用对政务公开公众参与机制提出更高要求，“订制式”基层政策宣讲服务模式提高了公众在数字化政府建设中的参与意愿，能充分以数字化手段感知社会态势，回应群众关切、辅助科学决策，有效提高政府公共政策制定、公共管理、公共服务的响应速度，提升数字政务服务水平。

三 “订制式”基层政策宣讲服务模式的实践成效

（一）“订制式”基层政策宣讲落地实践情况

海珠区全面贯彻落实《政府信息公开条例》，围绕国家、省、市政务公开工作要点，扎实推进政务公开工作，立足区域实际，围绕深入实施“百县千镇万村高质量发展工程”、加快“一谷一圈一区”建设、开展“一工程三行动”等重点工作，充分发挥“政务+直播”平台优势，打造“政务直播间”政策宣讲品牌，以群众喜闻乐见的方式传递政府信息，在助力经济高质量发展、社区共建共治共享、防范化解风险隐患等方面发挥积极作用。

2023年，海珠区政务数据局（区政务公开办）统筹组织，针对企业、群众普遍反映的政策知晓率低、政策碎片化、政策获得感不强等问题，充分利用多渠道、广覆盖的政策宣讲诉求征集机制，梳理辖区内重点企业和办事群众普遍关注度高、疑惑问题点集中的政策类服务类共性问题超60个，会同区内25个有关审批部门、街道及其熟悉业务的一线工作人员或经验丰富的负责同志，有针对性地订制宣讲内容，精心策划婚姻登记“跨省通办”、营商环境和产业政策、旧村改造、停车场收费、不动产登记、税务“V－Tax”、公安热点业务等32个主题式宣讲内容，共举办3场“政务直播间”活动（见表1—表3），内容涵盖投资环境、政务服务、创业就业、旧村改造、养老服务等，直播期间群众反应热烈，累计观看量超过200万人次。

表1　2023年第一次“政务直播间”活动内容

时间	2023年6月9日	
主题	“加速旧村改造，推动经济高质量发展”政策热点面对面	
序号	宣讲单位	解读内容
1	海珠区民政局	培育扶持社会组织，促进社会组织高质量发展
2	海珠区住房和建设局	村集体经济组织如何开展旧村改造项目决策事项表决
3	海珠区文化广电旅游体育局	文化市场许可经营项目最新政策解读

续表

序号	宣讲单位	解读内容
4	海珠区退役军人事务局退役军人服务中心	海珠红棉老兵助力推进城中村改造
5	海珠区市场监督管理局	价格监管执法政策解读
6	海珠区投资促进局	海珠区营商环境和产业政策宣讲
7	海珠区供销社	区供销社在推动我区经济高质量发展发挥的作用
8	广州市公安局海珠区分局	防诈骗宣传对经济高质量发展的影响

表 2 2023 年第二次“政务直播间”活动内容

时间	2023 年 7 月 28 日	
主题	“促进政务服务提速增效 打造便民利企营商环境”政务服务政策宣讲	
序号	宣讲单位	解读内容
1	中共广州市海珠区委统一战线工作部、海珠区民族宗教事务局、海珠区侨务局	互联网宗教信息服务管理办法
2	海珠区民政局婚姻登记处	婚姻登记“跨省通办”若干问题
3	广州市规划和自然资源局海珠区分局不动产登记中心	关于优化不动产登记营商环境改革热点工作的解读
4	海珠区人力资源和社会保障局就业服务管理中心	广州市就业创业补贴政策解读
5	广州市公安局海珠区分局人口管理大队	公安热点业务介绍
6	海珠区残联康复服务中心	康复资助若干问题介绍
7	海珠区税务局	“V—Tax”远程可视化办税解读
8	素社街道办事处综合服务中心	素社街便民服务中心介绍
9	海幢街道办事处综合服务中心	海幢街便民服务中心“三化”建设工作
10	琶洲街道办事处综合服务中心	琶洲街便民服务中心介绍
11	沙园街道办事处综合服务中心	沙园街便民服务中心介绍

表 3 2023 年第三次“政务直播间”活动内容

时间	2023 年 9 月 15 日	
主题	“全力推动政务服务标准规范便利化持续优化营商环境便民利企多元化”政务服务政策宣讲	
序号	宣讲单位	解读内容
1	海珠区政务服务管理数据局	促进政务服务提速增效打造便民利企营商环境
2	海珠区文化广电旅游体育局	营业性演出活动及动漫展会活动市场政策要点讲解
3	海珠区湿地保护管理办公室	自然教育活动开展成效与活动计划分享
4	广州市规划和自然资源局海珠区分局名城科	名城保护
5	滨江街道办事处综合服务中心	滨江街道便民服务中心介绍
6	海珠区人力资源和社会保障局社保中心	养老保险热点政策简介
7	江南中街综合保障中心	江南中街道便民服务中心介绍
8	海珠区农业农村局动监所	狂犬病防控小知识
9	海珠区民政局社区服务中心	关于广州市长者长寿保健金的若干问题
10	海珠区水务局	排水证热点问题解答
11	海珠区投资促进局	楼宇服务官助力海珠楼宇经济
12	龙凤街道办事处综合服务中心	龙凤街道便民服务中心关于优化政务服务的举措
13	海珠区人力资源和社会保障局退管中心	退休人员业务“指尖办”随时省心“零跑腿”

（二）落地实践成效

海珠区通过直播间对不同层级、不同领域的法规、政策进行解读，保障公民的基本权益，提高公民的法律意识和法律素养，促进法律法规的实施；对本地便民利企政策措施和辖区基本情况进行全方位解读，方便群众知悉、获取，让更多群众受惠。

1. 法律法规宣讲解读

以海珠区民族宗教事务局为例，2022 年 12 月 3 日，国家宗教事务局令第 17 号公布了《互联网宗教信息服务管理办法》（以下简称《办法》），《办法》由国家宗教事务局、国家互联网信息办公室、工业和信息化部、公安部和国家安全部五部门联合制定，自 2022 年 3 月 1 日起施行。《办法》涉及互联网宗教信息服务许可，规定通过互联网站、应用程序、论坛、博客、微博、公众账号、即时通信工具、网络直播等形式，以文字、图片、音视频等方式向社会公众提供宗教教义教规、宗教知识、宗教文化、宗教活动等信息的服务，应当取得互联网宗教信息服务许可。在基层实践中，海珠区民族宗教事务局收到了很多申请人的投诉，认为办理人对于该《办法》规定的内容不熟悉、不理解，导致办理行政许可时遇到不少阻力。为此，海珠区民族宗教事务局主动做客政务直播间，向群众解读《办法》，以问答的形式，把群众疑问最多的部分逐一进行解答，同时提醒广大群众，网络不是法外之地，必须依法传教。

以海珠区农业农村局为例，现在城市生活节奏紧凑，越来越多的人通过养宠物的方式来缓解压力，或者将其作为一种陪伴，却不知道饲养宠物需要履行的手续。为此，海珠区农业农村局做客直播间，以问答形式，对市民常见的问题，如宠物需要接种什么疫苗、是否能乘坐飞机等交通工具、疫苗的接种规定和接种地点等，结合《动物防疫法》进行逐一讲解，使群众知悉饲养宠物需要完成的手续，饲养宠物也更安全、更规范。

以广州市规划和自然资源局海珠区分局为例，广州市一直致力于推动历史建筑、传统风貌建筑的活化利用，近年来出台了一系列文件，如《广州市促进历史建筑合理利用实施办法》《广州市历史建筑修缮监督管理与补助办法》《广州市传统风貌建筑保护规定》等。这些文件涵盖鼓励多形式使用、给予修缮补助、提高征收补偿标准等利好政策，大力支持历史建筑、传统风貌建筑保护和发展。广州市规划和自然资源局海珠区分局做客直播间，对《广州市历史文化名城保护条例》等文件进行解读，同时对海珠区的名城保护工作进行介绍，让更多群众知悉，也让更多群众共同参与到历史文化名城保护的工作中。

2. 便民利企政策措施解读

以海珠区政务服务数据管理局为例，近年来海珠区主动对标国际一流水平，聚焦市场主体关切，将营商环境改革与“放管服”改革、“数字政府”建设有机结合、一体推进，推动政务服务提质增效，力促市场主体稳预期、真减负、增活力、提信心，奋力为海珠区经济社会高质量发展贡献力量。海珠区政务服务数据管理局做客直播间，就办事材料“精简化”、政务事项“一网办”、开办企业“一站办”、异地事项“跨域办”等服务进行了详细讲解，让群众能获得更多的办事体验。

以海珠区投资促进局为例，广州市人工智能与数字经济试验区琶洲核心片区及周边越来越多的楼宇落成完工，释放出海珠发展的活力与引力，展现出楼宇经济的蓬勃生机。海珠区投资促进局做客直播间，介绍海珠区的楼宇服务开展情况，就如何推动企业间的供需对接、提升楼宇显示度进行了详细讲解，体现海珠区优质的营商环境。

以江南中街道为例，江南中街是具有浓厚历史文化的老商圈，是“一区一谷一圈”发展空间布局的重要组成，是新活力西部文商旅融合圈的先行示范区，区域地理位置重要、发展前景可观可待。江南中街道做客直播间，介绍街道政务服务中心，分享企业“一对一”服务、党群服务中心志愿团队等便民利企的经验做法，让辖区更多的群众知悉，提升群众生活的幸福感、获得感。

四 下一步工作设想

海珠区“订制式”基层政策宣讲服务模式初见成效，但需进一步加强和完善。为进一步提升海珠区基层政策宣讲服务的质量和效率，更好满足企业和群众的个性化需求，海珠区下一步将从以下方面入手。

（一）推动政策宣讲智能化

近年来，海珠区持续深化数字政府 2.0 建设，积极开放数字政府建设场景，联同百度智能云，基于海珠区数字政府基础底座和智慧政务创新成果，联合打造海珠政务云脑大模型，在数字政务、数智决策、数治基层三大应用场景先行先试。未来，海珠区将充分运用该大模型归集政务数据、建立政务数据库、数据可视化分析及智能互动答复等功能，进一步提高抓取公众对政务服务与政策宣讲诉求的准确度与针对性，探索由大模型设计政策宣讲的主题、内容、语言等，力求能进一步提升海珠区基层政策宣讲服务的智能化和个性化水平，增强政策宣讲服务的吸引力和影响力。另外，海珠区还将探索打造线上线下相结合的政策宣讲服务平台，陆续开展智能回复网友留言、虚拟人政策宣讲等探索，推动政策宣讲实现时空跨越，以智能化基层政策宣讲提高公众了解政策的便利性和可及性。

（二）推动宣讲方式多元化

海珠区将继续加强政策宣讲方式多元化探索。一是探索户外“政务直播间”。海珠区将探索通过现场执法直播、公共服务直播等形式将“政务直播间”搬到户外，为公众提供全程说理式执法及服务，加深公众对参与社会治理、获取公共服务的权利与义务的认识，打造共建共治共享治理格局。二是强化政策宣讲的管理和监督、政策宣讲人员的培训和学习，探索组织各种活动和竞赛并配以适当奖励机制，提高政策宣讲单位和政策宣讲人员的主动性、积极性和创新性，提高基层政策宣讲质量。三是组织开展如政策知识竞赛、政策宣讲剧、政策宣讲评选等活动，提高政策宣讲服务的互动性和趣味性，充分激发公众对政策宣讲服务的兴趣，丰富政策宣讲形式，切实提高公众参与度。

（三）提高政策宣讲实效性

针对政策解读时效性、规范性、靶向性和持续性不足，实践效果不佳的问题，海珠区将进一步擦亮“政务直播间”品牌：一是进一步提高政策宣讲规范性，由海珠区政务服务数据管理局（区政务公开办）统筹，通过出台标准化工作指南或进行直接指导的形式，保证政策宣讲内容质量过关、政策宣讲形式相对固定等。二是提高定期直播频率，结合重要时间节点或社会热点话题及时开展直播，保证政策宣讲的时效性和持续性。三是深化“政策宣讲—公众利用—公众反馈—政府优化”的双向互动模式，研究更多公众反馈方式，进一步提升公众的行政信息利用水平、提升行政信息的公众满意度。

新形势下深化政务公开推动政策精准直达高效兑现的任城实践

高振宇*

摘　要：做好政策公开是保障群众知情权、参与权、监督权的有效措施，对人民群众和社会各界准确理解政策、依法保障广大人民群众合法权益具有重要作用。如何加大政策公开力度并将严肃庄重的政策用通俗易懂的语言、喜闻乐见的形式，准确、快速地传达给受众，是一个“技术活儿”，更是行政机关的“观念活儿”。近年来，山东省济宁市任城区以政务公开为重要抓手，积极探索线上线下一体化政务公开形式，当好政策公开“主攻手”，总结出一套可复制、可推广的经验做法，在指导政府部门和镇街做好政策公开、政策解读及政策宣传方面取得了明显成效。

关键词：政策公开　政策解读　政策宣传

近年来，山东省济宁市任城区紧紧围绕国家、省、市政务公开工作部署要求，以政务公开工作为支撑，积极推行政策发布全周期把控，奏响政策发布、

* 高振宇，山东省济宁市任城区人民政府办公室数字经济服务科副科长。

政策解读、政策宣传“三部曲”。综合利用线上线下宣传方式，点线面逐一突破，搭建起政策立体公开矩阵，多角度阐释政策内涵，多维度搭建解读平台，提升政策解读质效，保障政策红利精准公开、直达快享，有效实现政策“精准滴灌”，释放政策“含金量”，推动政策“直通、直达、直感、直享”，让群众看得到、触得到、享得到。

一　加大政策公开力度，政策查询“有速度”

（一）出台政策文件，明确“风向标”

任城区政府每年印发“济宁市任城区政务公开重点工作任务分解表”，紧扣全区经济发展大局，抓好产业升级、新旧动能转换、项目投资、环境优化、减税降费、重大科技创新、乡村振兴等领域信息公开，围绕促进经济发展量质齐升、激发市场主体活力、解决群众“急难愁盼”问题等方面强化政策公开，实现横向到边、纵向到底，应公开尽公开。

（二）建立政策文件库，构建“政策包”

任城区政府在其门户网站开设政策文件统一管理发布平台，集中梳理、归集、更新出台的政府文件、政府办文件 42 个，将政策文件“一网打尽”，做到一库全收、底数清楚，为群众获取政策提供精准的“一站式服务”，让政策“应知尽知”“应享尽享”“能享快享”。

（三）政府网站“一键查”，跑出“加速度”

一是在任城区政府门户网站链接惠企通平台，平台“一口发布”惠企政策，企业“一键获取”关键信息，对普惠政策实现精准推送、“免申即享”，对竞争性政策实现一次申报、全程网办、快速兑现。二是政府网站改版升级，完成任城区政府门户网站的两网融合与适老化改造，更好地帮助老年群体便捷、高效地获取政务信息、参与政民互动、享受政务服务，切实保障其对政府工作的知情权、参与权、表达权和监督权。同时，依托省政务服务“一网通办”总门户，对任城区政府门户网站、政务服务网进行综合集成开发，深化两网融合，通过公开和服务相结合，形成政府信息资源、政务服务资源的“跨网”搜索，实现“搜索即服务”，打造“智慧政务”服务模式，真正做到从“群众跑腿”到“数据跑路”，让企业、群众真正体会到政务服务的“速度”与“温度”。

（四）加大公共企事业单位政策公开力度，架起政民“连心桥”

任城区政府在其门户网站开设公共企事业单位信息公开专栏，分级分类梳理应公开内容，明确公开层级、主体、时限、要素、载体等，让群众看得到、易获取、能监督。全区28家学校、21家医院等公共企事业单位将群众关心的教育教学、招生信息、学生管理、诊疗服务、药品价格等政策信息进行公开，精心、精细、精准打造专题专栏，强化公开制度落实，实现公共企事业单位政策“一站式查询”。

（五）打好“组合拳”，打通基层政务公开“最后一公里”

基层政府是各项政策部署的重要执行者，也是政务公开的窗口和前沿。任城区加强政务公开专区建设、推动政务公开标准化规范化，打通基层政务公开“最后一公里”。

一是加强政务公开专区建设。任城区将政府公报、服务指南、政府政策等重要信息定期、集约分类摆放，通过LED显示屏等设施加强宣传，投放自助终端“秒批机”，创建“菜单式服务站”，为企业、群众提供更加优质的政务公开服务。

二是深化政务公开标准化规范化工作。任城区调整31个基层政务公开标准目录并在任城区政府门户网站建设专题专栏，全面落实基层政务公开标准目录内容。同时，任城区深入推进基层政务公开标准化规范化向农村和社区延伸，指导村（居）委会公开集体资产管理、财务收支、乡村振兴、为民服务、社会救助等政策信息。

三是创新村务公开模式。为进一步拓宽村务公开渠道，丰富公开形式，任城区创新实行村务“三公开”。其一栏上公开，设置了高标准的村务公开栏，区财政列支专项经费用于村务公开栏的建设和维护；其二会上公开，充分利用村“两委”联席会议、村党员会议、村民代表会议等，在不同范围内通报公开村级重大村务；其三簿上公开，全区统一印制了《村（居）务公开记录簿》，做到公开档案可查。

四是定期举行村（居）务公开“民主日”活动。每年1月5日、7月5日，任城区抽调人员组成调研组，采取“四不两直”方式，对15个镇街的村（居）务公开民主管理工作进行专项调研，有效推进村级事务管理的民主化、公开化和透明化，实现事情让群众知道、管理让群众参与、村务让群众决策、干部让群众监督。

二 提高政策解读质量，政策解读“有温度”

（一）理顺政策解读机制，实现“体系化”

根据国家、省、市有关政策解读要求，任城区制发《关于全面做好政策文件解读及解读公开工作的通知》，进一步规范和加强政策解读工作。在解读程序上，坚持“谁起草、谁解读”“谁解读、谁负责”的原则，任城区政府办公室政策法规科和政务公开办公室对以区政府或区政府办公室名义印发的文件进行协同联审联办，做到文件与解读方案、解读材料同步组织、同步审签、同步部署，对于不能同步报送解读材料的坚决退回起草单位；在解读内容上，着重解读政策背景、出台目的、主要内容、涉及范围、执行标准，以及注意事项、关键词诠释、惠民利民举措、新旧政策差异等，使政策内涵透明，避免误解误读；在工作保障上，将政策解读工作纳入政务公开年度考核，根据解读材料的内容、深度和多样性进行赋分，提高部门、镇街对政策解读工作的重视程度。

（二）拓展解读发布平台，实现“指尖化”

一方面，充分发挥任城区政府门户网站政务公开第一平台作用，开设政策解读专题，集中发布政策文件及解读材料。任城区做好政策性文件与解读材料的相互关联，在政策性文件页面提供解读材料页面入口，在解读材料页面关联政策性文件有关内容，为群众提供全面、详尽、准确的政府信息，便于理解和查阅。另一方面，充分利用政务新媒体传播速度快、覆盖面广的特点，强化政务新媒体矩阵建设，对政策进行多角度解读、全方位包装、多平台联发。群众通过“指尖”上的操作，即可实现足不出户“掌上查”，了解政策发布，进行信息查询。任城区推动信息资源的整合、发布、共享、互联互通，最大化挖掘政府政策的公开价值，做老百姓“掌上政策通”，唱响全区“政能量”。

（三）创新政策解读形式，实现“新颖化”

为将与群众切身利益相关的事情讲清楚、讲透彻，帮助市场主体准确把握政策精神，提振发展信心，任城区创新政策解读形式，搞活政策解读，通过打好“组合拳”形成宣传攻势，当好“传声筒”。

一是解读形式多样化。运用生动活泼、深入浅出、简明易懂的语言，以及图表图解、音频视频、卡通动漫、数据实例等群众喜闻乐见的形式在政府网站及政务新媒体中发布多角度、多形式的政策解读材料，将红头文件翻译成“白话文”，使政府文件更接地气，更加可视、可读、可感，进一步增强政策公开的吸引力和亲和力。自 2024 年以来，通过任城区政府门户网站已发布文字解读 48 条，图文解读 18 条，音频视频解读 18 条，主要负责人解读 26 条，专家媒体解读 16 条，政策简明问答 6 条。

二是解读内容丰富化。任城区配以客观事实、详实数据、生动案例，进行立体式、多方位解读，详细介绍政策的背景依据、目标任务、主要内容和解决问题等，真正让企业和群众看得懂、记得住、信得过、用得上。

（四）提高政策解读质量，实现“精细化”

一是重视发布时效。任城区建立了完善的政府网站及政务新媒体内容更新机制，政策出台后及时向社会发布，并在政策公开后 3 个工作日内公开解读材料。二是提升解读效果。紧扣政策重点、社会热点和民生焦点，主动快速引导、释放权威信号、正面回应疑虑、推动解决问题，赢得群众理解和支持。例如，在规划纲要方面，对《济宁市任城区国民经济和社会发展第十四个五年规划和2035 年远景目标纲要》进行图文解读、电子书解读；对《济宁市任城区制造强区“十四五”规划》进行音频解读；在税收方面，对《济宁市任城区税收协同共治专项工作方案》进行音频解读等，针对专业性较强的政策，主动邀请专家学者进行专业解读，以此提升解读的准确性、权威性，通过政策解读传递政府温度，助力群众准确了解政策、全面掌握政策、科学用好政策。

三 打通政策落实堵点，政策宣传“有力度”

（一）创新服务形式，为稳岗就业“保驾护航”

一是“五进五送”惠企惠民。持续开展“五进五送”走访活动，通过“进企业、进园区、进乡村、进社区、进家庭”，为企业和劳动者“送政策、送岗位、送信息、送服务、送维权”。

二是大力推进就业招聘工作。创新推行“人才夜市”招聘模式，用人单位像“摆地摊”一样送岗位，提供线上应聘、“码”上就业的全方位、全天候招聘求职服务。人才夜市作为招聘新形式，招聘企业“摆摊”亮岗，求职者“逛街”择业，给双方提供了一个轻松、悠闲的洽谈平台，方便双方深入了解，促进群众“家门口”就业。2023 年，任城区承办了“春风送岗”“清凉夏夜·职等你来”“聚能汇才”等招聘会近 200 场，招聘活动接地气、聚人气；现场还设立“政策宣传服务站”，对任城人才新政、引才补贴、创业担保贷款等政策进行现场解读，答疑解惑，共受理政策咨询上万余次。人社服务专员也会到每个招聘摊位开展人社惠企政策派送活动，向求职者介绍就业、人才等热点政策，让惠民利企政策为民所知所晓，让利好政策融入地摊经济，开启政策宣传的“夜间模式”；现场设立职业指导专区，为求职者提供就业创业、技能培训、社会保障、权益维护、职业指导等一揽子就业服务，职业指导专家现场为求职者进行人才测评以及“点餐式”职业指导，根据测评结果分析出求职者的个性特点、求职意愿、就业短板，再根据求职者的点餐内容，对求职者进行即时指导，多层次、多角度满足各类群体的就业需求，进一步提升求职对接成功率。同时主动走到求职者身边，为求职者推送就业政策、微课程、直播云课堂等一系列指导信息，为求职者清除职业盲点、解决困难问题；组建了“直播带岗宣传队”，利用现代科技云服务传播速度快、服务范围广等优势，任城融媒体中心派出经验丰富的直播团队，依托抖音平台同步开展“直播带岗”，直播招聘活动重点宣传推介任城经济社会发展情况、产业及就业创业、人才引进政策，结合资料展示、线上答疑等“接地气”的聊天方式，鼓励大家在直播间留言互动、资源共享、现场提问，增加了求职者的参与感，利于其更加全面透彻地了解政策情况。招聘会从固定的“点”走向了更广泛的“面”，收到了“1+1>2”的良好效果，进一步扩大了活动辐射范围，助力帮扶就业，加速吸揽人才，扩大了招聘效果，为稳岗就业按下“快进键”。

（二）医保宣讲有温度，居民健康有“医靠”

一是家门口宣讲，实现由“群众找医保”到“医保找群众”的转变。2023年，任城区常态化开展医保政策面对面宣讲20余次，发放宣传单3000余份，接待群众1000余人，现场解决医保问题100余件。在宣讲现场，工作人员“讲理论”“讲实践”，全面解读城乡居民医保参保缴费、异地就医、报销比例、大病医疗保险、医疗救助等内容，用通俗易懂的语言把“冒热气”的理论变成“接地气”的理解。针对居民关心的问题进行详细解答，将“大道理”分解成“小菜单”，用群众身边的鲜活事例，将政策讲明白、说透彻，“零距离”“交互式”为民服务，真正让宣讲有温度，居民有“医”靠。二是线上宣讲，依托抖音平台织密“宣讲网”。任城区打造“医保+直播”互联网新模式，成立政策宣传“主播小分队”，为群众深入浅出地解读医保政策，实时在线答疑，变群众“找政策”为医保“送服务”。自2023年以来，已开播47场，场均观看3500余人次，直播累计解答问题2500多个，有效提高了医保政策知晓率，让医保政策直达民心，“飞入寻常百姓家”。

（三）“公仆”进夜市，“政策”来摆摊

任城区行政审批局联合济宁市行政审批局、阜桥街道、观音阁街道、二十里铺街道以及社保、医保、公积金、不动产、交警、税务等部门组成“八小时外”服务小分队，以“政务服务进夜市、三级联动零距离”为主题，通过市、县、街道三级联动服务形式，进驻任城区人流量大的商圈，在运河城广场、济州上城、二十里铺大集开展“政务夜市”“政务服务进集市”活动，主动走进群众生活，现场“摆摊设点”，把群众和企业关注的政策“全盘托出”。活动现场准备了多种宣传材料，涵盖医疗、教育、社保、公积金、不动产、审批等各个部门的惠企利民政策，通过工作人员主动派发和群众咨询领取相结合的方式，向群众提供学生上学、医疗保险、居民生活保障等民生实事相关政府信息服务，同时为群众发放宣传手册，普及政府信息公开相关知识。此外，现场还有各部门选派的专业人员组成的服务队伍，他们以生动的语言和详细的讲

解，向群众展示各种政务服务事项的办理流程、所需材料、办理时限等关键信息。专业人员的热情服务让群众对办理事项流程有了更深入的了解，活动共为1200多位群众答疑解惑，发放惠企政策500余本，服务指南3000余份，面对面、心贴心的政务公开新模式燃旺了夜市“烟火气”。

（四）开展政府开放月活动，绘就“同心圆”

任城区围绕与群众关系密切的政府政策、行政行为和服务事项，结合各部门各行业特点，以严格依法行政、深化“放管服”改革、优化营商环境、生态环境建设、保障改善民生、重点工程项目等为重点，开展政府开放月活动，全方位介绍和展示各部门单位的主要职能、制度规范、特色亮点、服务举措和创新成果等。活动邀请人大代表、政协委员、普通群众、各行各业代表等参与，广泛听取社会各界和基层群众的意见和建议，通过参观考察、观摩体验、座谈交流、政策解读等形式推进政务公开深入基层、深入群众。同时在任城区政府门户网站开设政府开放月专栏，积极通过网站、报刊、微信等新媒体平台报道政府开放月工作情况及典型经验、典型做法，扩大了宣传效果，提高了群众对政府开放月的认知度和参与度。

四　未来展望

加强政策公开、解读、宣传工作，是增进社会公众对政府重大决策、重要政策措施理解认同，规范政策执行、强化政策落地、保障公众权益的务实举措。在过去的政策宣讲与解读过程中，企业群众“找不到、读不懂、享不了”政策的情况普遍存在，导致部分企业群众在办事过程中大费周折。如何让受众真正做到知晓政策、弄懂政策、享受政策是难点、堵点，也是痛点。

通过多渠道、多形式、多层次地开展政策宣传、解读工作，着力在增强政策公开、做好政策解读、丰富宣传方法三个方面加强改进，加大政策公开力度，打通政策落实堵点，确保政策落到实处，让人民群众“看得懂”“能明白”“信得过”“用得上”各项政策，切实增强政策有效性，真正做到知晓政策、弄懂政策、享受政策。

（一）聚焦基础工作，下好政策“及时雨”

政策公开“强点”，提升质效。按照“应公开、尽公开”的原则，充分利用政府官网、新媒体、政务 App 等方式，及时发布惠民利企政策，让民众足不出户实时了解政府政策。围绕社会救助、养老服务、社会福利等重点工作持续加大相关政策宣传，跟进宣传报道先进经验和典型做法，使广大群众的知情权、参与权、监督权得到充分发挥，真正让惠企惠民政策、措施落实到位、落地生根。

政策公开“延线”，拓展深度。以群众的视角、群众的语言，采用文字解读、图表图解、视频解读、新闻发布会、专家访谈等方式解读政府政策文件，让市场主体和广大群众第一时间了解政策、掌握政策、运用政策、惠享政策，助力政务服务“一次办好”，真正把政府政策送到群众身边去。

（二）聚焦精准推送，政策“上门服务”

政策宣传“扩面”，拓宽渠道。深入基层社区村居，推进政策宣传纵深发展。强化民生部门政策宣讲解读站点建设，配齐配强懂政策、熟业务的专业人员，打造一批特色政策宣讲团队，实现各类政策宣传“多点开花”。围绕就业保障、教育、医保政策，主动邀请各民生部门支起“政策摊位”，在夜市、集市等地开展宣讲活动，实现“政策送上门、解读送到家”。通过定点“摆摊”宣传、工作人员“地推”等形式，采取群众喜闻乐见的方式，用群众语言、用群众身边的具体案例，宣传讲解商事登记、纳税申报、社保医保、医疗保健等惠民利民政策和举措，贴近群众，面对面沟通，将政策文件转换成“乡里乡音”，送进街道社区、送进院落、送进家庭，实现政策精讲，让群众掌握和了解政策，保障群众满意，确保政策“及时雨”落地“下到位”，同时收集群众诉求和建议，持续优化服务效能与服务水平。

设专窗优服务，当好企业发展“店小二”。政府围着企业转，企业有事马上办。开通惠企政策推送“直通车”，健全完善惠企服务推送机制，设置惠企政策“一站式”服务专窗，将涉及企业的所有优惠政策向政务服务大厅集中，明确各类奖补事项的办理依据、办理条件、办理流程、申请材料、办理时限等要素，由窗口提供政策咨询、事项申报、资金兑现等服务。采取“一窗受理、分流转办、限时办结、统一反馈”的运行模式，将实体大厅服务市场主体向

"一窗"集中，将"业务素质强、服务本领优"的干部选配至专窗，开展帮办、代办、延时办等特色服务，确保惠企助企政策精准送达，为企业纾困解难，全面提高企业办事满意度。

（三）聚焦群众需求，打通服务"快车道"

民生政策广宣传，答疑解惑为民生。在政务服务大厅设置导办台或政策咨询窗口，现场解答群众疑问。摆放展板，发放宣传资料，宣传解读群众最需要、社会最关注的各项政策，扩大政策的宣传覆盖面，向广大群众讲明白"是什么""怎么办""找谁办"等群众最为关心的问题；举办政策直播，通过政策宣讲"面对面"，问题解答"点对点"的方式，将复杂、难懂的政策进行逐一解析，提高政策宣传质效。将群众呼声作为最准确的"风向标"，回应"槽点"、纾解"痛点"、打通"堵点"、补齐"断点"，当好"传声筒"，实现"民有所呼，我有所应"。

一"码"告知事项，便民服务暖人心。推出高频事项办事指南二维码、政策解读二维码、政务公开二维码等，并通过上墙展示、新媒体展示、政府官网展示等形式，使群众通过扫码便可查询事项办理流程、政策文件、政策解读、政务公开等，实现一扫尽知、一"码"告知，为办事企业和群众提供一条便捷通道，带来更加暖心、贴心、省心的办事体验，高效解决不会办、不懂办、跑多次等问题。

（四）聚焦服务效能，打通政策落实"最后一公里"

强化数字赋能，优化政务服务。全面强化政务服务数字赋能，充分发挥政务服务平台支撑作用、着力提升政务数据共享实效、持续加强新技术全流程应用，增强帮办代办能力、丰富公共服务供给、拓展增值服务内容，根据事项类型给群众提供"掌上办""自助办""预约办""邮寄办"等多种业务办理方式，朝着方便群众、服务群众的宗旨加快流程再造，全面推动政务服务扩面增效，为政务服务插上"数字"翅膀。

政策兑现"及时办"，助力企业"加速跑"。将涉企政策兑现业务进驻政务服务中心，积极建设完善涉企政策兑现线下"一窗"办理与线上综合服务平台功能，助企纾困解难，致力打通政策落实"最后一公里"。开设"涉企政策兑现专窗"，配备专职工作人员为涉企政策兑现相关业务提供咨询指引、形式审查、系统管理、跟踪督办服务。在政务 App 上搭建政策兑现服务平台，并组织各部门整合涉企相关政策文件，及时推送给办事主体，助其准确理解、及时惠享相关政策，确保政策、举措落地见效。

第六编

政务公开平台建设

《政府信息公开条例》第 2 条与第 38 条关联和应用的思考

——以浙江省人民政府网站公开案例为样本

李丽双[*]

摘　要：浙江省政府信息公开工作年度报告显示，随着政府信息公开案件的增加，政府信息公开案件行政复议案件纠错率逐年上升。结合具体案例，从《政府信息公开条例》第 2 条和第 38 条概念、外延，以及两者关联与应用分析探讨，期待行政机关在政府信息公开实务中改进工作，切实减少违法不当，提升公开工作规范性，切实提高政府公信力。

关键词：政府信息　行政管理职责　制作　获取　记录　保存

自 2019 年 5 月 15 日修订的《政府信息公开条例》正式实施以来，浙江省准确把握新时代政务公开新形势、新要求，强化政府信息公开服务功能，以高质量政务公开服务经济社会高质量发展，5 年来，切实推动政府信息的公开与共享，保障了公民知情权、参与权和信息获取权。同时浙江省各级政府，进一步优化依申请公开工作机制，畅通接收渠道，持续加大指导释明力度，依法保障公众合理信息需求。例如，2023 年，全省共受理政府信息公开申请 46730

* 李丽双，浙江省瑞安市人民政府办公室法规科科长。

件、比上年增长 22%[①]。随之而来的，因依申请公开引发行政争议也在逐年增加，而行政机关的复议纠错率也在逐年提高。浙江省政府信息公开工作年度报告显示，政府信息公开案件行政复议结果维持率，2021 年度为 62.84%[②]，2022 年为 52.86%[③]，2023 年度仅为 43.4%[④]，具体数据详见表 1。

表 1　政府信息公开行政复议情况

年份	结果维持	结果纠正	其他结果	尚未审结	总计
2021	778	167	293	138	1376
2022	684	227	383	246	1540
2023	632	195	626	259	1712

法律的生命在于实施，法律的权威也在于实施。要正确理解《政府信息公开条例》的立法精神，在实践中用好、落实好，离不开第 2 条与第 38 条的核心理解和适用。

一　《政府信息公开条例》第 2 条概述

2019 年修订《政府信息公开条例》时，总结以往政府信息公开范围不够全面、未能充分覆盖群众关心的信息内容，以及对政府信息的定义表述不够严密、易于引起争议的不足之处后，明确了政府信息适用范围、界定要素。

（一）基本内容

《政府信息公开条例》第 2 条[⑤]系定义条款，通过对什么是政府信息作出定义性的规定，明确政府信息公开的主体、内容、形式，为政府信息公开工作提供明确的法律依据和指导原则，系《政府信息公开条例》的核心条款。该条明确《政府信息公开条例》规范的政府信息仅限于行政机关在履行职责过

① 参见浙江省人民政府网。
② 参见浙江省人民政府网。
③ 参见浙江省人民政府网。
④ 参见浙江省人民政府网。
⑤ 《政府信息公开条例》第 2 条：本条例所称政府信息，是指行政机关在履行行政管理职能过程中制作或者获取的，以一定形式记录、保存的信息。

程中产生的信息，排除行政机关记录、保存的与行政管理职责无关的信息，如行政机关从事社会公共活动所产生的政府信息。第2条的技术规定让依申请公开的政府信息更加具体明确化，使得行政机关更具有裁决依据。

（二）关键词解读

只有理解第2条中“政府信息”“行政管理职能”“制作或获取”“一定形式记录、保存”这些关键词概念、外延，才能正确处理依申请公开案件，规范政府信息公开。

1. 政府信息

准确把握“政府信息”，是政府信息公开工作的前提，是理解是否属于《政府信息公开条例》调整的基础。根据行政法学通说，“信息”本身是没有“立场”的①，“政府信息”具有直观性、可复制性和客观存在性。“政府信息”在依申请案件办理中呈现出了三个显著的特点。（1）直观性。“政府信息”在公开呈现直接、明确、易于理解的特点。在依申请政府信息公开案件中，申请人通常期望获取的信息能够清晰、明确地反映他们所关注的内容。（2）可复制性。“政府信息”作为一种公共资源，需要具有可复制性。在依申请案件办理中，申请人对获取的信息有进行复制、保存或进一步使用要求。（3）客观存在性。在依申请案件办理中，申请人所申请的“政府信息”必须是行政机关在履行职责过程中已经制作或获取的，并且以一定形式记录、保存的信息，必须是真实存在、客观可查的。

2. 行政管理职能

《政府信息公开条例》在2019年修订中，明确为履行“行政管理职能”，对政府信息进行了一定的限制，以防止实践中把有关非“行政职能”或者非“行政职责”的信息也归入政府信息造成政府信息范围的扩大化②。在依申请公开案件工作，政府信息公开需要遵循“职责要素”③ 的3个特性：（1）法定性。行政管理职能的行使必须依据法律法规等赋予的行政权力。这要求《政府信息公开条例》公开的政府信息所执行的行政管理活动必须在法律框架内

---

① 胡建淼：《行政法学（第五版）》（下），法律出版社2023年版，第689页。

② 杨伟东：《政府信息公开诉讼研究》，法律出版社2022年版，第35页。

③ 马怀德主编：《行政法学精论》，中国检察出版社2022年版，第214页。

进行，遵循法律的规定和原则。只有行政机关在合法的职权范围内，通过正当程序、依法制作或者合法获取的信息，才具有政府信息的要件，才具有公开的意义。非法信息则不属于《政府信息公开条例》第2条规则的范畴。（2）义务性。行政管理职能是行政法上的义务在行政主体及其行政人身上体现的和转化的形式，它是与权利相对应的内容和范畴。这明确为政府信息公开中行政机关的承担公开的法定义务性，为政府信息公开的主体。（3）公共利益导向性。行政管理的主要目标是保障社会公共利益和个人权利，促进社会发展和经济繁荣。因此，行政管理职能的履行必须以公共利益为导向，确保政策的制定和实施符合社会整体利益。在依申请公开案件中，行政机关限定政府信息的边界，把握非政府信息答复尺度；区分不予提供情形，把握好可以不予公开提供的基准。

3. 制作或获取

"制作"或"获取"实际是指行政机关产生政府信息的两种形式，系政府信息"来源要素"[①]。（1）"制作"在《政府信息公开条例》中，主要指的是行政机关在履行行政管理职能过程中，创建、产生或形成政府信息的行为，通常系行政机关自身的活动产生的信息，如会议记录、决策文件、行政命令等。这里的"制作"不仅限于文字的撰写或者文件的草拟，它包含了信息的生成、记录、保存等一系列过程，是形成政府信息的重要行为。（2）"获取"在《政府信息公开条例》中，主要是指行政机关在执行行政管理职责的过程中，从其他机构、组织或个人那里取得或者收集的信息。这里的"获取"在《政府信息公开条例》中涵盖了信息的收集、接收、处理和使用多个环节。在司法实践中，行政机关在行政管理职责中"对外获取的信息也是政府信息"[②]，是否公开应当由行政机关在行政程序中作出判断。行政机关"制作""获取"，是行政机关在履行行政管理职能过程中不可或缺的一部分，同时也是政府信息公开的重要内容之一。

4. 一定形式记录、保存

在《政府信息公开条例》中，政府信息的记录和存储方式，系政府信息

---

① 马怀德主编：《行政法学精论》，中国检察出版社2022年版，第214页。

② 杜万华总主编，蔡小雪，陈裕琨，缪蕾卷主编：《最高人民法院司法观点集成：行政卷（第二版）》（Ⅲ），中国民主法制出版社2023年版，第1197页。

的“载体要素”[①]。政府信息能够被公开，主要是其具备媒介承载性，供公众查询和使用，这也是政府信息能够依法被公开的前提。(1)“一定形式”指的是信息记录的具体方式和格式。这可以包括但不限于纸质文档、电子文件、音频、视频等多种形式。在实践中，“一定形式”需要在现有技术框架下实行。(2)“记录”指的是将政府信息以某种方式固定下来。如通过手写、打印、电子录入等方式将信息记录下来，如会议纪要、工作记录等。政府信息应当具有完整性和可追溯性，便于日后查阅和使用。(3)“保存”指的是政府信息的存储和管理。保存政府信息的目的是确保信息的安全性和可访问性。这可以包括物理存储（如档案室保存纸质文件）和电子存储（如服务器存储电子文档）等方式。无论采用何种保存方式，都需要确保信息的保密性、完整性和可用性。在实践中，“由当事人双方信息占有的不对称”[②]，行政机关对政府信息是否存在，提供政府信息的具体形式是否符合形式均要承担相应的证明责任。《政府信息公开条例》明确政府信息以特定格式记录下来，并通过适当的方式进行长期保存，以确保信息的可追溯性、完整性和安全性。这是政府信息公开的基础，也是公众能够依法获取政府信息的重要保障，也是行政机关证明政府信息公开合法性的依据之一。

综上所述，通过《政府信息公开条例》第 2 条核心词的解读，理解政府信息的“职责要素”“来源要素”“载体要素”等关键要素，为后续的政府信息公开工作提供了明确的指导，是行政机关处理依申请公开政府信息的主要依据。

（三）《政府信息公开条例》第 2 条的地位与作用

《政府信息公开条例》第 2 条在整个文本中的地位至关重要，它属于总则的一部分，为整个条例的基础性规定之一，它是理解和适用整个条例的基础，具有“辨识与界定政府信息的标尺作用”[③]。

一是具有显著的纲领性作用。第 2 条清晰地界定了“政府信息”的准确含义，不仅为整个条例的实施提供了明确的范畴，更是后续各个条款得以理解

---

① 马怀德主编：《行政法学精论》，中国检察出版社 2022 年版，第 214 页。

② 李广宇：《政府信息公开司法解释读本》，法律出版社 2011 年版，第 173 页。

③ 王学堂编著：《政府信息公开一本通》，中国法制出版社 2021 年版，第 14 页。

和正确适用的基础，确保了条例的整体性和连贯性。这种提纲挈领、引领全局的作用，对于理解和执行整部条例具有不可或缺的重要性。

二是明确界定了其适用范围。第 2 条指明了哪些信息受条例管理，哪些信息不受其约束，这为行政机关和公众提供了清晰的法律指引。行政机关在进行信息公开申请处理时，可依据此条款，准确判断信息的性质，从而决定信息是否应予以公开。这一规定至关重要，它确保了信息公开工作的明确性和规范性。

三是与其他相关条款紧密相连，共同确保了信息的透明与公开。在这一体系中，政府信息公开的范围、方式和程序等核心规定，都是围绕第 2 条中对“政府信息”的明确定义而展开的。特别是在处理信息公开申请时，行政机关必须严格遵循第 2 条的指引来实施第 38 条的规定。若缺失了第 2 条这一基础性定义，后续条款的理解和执行将会陷入困境，甚至可能产生误解和歧义。

二 《政府信息公开条例》第 38 条概述

《政府信息公开条例》第 38 条[①]主要规定了行政机关在依申请公开政府信息工作中具体操作规则，不仅要遵守《政府信息公开条例》规定，还应当符合行政法的一般原则，这些原则共同构成政府信息公开工作的基础。《政府信息公开条例》明确行政机关在依申请公开工作中应当遵守约束性原则和适度性原则。

（一）约束性原则

《政府信息公开条例》第 38 条明确提供政府信息基于现有原则，即行政机关只能提供那些已经制作或者获取的政府信息，确保所提供信息的准确性和可靠性。这就意味着，在依申请公开案件中，行政机关不能提供尚未形成或者尚未获取的信息，即“行政机关没有应申请人的要求专门为其制作某一信息

---

① 《政府信息公开条例》第 38 条：行政机关向申请人提供的信息，应当是已制作或者获取的政府信息。除依照本条例第 37 条的规定能够作区分处理的外，需要行政机关对现有政府信息进行加工、分析的，行政机关可以不予提供。

的义务”[①]。

一是受“诚实守信原则”[②] 约束。行政机关公布的信息应当全面、准确、真实。如果行政机关尚未制作成或获取某些信息，那么这些信息在实质上是不存在的。在依申请政府信息公开工作中，行政机关应当确保公布的信息全面、准确、真实，不得虚假陈述或误导公众，不得发布没有被制作或获取的信息。

二是受“权责统一原则”[③] 约束。《政府信息公开条例》明确，行政机关只有在其履行管理职责过程中制作或者获取的信息，才有义务进行公开。对于尚未形成或尚未获取的信息，行政机关没有公开的法律义务。

三是受“合理行政原则”[④] 约束。政府信息公开应当遵循公正、公平、便民的原则。行政机关在作出公开与不公开的裁量时，需考虑符合立法授权目的的相关因素，且采取的措施和手段应当必要、适当，如果行政机关公开了尚未制作或尚未获取的信息，可能会误导公众，造成不必要的混乱和误解，违背合理行政原则。

四是受“高效便民原则”[⑤] 约束。如果要求行政机关公开尚未制作或尚未获取的信息，行政机关可能需要投入大量的人力、物力和财力去搜寻、整理这些信息。这不仅会极大地增加行政机关的负担、降低行政效率，还可能造成公共资源的浪费。

综上所述，行政机关不能提供尚未制作或者尚未获取的信息是合理的，也是符合法律法规和相关原则的，这样的规定既保护行政机关的合法权益，也避免给公众带来误导和混乱。

（二）适度性原则

《政府信息公开条例》第 38 条对行政机关在提供政府信息时设定了一些限制，明确为信息加工与分析的限制，这意味着行政机关一般不提供经过加工、分析的信息。在依申请公开案件中，如果申请人请求的信息需要行政机关进行加工或分析，除非这些信息可以根据《政府信息公开条例》第 37 条的规

① 李广宇：《政府信息公开诉讼：理念、方法与案例》，法律出版社 2009 年版，第 76 页。
② 吴鹏：《行政法学》，高等教育出版社 2019 年版，第 14 页。
③ 吴鹏：《行政法学》，高等教育出版社 2019 年版，第 15 页。
④ 吴鹏：《行政法学》，高等教育出版社 2019 年版，第 9 页。
⑤ 胡建淼：《行政法学（第五版）》（上），法律出版社 2023 年版，第 37 页。

定进行区分处理，否则行政机关有权选择不提供这些信息。这是基于提供政府信息适度性原则要求。

一是“合法预期保护原则”① 要求。行政机关公开的政府信息应当是原始的、未经改动的数据或文件。经过加工、分析的信息可能引入了新的解释或观点，从而改变了原始信息的本质。为了确保公众接收到的是最直接、最真实的信息，行政机关可以不提供加工后的信息。

二是比例原则要求。“比例原则，又称适度原则或者均衡原则，是行政机关达成目的与手段的相称性来考量的”②。这意味着行政机关的职责是主要提供现有的、未经改动的信息，而不是根据特定需求进行加工或分析的信息。这种规定既确保所提供的信息是真实可靠的，又保证这些信息是适度且均衡的，既不过度也不欠缺。

三是“信赖保护原则”③ 要求。经过加工、分析的信息可能因处理者的主观判断或方法差异对公众产生误导。为了避免因信息加工而引入的潜在偏见或错误，行政机关应当更倾向于提供原始信息，让公众自行判断和分析。

综上所述，《政府信息公开条例》第 38 条的限制主要集中在行政机关能够提供的信息范围和类型上，旨在确保政府信息的准确性和行政机关的工作效率。在申请政府信息公开时，申请人应该尽量明确和具体地描述所需的信息，以便行政机关能够迅速、准确地提供相关信息。同时，如果申请人需要的信息确实需要行政机关进行加工或分析，也应该理解并尊重行政机关的决定。

（三）《政府信息公开条例》第 38 条的地位和作用

《政府信息公开条例》第 38 条是依申请公开工作的核心条款之一，在整个文本中有着重要的地位和作用。

一是规范依申请政府信息公开的范围。第 38 条明确规定了行政机关向申请人提供的信息应当是已制作或者已获取的政府信息，为信息公开的范围提供了明确的规范。与行政机关主动公开的范围存在较大的差别，并非“依申请公开只能适用于主动公开的信息之外的信息”④。

---

① 余凌云：《行政法讲义》（第三版），清华大学出版社 2019 年版，第 90 页。
② 何海波：《行政诉讼法》（第三版），法律出版社 2023 年版，第 74 页。
③ 应松年主编：《行政法与行政诉讼法上》，中国法制出版社 2009 年版，第 53 页。
④ 余凌云：《行政法讲义》（第三版），清华大学出版社 2019 年版，第 392 页。

二是明确依申请公开工作职责范围。第 38 条明确规定了行政机关在何种情况下可以不提供经过加工、分析的信息，从而界定了行政机关的职责范围。这有助于行政机关更高效地处理信息公开申请，避免不必要的资源浪费。

三是明晰依申请公开的公开方式。在依申请政府信息公开中，行政机关要保持政府信息的原始性，确保信息真实性，防止因加工或分析而引入不必要的误解或歧义。在资源有限的情况下，第 38 条有助于行政机关合理分配资源，优先处理那些无需额外加工或分析的信息公开申请。

四是引导公众合理提出申请。第 38 条规定了行政机关在处理依申请公开工作的具体操作指南，尤其是在面对需要加工、分析的信息请求时，具有可以不予公开的自由裁量权。这一条款也在一定程度上引导公众更加合理地提出信息公开申请。公众在了解到行政机关一般不提供加工、分析的信息后，可能会更加关注原始政府信息的获取，从而提高申请的有效性和针对性。

综上所述，《政府信息公开条例》第 38 条是关于依申请公开工作的原则，明确界定了行政机关在信息公开中的职责和权限，明确规定行政机关在提供政府信息时应遵循的原则和限制。该条款与其他相关条款相互关联，共同构成了政府信息公开的完整制度体系，为政府信息公开工作提供了全面的指导和规范。

三 《政府信息公开条例》第 2 条与第 38 条的关联分析及实际应用

《政府信息公开条例》第 2 条与第 38 条之间存在密切的关联。它们在受案范围、客观标准、实施原则上的关联上体现了基础定义与具体操作原则的区别。在实践中，两者的相互作用，共同构成了政府信息公开工作的基础和核心，共同确保了政府信息的原始性、准确性和公正性。

（一）第 2 条与第 38 条关联

政府信息公开工作中，第 2 条明确了政府信息的范围，为第 38 条实现提供了前提和依据；第 38 条则进一步细化了政府信息公开的操作规范，第 2 条与第 38 条共同保障了公众依法获取政府信息的权利。

1. 在受案范围上

第 2 条定义政府信息的范畴，即“行政机关在履行行政管理职能过程中制作或者获取的，以一定形式记录、保存的信息”。该条为整个条例设定基础，明确哪些信息属于可以被公开的信息。第 38 条的操作范围正是基于第 2 条所定义的“政府信息”。换言之，第 38 条中提到的“已制作或者获取的政府信息”正是源自第 2 条的定义。

2. 在客观标准上

第 38 条具体规定行政机关在提供信息时应遵循的原则，即主要提供已制作或获取的信息，强调原始记录和保存状态，这一条款实际上是在第 2 条定义的基础上，进一步明确信息公开的具体操作原则，保证政府信息的客观存在性，也避免因加工或分析而引入的主观性或误导。它确保行政机关在公开信息时，主要提供原始、未经加工的信息，这与第 2 条中“以一定形式记录、保存的信息”相呼应。

3. 在实施原则上

第 2 条强调信息的主动公开原则，第 38 条则明确行政机关自由裁量标准，但要求行政机关对申请公开的信息中包含不应当公开的内容说明理由。在两条款共同作用下，既保障公众的知情权，又最大限度地保障行政机关履行职责过程性等工作的公开限度。

（二）第 2 条与第 38 条的实际应用

本文以“浙江省人民政府网站”公开的行政复议决定书为例[①]，其中有效链接文书共 24 份（2023 年度 7 份，2022 年度 13 份，2021 年度 1 份，2016 年度 1 份，2015 年度 2 份），深入剖析《政府信息公开条例》第 2 条和第 38 条在依申请公开案件办理中的具体操作，明确二者不能孤立适用，必须相互补充、相互支持。只有两者相互协同、互为支撑，才能共同促进政府信息依申请公开工作的标准化、系统化和法治化。

① 参见浙江省人民政府网。

1. 第2条定义信息公开边界指导第38条的受理范围

案例一：倪某某、某果树实验站不服浙江省自然资源厅信息公开申请行政复议案（浙政复〔2023〕35号行政复议）

申请人倪某某、某果树实验站要求浙江省自然资源厅公开“试问：省国土资源厅[①]以什么理由终结？怎样处理的？上书人的诉求是怎么安置的？征用的国家与省政府的农科基地是否恢复原状？给我书面文字性的答复”及“你在信中提出的信访事项已经由浙江省国土资源厅处理，我向省人大章某某反映的事实是怎么查处的？请给我书面文字性的答复”信息，复议机关经审理后认为，这是在依申请政府信息公开的工作中，必须严格遵守行政法的一般原则，这些原则不仅是政府信息公开工作的基石，更确保了公开过程的公正性和透明度。

案例二：某阀门有限公司不服某区人民政府信息公开申请行政复议案[②]（温政复〔2021〕373号）

申请人某阀门有限公司要求某区人民政府公开“温州市某区人民政府、区长、副区长，某区委书记、副书记，以及享受区长和副区长待遇的领导人员指使温州市某区应急管理局对申请人选择性执法、报复性执法的审批文件、会议纪要、电话记录等信息”。复议机关经审理后认为，“行政机关在履行职责中形成的相关信息才属于该条例所称的政府信息，并非与行政机关相关的信息都是政府信息且应按上述行政法规规定予以公开为由，以本案涉案信息显然不属于政府信息范围”[③]。

案例三：王某甲不服浙江省卫生健康委员会政府信息公开答复行政复议案（浙政复〔2023〕55号）

申请人以申请人需要鉴定及调取的材料属于被申请人管辖为由提出行政复议，要求浙江省卫生健康委员会公开“某司法鉴定中心出具法医临床鉴定意见书所保存的所有档案资料”。复议机关经审查后认为，该资料属于第三方某司法鉴定中心作出鉴定意见的档案资料，该信息既非被申请人制作、获

---

① 现组建为省自然资源厅。

② 说明：因浙江省人民政府网站发布同类案件数量不足，本案系浙江省人民网站各市、区（县）政府温州发布案例。

③ 说明：因浙江省人民政府网站发布类型不足，本案系浙江省人民网站各市、区（县）政府温州发布案例。

取或保存，亦非行政机关制作，因而不属于《政府信息公开条例》第2条规定的政府信息，被申请人据此答复告知不作为信息公开申请处理，并无不当。

《政府信息公开条例》第2条明确界定了信息公开的边界，为第38条的具体操作提供了明确的指导。这一边界的设定，不仅确保信息公开的合法性和规范性，也为公众获取政府信息提供明确的路径和保障。第38条的受理和决定程序必须严格遵循第2条所定义的信息公开边界。上述3个案件中，行政机关首先应明确申请人申请公开的信息是否为《政府信息公开条例》第2条定义的信息，其次才是根据《政府信息公开条例》第38条开展依申请工作公开答复工作。这意味着，行政机关在受理信息公开申请时，必须首先判断所申请的信息是否属于本机关职责、是否属于公开的范围，是否符合公开的原则和要求。只有符合这些条件的信息，才能进入审查和决定程序。

2. 第38条客观存在原则指导第2条确定公开内容

案例一：陈某某不服浙江省人民政府政府信息公开答复行政复议案（浙政复〔2022〕275号）

申请人陈某某以某项目存在土地未转变国有的前提下进行拆迁的违法行为，作为上级部门应该知情，对该项目是否符合公共利益的情形，自然应当以审查为由申请行政复议。复议机关经审查后认为，根据《政府信息公开条例》确定的政府信息公开制度，政府信息公开解决申请人所申请的政府信息是否存在，是否由被申请的行政机关负责公开等问题。政府信息公开制度本身并不解决所申请的政府信息应不应该存在，为什么不存在等源头问题。因此，申请人通过申请政府信息公开继而在行政复议申请中有关质疑行政机关未依法履行拆迁项目审查，未主动获取申请人申请的政府信息等职责的理由，缺乏法律依据。同时释明如申请人认为拆迁项目存在违法行为，申请人可通过其他正当途径依法反映解决。

案例二：某机房设备有限公司不服某市人民政府政府信息公开答复行政复议案（浙政复〔2022〕200号）

申请人某机房设备有限公司以“我司收到5月30日作出的《关于某区域低效地腾退的通知》，看字面意思是要收回我司的国有建设用地使用权”为由，要求公开“由有关人民政府土地行政主管部门报经原批准用地的人民政府或者有批准权的人民政府批准文件，也就是收回我司国有建设用地使用权的批准文件”。后以申请人推定相关工作人员必定“应当依照法定权限和程序进行”，那么必定客观存在“有批准权的人民政府批准文件”为由申请行政复议。复议机关经审查后认为，某市人民政府经检索及向相关单位核查发现没有申请人所申请公开的信息，告知该政府信息不存在，并无不当。

《政府信息公开条例》第2条的规定，政府信息存在是指行政机关在履行职责过程中已经制作或获取，并以一定形式记录、保存的信息。政府信息公开规制的政府信息在没有行政决定的情况下是一种物理行为，而且无论行政机关是否同意公开，都不直接限制或剥夺当事人的实体权利和义务，是一种“事实行为”[①]，第38条的审查标准实质“政府信息客观存在”。上述两个案件中，申请人主张拆迁存在，相关信息必然存在，属于“推定”，在政府信息公开答复中，行政机关答复应当基于第38条的政府信息客观存在。复议机关审查的标准应当要看行政机关是否确实尽到了积极的检索、查找义务。在没有确凿证据否定行政机关关于政府信息不存在的答复，或者申请人提供不出政府信息确实存在的相关线索下，应当予以支持政府信息不存在的答复方式。

3. 第2条强调公开原则指导第38条的具体实施原则

案例一：李某某不服浙江省自然资源厅政府信息公开答复行政复议案（浙政复〔2022〕278号）

申请人李某某以浙江省自然资源厅在该建设项目审批程序结束批准文件下达后，对该征地批文档案中的相关其余信息资料不予公开，违反《政府信息公开条例》等相关的法律规定，剥夺了申请人的知情权为由提起行政复议。复议机关经审理后认为，被申请人根据《政府信息公开条例》及申请事项具体法律规定，公开《浙江省建设用地审批意见书》等8件47页内容，对《某县建设用地审查意见表》等8件17页内容不予公开的信息公开答复，符合《政府信息公开条例》规定。并说理明确行政机关在履行行政管理职能过程中形成的讨论记录、过程稿、磋商信函、请示报告等过程性信息以及行政执法案卷信息，可以不予公开。认为《某县建设用地审查意见表》等8件17页内容，属于内部事务信息、过程性信息以及执法案卷信息，被申请人根据上述规定决定不予公开，并无不妥。

① 胡建淼：《行政法学（第五版）》（下），法律出版社2023年版，第689页。

案例二：叶某某不服原浙江省国土资源厅政府信息公开答复复议案（浙政复〔2015〕254号）

申请人叶某某为了解本村征地情况，向原浙江省国土资源厅提出政府信息公开申请，申请内容描述为“请依法公开浙江省义乌市佛堂镇××村的征地批文”，所需信息用途为“维护宪法和公民的合法权益，也用于行使公民监督权、知情权”。原浙江省国土资源厅以行政机关一般不承担为申请人汇总、加工或重新制作政府信息，以及向其他行政机关和公民、法人或者其他组织搜集信息的义务为由，要求申请人补正提供明确的文件名称或者发文号。复议机关审理后认为，申请人申请公开的政府信息的内容描述明确，符合《政府信息公开条例》（2008年版）第20条①规定，不存在《政府信息公开条例》（2008年版）第21条②第4项规定的应当告知申请人补正的情形。同时该信息由被申请人保存，经检索后即可复制并向申请人提供。被申请人通知其补正的答复实质上构成对申请人所提申请的拒绝，违反《政府信息公开条例》（2008年版）第21条1项、第24条③第1款、第2款及第26条④规定，确认不予答复行为违法。该复议案例虽然在2015年形成，但行政机关应承担主动公开职责及保障公众知情权的基本原则不变，具有现实指导意义。

实践中，《政府信息公开条例》第2条所强调的公开原则也为第38条的具

① 《政府信息公开条例》（2008年版）第20条：公民、法人或者其他组织依照本条例第13条规定向行政机关申请获取政府信息的，应当采用书面形式（包括数据电文形式）；采用书面形式确有困难的，申请人可以口头提出，由受理该申请的行政机关代为填写政府信息公开申请。政府信息公开申请应当包括下列内容：（一）申请人的姓名或者名称、联系方式；（二）申请公开的政府信息的内容描述；（三）申请公开的政府信息的形式要求。

② 《政府信息公开条例》（2008年版）第21条：对申请公开的政府信息，行政机关根据下列情况分别作出答复：（一）属于公开范围的，应当告知申请人获取该政府信息的方式和途径；（二）属于不予公开范围的，应当告知申请人并说明理由；（三）依法不属于本行政机关公开或者该政府信息不存在的，应当告知申请人，对能够确定该政府信息的公开机关的，应当告知申请人该行政机关的名称、联系方式；（四）申请内容不明确的，应当告知申请人作出更改、补充。

③ 《政府信息公开条例》（2008年版）第24条：行政机关收到政府信息公开申请，能够当场答复的，应当当场予以答复。行政机关不能当场答复的，应当自收到申请之日起15个工作日内予以答复；如需延长答复期限的，应当经政府信息公开工作机构负责人同意，并告知申请人，延长答复的期限最长不得超过15个工作日。申请公开的政府信息涉及第三方权益的，行政机关征求第三方意见所需时间不计算在本条第2款规定的期限内。

④ 《政府信息公开条例》（2008年版）第26条：行政机关依申请公开政府信息，应当按照申请人要求的形式予以提供；无法按照申请人要求的形式提供的，可以通过安排申请人查阅相关资料、提供复制件或者其他适当形式提供。

体实施提供了重要指导。第 2 条要求行政机关在信息公开过程中，必须遵循公正、公平、便民的原则，确保公众能够及时、准确地获取所需信息，确保公众的知情权和监督权落到实处。这一原则不仅为政府信息公开提供了根本指导，也对第 38 条所规定的公开程序规范产生了深远影响。根据这一原则，意味着需要行政机关加工、分析的非现存信息，行政机关可以不予提供；在依申请信息公开案件办理中，行政机关还需要注意区分实际工作量的大小，对信息公开的影响，即工作量不大的简单加工分析就可以形成的信息，应当予以提供。

通过对政府信息公开行政复议案件研究，不仅增加了行政机关对《政府信息公开条例》第 2 条与第 38 条内容的把握，还为如何将这些规定灵活运用到实践中提供了明确指引。首先，案例研究有助于行政机关准确把握《政府信息公开条例》的核心要义，确保其在处理信息公开申请时能够严格遵循法规要求。其次，通过研究行政复议案例，行政机关可以更加明确在政府信息公开实践中可能遇到的法律问题和风险点，从而提前做好风险防范和应对策略，确保信息公开工作的顺利进行。最后，这些案例研究还能为行政机关提供宝贵的实践经验，指导其在遇到类似情况时能够迅速作出合理合法的决策，提升行政效率和服务质量。

综上所述，本文通过对《政府信息公开条例》第 2 条和第 38 条概念、关联及具体应用的研究，希望能推动行政机关更加严格地依法行政，提高政府工作的透明度和公信力，切实减少因违法或不当而被行政复议纠错。

福建省政府公报转型探索与展望

陈　靖　陈　丹　卞泽娟　王正亮　路亚楠　陶　然*

摘　要： 政府公报是刊登行政法规和规章标准文本的法定载体，是政府机关发布政令的权威渠道，在推进政务公开、加强政务服务、促进依法行政、密切党和政府同人民群众联系等方面发挥着重要作用。但在实际工作中，政府公报仍然存在法定载体作用发挥不充分、公报内容不全面、信息传递效率低、工作机制不健全等问题。本文以福建省政府公报工作转型发展为例，通过实地调研、档案查阅、座谈访问等方式，全面总结福建省政府公报工作实践，在分析研判转型发展的现实需要和面临问题的基础上，就如何改进政府公报工作、更好服务社会公众提出建议和展望。

关键词： 政府公报　工作实践　转型发展

政府公报是行政机关出版发行的以刊载法令、方针、政策、宣言、申明、人事任免等各类政府文件为主要内容的特殊出版物，具有政治性、法定性和权

* 陈靖，福建省人民政府办公厅政务公开处二级调研员；陈丹，中国科学技术大学国际金融研究院数字徽商研究中心执行主任；卞泽娟，安徽省安策智库咨询有限公司高级研究员；王正亮，安徽省安策智库咨询有限公司副总经理；路亚楠，安徽省安策智库咨询有限公司副总经理；陶然，安徽省安策智库咨询有限公司中级研究员。

威性，是行政法规、规章的法定载体和宣传工具，是依法行政的重要窗口，是政务公开的重要渠道，更是各级政府服务和联系人民群众的纽带桥梁。

近年来，移动互联网快速迭代发展，受众群体的阅读习惯发生极大改变，传统纸质版公报局限性日益凸显，难以适应时代要求，不能很好满足社会公众日益增长的政府信息公开需求。随着政府治理方式和信息技术形态的发展演变，政府公报面临向数字化形态转型升级的现实需要。推动政府公报转型发展，是数字政府、法治政府建设的重要内容，也是国家治理体系和治理能力现代化的内在要求。

当前，我国政府公报信息化建设已相对成熟，公报电子版与纸质版能够做到同步发行且内容格式基本一致，但距离数字化转型目标仍有较大差距。福建省的政府公报工作，从1949年创刊《福建政报》发展至今已历多次变革，早在2000年即开展公报上网工作，积累了转型发展经验，在全国各省政府公报中具有一定代表性。研究福建省在政府公报转型发展方面的工作经验，可以为政府公报的数字化转型探索提供有价值的参考。

一 福建省政府公报的工作实践

民国时期的政府公报已成为公开政务活动的重要形式，在这一时期，将政务公之于众的理念借助政府公报形式已有所萌芽。《福建公报》于1912年1月创刊，主要刊有中央法令、政务院议决案、军务司通告、地方官令、要件、公电、大总统令、巡按使批、会议记录、福州府地方审判厅判决案等内容。国民政府时期的《福建省政府公报》创刊于1927年，设有中央命令、本省命令、中央法规、本省法规、公牍、会议录、政治报告、附录等栏目。

新中国成立后，《福建省人民政府公报》的前身是《福建政报》。为推动加强全省政权建设工作，1949年10月，在全省尚未全部解放的背景下，时任福建省人民政府主席张鼎丞及副主席叶飞、方毅即共同签署省政府通令，决定创办并出版《福建政报》，用以传达政令、宣传党的方针政策，指导和组织全省的工作。此时的《福建政报》，主要汇集刊登人民政府颁布的各项重要决定、政策、法令与命令以及各地区各部门重要工作经验、报告、总结、调查统计资料等内容，用于各地区之间经验交流、相互学习、共同研究，为各级政府部门实际工作发挥指导作用。20 世纪 60 年代中期，《福建政报》由于历史原因停刊，直至 1984 年复刊。此后，其转型发展历程大致可分为四个阶段。

（一）文件汇编阶段（1984—1994 年）

在改革开放背景下，《福建政报》作为省政府机关刊物于 1984 年复刊。《福建政报》的复刊是政权建设的重要内容，也成为省政府传达政令、组织指导全省工作的重要形式之一。复刊后的《福建政报》主要汇编国务院和省政府重要法令规章和政策文件，同时发布省政府人事任免、机构调整文件，选登领导同志的重要讲话等，在宣传党和国家的方针政策、贯彻落实省政府各项行政措施等方面都发挥了重要作用。作为内部刊物，《福建政报》汇编了大量政策文件，并对乡镇以下基层单位发行，这在“红头文件”相对普通老百姓还带着神秘色彩的 20 世纪八九十年代，对公开政务、宣传政策起到了积极作用。这一时期，因办刊条件限制，《福建政报》内容相对简单，装帧也较为简陋，出版发行时效性较差，政务公开渠道作用发挥尚不充分，亟须转型发展。

（二）政报改革阶段（1994—2000 年）

随着改革开放的深入和经济建设的发展，为适应时代变化，更好满足工作需要和读者需求，从 1994 年起，《福建政报》进行改版扩大发行，扩充刊载内容，在当时的历史条件下承担了政务公开主渠道作用。一是增加政策公开数量。《福建政报》增设包括国务院及部委办文件、省政府及办公厅文件、经济综述、政策释疑、政务动态、会议简讯等 10 多个栏目。二是扩大政策传递范围。改革后的《福建政报》由原来的内部发行改为公开发行并收费订阅。为吸引受众，《福建政报》采用更加生动活泼的期刊装帧，封面改用彩色印刷，内文按期刊样式排版。三是加大支持力度。福建省政府对政报改革高度重视，明确政报上的文件和正式发文具有同等效力，进一步提高政报权威性和实用性。同时，改革发文办法，规定省政府普发性、非密文件主要由政报刊发，减少发文数量和发文单位，国务院及各部委办需要转发的普发性文件也改由政报刊发，不再翻印。这些改革措施和办法，受到基层企业和群众的欢迎，那些有转发层级限制的“红头文件”在改革后都可以及时在政报看到。

1997 年 9 月，经国家新闻出版署批准，《福建政报》获得 CN 刊号，成为正式期刊对国内外公开发行，福建省人民政府办公厅同时设立直属事业单位

《福建政报》编辑部，专职负责政报编辑和出版发行工作。成为正式期刊后，《福建政报》的编辑出版严格按照期刊出版管理相关规定，将刊期固定为月刊，页码固定为48码，规范性显著提高。

习近平总书记在福建工作期间，对政府公报工作高度重视。1999年，时任福建省省长的习近平总书记在《福建政报》创刊50周年之际，对政报工作提出了“保证政令畅通，推进依法行政”重要要求，为做好政府公报工作指明了方向，提供了遵循。

（三）转型探索阶段（2000—2008年）

21世纪伊始，时代背景发生更加深刻的变化，政府公报工作也受到诸多因素推动。一是依法治国被提升到治国“基本方略”的战略高度。1999年3月，在第九届全国人大第二次会议上，“依法治国，建设社会主义法治国家”被正式写入宪法修正案。2000年3月，第九届全国人大第三次会议通过《中华人民共和国立法法》（以下简称《立法法》），该法于2000年7月1日起施行。二是政务公开工作的深入推行。2000年12月，中共中央办公厅、国务院办公厅下发《关于在全国乡镇政权机关全面推行政务公开制度的通知》，这是中央层面首次对政务公开工作的部署，进一步明确了推行政务公开工作的指导思想、基本原则和基本要求。三是加入世界贸易组织。我国于2001年12月正式加入世界贸易组织（WTO），这是中国深度参与经济全球化的里程碑，标志着中国改革开放进入历史新阶段。随着2001年《福建省政务公开暂行办法》公布施行，亟须建好权威规范的渠道公开政策信息，以主动适应WTO的透明度原则，主动适应全面推行政务公开工作要求，主动适应全面依法治国要求和经济社会发展的需要。

2000年左右，政府网站发展不够成熟，尚不能承担政府信息公开的主渠道职责。因此，在《政府信息公开条例》（以下简称《条例》）出台前，政府公报实际长期承担着政务公开、政府信息公开重要平台功能，履行标准文本的法定职责。这个时期，福建省根据时代发展的需要，积极开展政报转型公报的重大探索，并取得积极成效。根据《立法法》精神，2000年11月福建省出台相关文件[①]，指出省人民政府制定的规章以及规范性文件，除涉密和不宜公开的以外，必须在《福建政报》上刊登发布，且明确为标准文本。2001 年，《福建政报》由月刊改为半月刊，同时对封面设计、内容编排都作了适当调整，增强了政报的时效性和规范性。为规范政府管理工作，进一步贯彻落实《立法法》精神，实施政务公开及对外开放，从 2002 年 1 月起，《福建政报》正式更名改版为《福建省人民政府公报》（以下简称为《公报》），2004 年《福建政报》编辑部经批准更名为福建省人民政府公报室。时任福建省省长的习近平为更名改版后的首期《公报》亲自撰写了发刊词，发刊词充分肯定了政府公报工作，并刊登在 2002 年第 1 期扉页上。从 2003 年起，刊期由原来的半月刊改为旬刊，同时进一步扩大了刊登文件的范围，同时不再固定页码，进一步提高公报的时效性。

这一时期的《公报》主要有以下特点。一是内容更加丰富。《公报》以刊登省政府及省政府办公厅发布的规章、规范性文件为主，主要栏目包括省政府令、领导讲话、省政府文件、省政府办公厅文件、人事与机构、国家法律法规选登、国务院文件选登、国家部委文件选登、省政府及办公厅发文目录等。二是出版更加规范。更名后的《公报》采用国际通行标准 A4 开本，为适应 WTO 的规则和要求，增加英文目录，同时改变版面设计，封面采白底红字，不登照片，使刊物的整体形象更加突出机关刊物简洁、庄重、朴素、大方的特点。三是赠阅更加普惠。改革《公报》发行方式，由原来的单一收费订阅调整为赠阅与收费订阅相结合的“两条腿走路”的办法。从 2002 年开始，试行部分赠阅，即对全省各乡镇（街道）和村（居）委会实行赠阅，其他单位和个人继续实行收费订阅，并于 2004 年实现全部赠阅。四是发布更加及时。2000 年开始探索政府公报电子化，将政报、公报每期目录上网并开展延期全文上网工作，2004 年公报全面赠阅后，改为公报电子版全文上网。

（四）规范发展阶段（2008 年至今）

2007 年《条例》颁布，并于 2008 年正式施行，自此政务公开工作进入法治化发展阶段，《条例》确定了政府公报在政务公开中的基础性平台作用。福

---

① 省人民政府关于指定《福建政报》公布省人民政府规章及规范性文件的通知（闽政〔2000〕文 366 号）。

建省认真贯彻《条例》要求，按照政府信息公开时效性、谁制作谁公开原则、政府信息发布保密审查等相关规定，对公报工作作了进一步调整完善。一是规范公报内容。确定公文属性为“主动公开”文件全部及时刊登公报，公文属性为“不予公开”或“依申请公开”的不再刊登，不再转发或选登国务院办公厅和国家部委的文件，不再刊登福建省委、省委办公厅文件。二是调整机构设置。依据《条例》，2007 年“福建省人民政府公报室”作为事业单位经批准列入参照公务员法管理范围。2011 年“福建省人民政府公报室”进一步更名为“福建省人民政府办公厅政府信息公开办公室”，加挂“福建省人民政府公报室”牌子，在公报室基础上完成整合政府公报、政府信息公开工作力量，成立了政府信息公开工作专职机构。工作机构整合后，政府信息公开工作力量得到加强，公开渠道得到有效拓展，公报工作则借助政府信息公开的行政推动和公众参与，在优化自身建设、提升服务水平等方面也都得到促进和完善。三是加快公报电子化。随着政府网站的发展成熟，《条例》明确政府网站为政府信息公开第一平台。福建省紧密结合电子政务，对公报编辑出版流程实行全过程电子化，同时缩短公报上网时间，将每期公报上网调整为一经签发就在省政府门户网站公报栏目上全文发布，在纸质公报印刷出版完成之前就可以在网站上阅读当期公报，最大程度提高公报时效性。2013 年 10 月，国务院办公厅《关于进一步加强政府信息公开回应社会关切提升政府公信力的意见》明确提出“积极探索利用政务微博、微信等新媒体，及时发布各类权威政务信息”。根据国务院办公厅要求，2014 年 11 月，福建省人民政府公报微信正式开通。福建省的公报微信采用与纸质公报不同的发布方式，不再局限于刊期限制，而是每日更新最新发布的主动公开政务信息，从而进一步丰富了政府公报的公开方式：一方面，定期印刷出版的纸质版公报主要承担发布政府规章、规范性文件、政策性文件任务，重点强调权威规范；另一方面，不定期发送信息的公报微信公众号主要承担及时传递政务信息任务，重点强调政策发布的及时性和可及性问题，二者互为补充，共同加强政策信息的二次传播。

2018 年，国务院办公厅印发《关于做好政府公报工作的通知》，强调要突出严肃性、惠民性和广泛性，推动政府公报工作创新发展。福建省在认真落实文件精神的基础上，从完善政府公报体系、健全政府公报工作机制、加快政府公报电子化、切实提升服务效果等方面，督促推动进一步细化落实工作任务。

2019 年 3 月，中共中央办公厅印发《关于解决形式主义突出问题为基层减负的通知》，明确要求“严格控制层层发文、层层开会，着力解决文山会海反弹回潮的问题”。福建省认真贯彻落实中央八项规定及其实施细则精神，强化精文减会的刚性约束，大幅压缩了正式文件的发布数量。针对发文数量大量减少的情况，同年6月以后《公报》刊期由旬刊调整为月刊，进一步节约了印刷发行成本。

近年来，福建从实际出发，积极改进政府公报工作机制，适应新形势的要求探索加强编辑出版、赠阅发行等方面工作，不断提升政府公报公共服务能力，取得良好效果。改进工作主要包括以下五个方面。一是推动工作机制创新发展。一方面，把政府公报工作纳入政务公开工作统一部署、统一推进、统一考核。加强和改进公报工作机制，健全工作制度，完善工作规则，提高服务能力。另一方面，指导各设区市落实办好一份赠阅的政府公报工作要求，加强期刊管理，在无法取得CN刊号的情况下，指导设区市政府公报先取得在省新闻出版局注册的内部刊号，同时做好期刊年审工作。二是推动公报内容创新发展。政府公报严格按照《条例》要求，全面、完整、准确地刊登主动公开的政府信息，确保政府公报权威性。政府公报刊登内容主要包括省政府规章、省政府及省政府办公厅的规范性文件，以及适宜发布的其他政府信息。此外，持续探索推进部门规范性文件刊登公报工作。三是推动公报出版创新发展。完善政府公报编校审发等办刊工作规范和制度体系，统一公报编排格式，严把质量关口，维护公报的权威性和严肃性。坚持把“零差错”作为公报出版工作的基本要求，严格落实工作制度和岗位责任，以制度规范工作，以制度保证质量。四是推动公报上网创新发展。一方面，在“中国福建网”上多次改版优化电子版公报阅读界面和发布模式，大力推进政府公报数据库建设，实现1997年公开发行以来期刊内容全部入库管理。另一方面，通过公报微信公众号、公报头条号（2019年开通）动态发布最新的主动公开文件信息，同时增加了省政府常务会议解读、重要政策文件解读材料等，进一步提高了政府公报的可读性、时效性和可及性。截至2023年底，省政府公报微信号、头条号订阅数分别达到7.36万、21.9万。五是优化公报赠阅结构。坚持以赠阅为主、向基层和公共服务场所倾斜的原则，持续优化调整赠阅范围和数量，在赠阅范围完全覆盖国办发〔2018〕22号要求基础上，增加对重点行业协会、高校图书馆、人大代表和政协委员等开展赠阅。同时，不再向县以上党政机关、政府部门等具备上网条件的单位赠阅，鼓励其上网查阅使用公报，避免闲置浪费。

2023 年全年向人大代表、政协委员以及重点基层单位赠阅《公报》26 万多册。

二 福建省政府公报工作进一步转型的现实需求

推行政务公开，是政府服务人民、依靠人民，对人民负责、接受人民监督的重要制度安排。做好政府公报工作，切实发挥政府公报标准文本和信息公开载体作用，对规范政府施政行为、加强政府作风建设、优化市场营商环境等方面，具有十分重要的意义。

（一）政府公报是全面推进依法行政的强大助力

全面依法治国是中国特色社会主义的本质要求和重要保障。党的十八大以来，习近平总书记高度重视全面依法治国，并作出战略部署和总体安排，各级政府扎实推进依法行政，加快构建职责明确、依法行政的政府治理体系，把政府工作全面纳入法治轨道，切实提高政府治理效能。要做到令行禁止，政令必须先为人们所周知。政府公报的办刊宗旨是：传达政令，宣传政策，指导工作，服务社会，其中主要的功能就是传达政令。政府公报作为政府管理服务社会的工具，是权威规范发布政策进而执行政策的重要方式，全面准确、权威规范是政府公报的核心要素。2023 年新修订的《立法法》第 97 条第 2、3 款规定：地方政府规章签署公布后，及时在本级人民政府公报和中国政府法制信息网以及在本行政区域范围内发行的报纸上刊载。在国务院公报或者部门公报和地方人民政府公报上刊登的规章文本为标准文本。这意味着各级政府公报具有重要的法定标准文本地位，同时也是司法审判机关引用的重要依据。习近平总书记在福建工作期间对公报工作提出的保证政令畅通，推进依法行政重要要求，既是对公报工作的激励和鞭策，也是对政府公报助推依法行政作出的肯定。

（二）政府公报是加快建设法治政府的有力保障

法治是中国式现代化不可或缺的基本要素，党的二十大报告将“基本建成法治国家、法治政府、法治社会”作为到 2035 年我国发展的总体目标之一。

推进法治政府建设，是深化行政体制改革、转变政府职能的重要着力点，是全面依法治国的重点任务和主体工程，是实现国家治理体系和治理能力现代化的基础支撑。公开透明是法治政府的基本特征，依法治国、建设法治政府的首要条件，就是政务公开。《条例》出台前，政府公报长期承担着政务公开、政府信息公开重要平台功能。《福建省人民政府办公厅转发国务院办公厅关于做好政府公报工作的通知》要求把政府公报工作作为政务公开基础性工作，在推动政务公开渠道多样化的同时，发挥政府公报权威载体和渠道的基础性作用，突出政府公报的严肃性、惠民性和广泛性。随着时代发展特别是数字化、信息化时代的到来，人们的日常阅读载体、搜寻获取信息的渠道，已经向互联网和移动互联网转移；政府公报的形态也不再仅限于纸质刊物，作为发布和宣传国家及本地区各项政策法规的法定载体，政府公报可以通过数字化转型，更高效发布政令、传递政令，成为各级人民政府组织和指导本地区行政和经济社会工作的重要渠道，同时也为人民群众了解政务、知晓政策提供重要窗口。

（三）新时代政务公开对政策公开质量提出更高要求

2019 年，《学习时报》发表标题为《以人民为中心推进新时代政务公开》的文章，提出推动新时代政务公开不断向纵深发展，全面提升政务公开质量和实效。新时代政务公开立足各地各部门丰富的实践经验，强调以公开促落实、助监督、强监管、防风险，同时把政策公开作为政务公开工作的重中之重。当今世界各国普遍将政府公报作为法规和政令发布的权威载体，我国 2000 年开始施行的《立法法》，以宪法性法律的权威，把国务院公报、部门公报和地方公报确定为刊登行政法规、规章的权威标准文本载体。提高政策公开质量，除了要高质量发布政策文件正式版本外，还要加强政策集中公开成果运用。政府公报作为各级人民政府政务公开和政府信息公开的法定载体，具有政策集中公开的汇聚优势，但受限于传统纸质媒体传播范围小、时效差的限制，实际上服务公众的效果不够理想。电子版政府公报虽然有覆盖面广、传播迅速、便于查询的优点，但是在政策文件的发布格式，尤其是网页版式仍不够规范。因此，为了更好地方便社会公众全面了解和监督政府施政行为，确保各项政策措施能够落地有效，政府公报转型发展成为一种必然趋势。

（四）数字政务时代仍需政府公报发挥权威渠道作用

随着数字化时代的到来，人们获取法律法规、规章以及政府政策文件等各类信息的渠道空前多样化和便利化。不仅政府网站，包括移动端的 App、微博、微信，以及各类第三方平台，已经对广播、电视、报纸、杂志等传统媒体形成冲击。根据福建省《政府网站工作年度报表（2023 年度）》公布的数据，2023 年福建省人民政府门户网站共发布信息 34868 条，网站总访问量达 114565176 次，政务微信（中国福建、福建省人民政府公报）共发布信息 1609 条，订阅数达 203125，越来越多的人愿意通过政府网站、政务新媒体等渠道来获得更加丰富多样的政府信息。但政务公开渠道的多样化，并不意味着权威载体的边缘化，数字政务时代仍需要权威准确的公开渠道。首先，政府公报作为政务公开工作的基础性平台，覆盖了全省最基层的单位，直接面向最基层的老百姓，能够更好满足人民群众信息获取和政策服务需求，增加人民群众的获得感。其次，政府公报在正式场合、重要应用场景中，依然有着不可替代的作用，比如政府公报是《立法法》认可的政府信息标准文本，可作为书证使用；又如政府公报在课题研究、学术研讨等正式场合，更适合使用和归档保存。最后，信息渠道、信息来源的多样性往往会造成信息传递的失真，而政府公报作为权威规范的政府出版物，确保了信息的真实性和有效性。区别于政府日常一般性的意志表达，政府公报基于其权威、准确、规范的特性，更好地保障了全过程人民民主的落实，为人民当家作主提供根本保证。

（五）新媒体技术为政府公报数字化转型提供源动力

习近平总书记在党的二十大报告中提出，加快建设“网络强国、数字中国”“加强全媒体传播体系建设，塑造主流舆论新格局”。根据《数字中国发展报告（2023 年）》，截至 2023 年底，我国 5G 基站数达 387.7 万个，同比增长 46.1%；平均每万人拥有 5G 基站 24 个，较上年末提高 7.6 个百分点。2023 年我国网民规模达到 10.92 亿人，互联网普及率达到 77.5%，IPv6 活跃用户数达到 7.78 亿人，数字阅读用户达到 5.7 亿人，数字服务更加普惠可及。伴随数字化高速发展，政务公开工作格局和政府信息公开渠道、方式发生着重要变化，做大做强数字化平台成为数字化转型的重要方向。新媒体技术以其高效、便捷、互动和个性化的特点，为信息传播和用户体验带来了革命性的变化，同时也促使政府网站和新媒体平台逐步成为社会公众获取政府信息的主阵地。政府公报工作作为政务公开基础性工作，从最初的纸媒逐渐适应数字时代的发展需求，集公文刊物和政务公开平台两种功能于一身，完成了历史公报的电子化建设。在新时代政务公开背景下，借由新媒体技术的灵活运用，有助于进一步强化政府公报服务功能，扩大政府公报的知晓度和影响力，为政府公报数字化转型提供发展动力。

三 福建省政府公报转型面临的主要问题

（一）对政府公报的理解不够全面

目前，对政府公报工作的理解主要有两个方面的误区：一方面，认为政府公报就是单纯的“文件汇编”。《条例》施行后，按照规范化要求，政府公报主要内容大多为刊登省（区、市）政府及其办公厅主动公开的红头文件，其他内容仅占极少部分，权威性、工具性的特点常常被忽略。另一方面，认为政府公报已经越来越边缘化。随着政府网站和政务新媒体等平台建设越来越完善，网站和新媒体在信息公开内容的丰富性以及信息传递的时效性等方面，都远远超过传统的纸质版公报，其政务公开主渠道的地位逐渐被政府网站所替代。

（二）政府公报内容管理有一定局限性

政府及其部门的规范性文件事关经济社会发展大局和公民的切身利益，应当以权威的方式向社会公布。2004 年，福建省人民政府办公厅关于《〈福建省人民政府公报〉刊发省政府工作部门规范性文件试点工作的通知》提出，选取省发改委、经贸委、财政厅、卫生厅、工商局五部门开展在《公报》上刊登发布省政府工作部门规范性文件的试点工作，并明确文件提交、备案审查、刊登发布等程序要求，但由于机构改革、审查职责、内部制度等原因，政府公报仍然以刊登政府或政府办公厅（室）名义发布的文件为主，对政府组成部门发布的行政规范性文件未进行持续刊登，推进部门规范性文件刊登公报的工作未见成效。

（三）政府公报发行管理有待持续优化

根据《国务院办公厅关于做好政府公报工作的通知》要求，政府公报赠阅范围应当覆盖本地区国家档案馆、公共图书馆、政务（行政）服务大厅等政府信息公开查阅场所和公共服务场所，以及乡镇政府、街道办事处、社区、村（居）委会等基层单位和法院、检察院等司法机关。在实践中，基层政府及相关单位本就能够收到上级下发的红头文件，受赠的政府公报一般用于存档备查，存在一定的闲置浪费，而针对村委会、居委会等基层单位的赠阅则存在保管不善、使用率不高等问题。此外，由于纸质版政府公报赠阅范围较广，刊印、邮寄、政府运行等经费是一笔很大的财政支出，现有的赠阅管理模式存在成本较高、有效利用率低等问题。

（四）政府公报期刊管理制度有待完善

作为《立法法》规定的政府规章标准文件法定载体，目前省级政府公报一般都有国内统一连续出版物号（CN 刊号），而大部分市县级政府公报一般未获得 CN 刊号，只能使用各省内部刊号，属于内部出版物。根据《期刊出版管理规定》，内部发行的期刊只能在境内按指定范围发行，不得在社会上公开发行、陈列。因此，作为内部发行的市县级政府公报在使用时将受到一定限制。此外，为增强信息公开的时效性，与普通期刊不同，政府公报多采用不定刊期、不定页码、较多增刊等做法。政府公报作为特殊的政府出版物，也不适合简单运用普通期刊管理规范进行管理。

四 政府公报转型建议与展望

（一）强化公报认知，助推法治建设

政府公报作为政府信息公开的重要平台和发布政府信息的重要渠道，有着悠久的发展历史、严肃的法律地位和严谨的工作规范。强化公报认知，准确理解政府公报的深层内涵，是推动政府公报工作创新发展的重要基础。一方面，要深刻认识到公报姓“法”。公报不同于一般的文件汇编，政府公报上刊载的

文件具有重要的法定标准文本地位，是司法审判机关可以引用的重要依据。另一方面，要准确理解政府公报边缘化问题。政府公报作为法定标准文本的重要载体，其地位和作用仍然重要，所谓“政府公报边缘化”实际上更指向纸质出版形态的政府公报逐渐边缘化。随着依法行政理念深入人心，政府公报的数字化转型深入推进，政府公报的法定载体地位反而会越来越重要。

（二）细化流程标准，促进规范发展

通过地方立法、制度规范等方式巩固政府公报的法律地位、规范政府公报的编辑出版发行工作。一方面，明确部门规范性文件刊登公报必须经过同级司法部门备案审查，明确规定拟通过政府公报发布的部门规范性文件，要在正式刊印前经由司法部门备案审查，防止出现刊印的文件与政府司法部门审查意见不一致的情况，保障部门规范性文件刊登公报工作正常开展。例如，《深圳市行政机关规范性文件管理规定》和《深圳市人民政府公告管理规定》明确规范性文件刊登政府公报作为标准文本的责任划分、程序要求等内容，增强了公报内容的全面性。另一方面，加快设立政府公报序列的专用 CN 刊号，按照政府公报特点进行单独管理，实现设区市以上政府出版的政府公报经审批可作为正式全国性期刊出版。

（三）优化赠阅结构，提升服务效能

一是适时调整公报赠阅结构。随着电子版公报发展逐步完善，基层干部和群众获取公报信息的方式越来越便捷，且相较于纸质版公报，电子版公报具有时效性更强、内容更完备等优势。因此，要在全面办好电子版公报的基础上，合理减少纸质版公报赠阅范围和数量，降低行政成本。二是提高公报赠阅的针对性。充分利用政府网站、政务新媒体平台，做好电子版公报的公开和宣传工作，可以减少对各级行政机关的赠阅。对于网络使用不便或通信基础较差的地区，可以继续提供纸质版公报赠阅，确保公众及时获取重要政策信息。三是探索开展按需赠阅。目前，纸质版公报的赠阅范围基本按照《国务院办公厅关于做好政府公报工作的通知》要求覆盖，然而文件没有明确提到的其他社会组织、企业和个人，即便有需求，也很难获得赠阅。电子版公报的使用虽然更加方便快捷，但仍有一些企业和个人需要使用或习惯使用纸质版公报。有条件的地区，在合理优化公报赠阅范围和数量的基础上，可以探索放开免费征订，

满足这一小部分社会组织、企业和个人的需求，适当增强政府公报的普惠性。

（四）深化政策发布，加快数字化转型

政府公报是政府发布、传递政令的权威渠道和方式，政府公报的数字化转型离不开政策发布数字化。目前，美国、英国、日本、比利时、意大利、奥地利、匈牙利等国家已经实现以数字化方式发布政策，且均通过电子化公报或专门网站对外公开。基于各国政府公报数字化发展现状，政府公报数字化转型可聚焦四个方面。一是构建政策文件数字化发布新格局，制定数字化规范性文件格式标准，强化安全可信的信息技术在政策文件数字化发布领域的普及应用，通过立法明确行政机关发布的数字化文件具备纸质版文件同等法律效力。在完善政策文件数字化发布基础上，探索将政府公报的定期发布与政策文件库、规范性文件库等动态更新发布模式相结合，逐步统一政府公报与政策文件库的功能与角色定位，完成政府公报的数字化转型。二是在一定历史时期保留出版纸质版政府公报，并坚持做好内容建设。在政策文件发布数字化转型阶段，基于权威发布和标准文本的功能需要，纸质版公报与数字版公报仍将长期并存，以便保留并形成规范版本和历史档案。这个时期纸质版公报仍可向有需要的社会组织、企业和个人开展赠阅。随着政策文件数字化发布的普及，以及读者群体阅读习惯的改变，内容建设需要转变惯性思维方式，认识到不同媒介平台上内容传达方式的差异性，及时调整纸质公报的编辑出版模式，增强内容的可读性。三是全面强化渠道建设。在数字化背景下，政府公报不仅是全量政策文件集中、统一、动态发布的窗口，更是高质量、标准化服务于政策发布、解读、咨询、落实等全链条的核心平台，通过融合各种媒介，形成以数字化公报为核心的政策发布和政策服务体系。四是持续完善用户体验。针对不同受众群体的个性化需求和阅读习惯，通过大数据技术对读者需求精确定位，实现政府公报内容的个性化定制，第一时间向读者推送他们最想看、最感兴趣、最关注的政策信息。

第七编

政务公开第三方评估

自由贸易试验区政府透明度评估报告（2023）

——以自贸区政府网站信息公开为视角

中国社会科学院国家法治指数研究中心项目组*

摘　要： 2024 年，中国社会科学院国家法治指数研究中心、法学研究所“新时代法治指数研究方法创新与实践应用”创新工程项目组在上一年度评估指标基础上完善了评估体系，对全国 22 家自由贸易试验区及各自贸区所辖的 68 家自由贸易试验区片区政务公开的情况进行了第三方评估。结果显示，自由贸易试验区政务公开工作进步明显，但仍存在信息发布平台建设不完善、地区发展不平衡、信息更新速度不及时和公众参与度不强的情况，从而导致各自贸区政务公开工作情况差距较大。为此，各自贸区应积极完善自贸区信息公开制度，确保及时准确全面，进一步提升透明度。

关键词： 自贸区　政府网站　政府信息公开　政务公开　透明度

* 项目组负责人：田禾，中国社会科学院国家法治指数研究中心主任，法学研究所研究员，中国社会科学院大学法学院特聘教授；吕艳滨，中国社会科学院法学研究所法治国情调研室主任、研究员，中国社会科学院大学法学院行政法教研室主任、教授。项目组成员：王小梅、王祎茗、车宇婷、刘雁鹏、李玥、栗燕杰（按姓氏笔画排序）。执笔人：李玥、吕艳滨。本报告为中国社会科学院法学研究所“新时代法治指数研究方法创新与实践应用”创新工程项目组阶段性成果。

为了响应全面深化改革，促进自由贸易试验区政务公开工作取得新质效。2024 年，中国社会科学院国家法治指数研究中心、法学研究所法治指数创新工程项目组（以下简称项目组）继续对全国各自由贸易试验区（以下简称自贸区）和各自由贸易试验区片区（以下简称自贸区片区）的政务公开情况进行了调研和评估。

一 评估背景

建设自贸区是以习近平同志为核心的党中央在新时代推进改革开放的重要战略举措，在我国改革开放进程中具有里程碑意义。2024 年是中国自贸区建设 11 周年。11 年来各自贸区在政务公开方面积极探索和实践，不断提升自贸区政府工作的透明度和公众的满意度。党的二十届三中全会提出，扩大面向全球的高标准自由贸易试验区网络，建立同国际通行规则衔接的合规机制，优化开放合作环境。《商务部关于支持自由贸易试验区进一步创新发展的意见》提出要推动自贸区加强国际贸易投资合作，积极参与国际经贸合作，鼓励自贸区构建营商环境科学评价体系，进一步优化政府服务，营造法治化、国际化、便利化营商环境。国务院办公厅 2020 年 6 月发布的《2020 年政务公开工作要点》从提高市场监管规则和标准公开质量、提高政务服务透明度便利度和提高经济政策发布解读针对性精准性三方面提出，要围绕优化营商环境加强政务公开。因此，提升政府透明度对于建设高标准自贸区网络具有重要意义。

二 评估概况

（一）评估对象

截至 2024 年 6 月，全国先后设立了 22 个自贸区，分别为：2013 年 9 月设立的中国（上海）自由贸易试验区；2015 年 4 月设立的中国（广东）自由贸易试验区、中国（天津）自由贸易试验区、中国（福建）自由贸易试验区；2017 年 3 月设立的中国（辽宁）自由贸易试验区、中国（浙江）自由贸易试验区、中国（河南）自由贸易试验区、中国（湖北）自由贸易试验区、中国

（重庆）自由贸易试验区、中国（四川）自由贸易试验区、中国（陕西）自由贸易试验区；2018 年 10 月设立的中国（海南）自由贸易试验区（后建设为海南自由贸易港，以下称海南自由贸易港）；2019 年 8 月设立的中国（山东）自由贸易试验区、中国（江苏）自由贸易试验区、中国（广西）自由贸易试验区、中国（河北）自由贸易试验区、中国（云南）自由贸易试验区、中国（黑龙江）自由贸易试验区；2020 年 9 月设立的中国（北京）自由贸易试验区、中国（湖南）自由贸易试验区、中国（安徽）自由贸易试验区；2023 年 11 月 1 日设立的中国（新疆）自由贸易试验区。

除海南自由贸易港的实施范围为海南岛全岛，并未涵盖片区外，其余 21 个自贸区共涵盖 68 个自贸区片区。在数据采集期间，中国（浙江）自由贸易试验区宁波片区、杭州片区、金义片区，中国（河南）自由贸易试验区洛阳片区，中国（湖北）自由贸易试验区宜昌片区，中国（重庆）自由贸易试验区西永片区、果园港片区（由两江新区代管），中国（江苏）自由贸易试验区苏州片区，中国（云南）自由贸易试验区红河片区，中国（黑龙江）自由贸易试验区哈尔滨片区，中国（北京）自由贸易试验区科技创新片区、国际商务服务片区、高端产业片区，中国（新疆）自由贸易试验区乌鲁木齐片区、喀什片区、霍尔果斯片区共 16 家自贸区片区因没有门户网站或门户网站经多次尝试仍无法访问，故未参与本次评估。其余参与评估的自贸区片区共计 52 家。

（二）评估指标

因自贸区和自贸区片区的定位与职能不同，项目组依据《政府信息公开条例》、中共中央办公厅和国务院办公厅印发的《关于全面推进政务公开工作的意见》、国务院办公厅《〈关于全面推进政务公开工作的意见〉实施细则》《优化营商环境条例》及其近年来发布的政务公开工作要点等，设计了分别适用于自贸区和自贸区片区的两套评估指标体系。

1. 自贸区评估指标

自贸区评估指标涉及决策公开、管理和服务公开、执行和结果公开、平台建设、依申请公开 5 个一级指标，共涵盖 20 个二级指标（见表 1）及 86 个末端指标。其中，二级指标分别为规划计划、重大决策预公开、规范性文件、政策解读、惠企政策、自贸区介绍、机构信息、负面清单、信息公开年报、统计数据公开、建议提案办理结果公开、制度创新、涉企补贴资金、网站建设、新媒体建设、互动平台建设、渠道畅通性、回复及时性、答复形式规范、答复内容规范。

表1　2022年自贸区透明度指数评估指标体系

一级指标	二级指标
决策公开	规划计划
	重大决策预公开
	规范性文件
	政策解读
	惠企政策
管理和服务公开	自贸区介绍
	机构信息
	负面清单
执行和结果公开	信息公开年报
	统计数据公开
	建议提案办理结果公开
	制度创新
	涉企补贴资金
平台建设	网站建设
	新媒体建设
	互动平台建设
依申请公开	渠道畅通性
	回复及时性
	答复形式规范
	答复内容规范

2. 自贸区片区评估指标

自贸区片区评估指标涉及决策公开、管理和服务公开、执行和结果公开、平台建设、依申请公开5项一级指标，共涵盖30个二级指标（见表2）及149个末端指标。其中，二级指标分别为规划计划、重大决策预公开、规范性文件、政策解读、惠企政策、机构信息、权责清单、负面清单、财政公开、中介服务事项清单、证明事项清单、行政事业性收费清单、告知承诺制事项目录、

"证照分离"改革事项清单、行政处罚公开、行政许可公开、"双随机、一公开"监管、重大项目公开、信息公开工作年报、统计数据公开、涉企补贴资金、建议提案办理结果、试点成果、网站建设、新媒体建设、互动平台建设、渠道畅通性、回复及时性、答复形式规范、答复内容规范。

表 2　2022 年自贸区片区透明度指数评估指标体系

一级指标	二级指标
决策公开	规划计划
	重大决策预公开
	规范性文件
	政策解读
	惠企政策
管理和服务公开	机构信息
	权责清单
	负面清单
	财政公开
	中介服务事项清单
	证明事项清单
	行政事业性收费清单
	告知承诺制事项目录
	"证照分离"改革事项清单
执行和结果公开	行政处罚公开
	行政许可公开
	"双随机、一公开"监管
	重大项目公开
	信息公开工作年报
	统计数据公开
	涉企补贴资金
	建议提案办理结果
	试点成果

续表

一级指标	二级指标
平台建设	网站建设
	新媒体建设
	互动平台建设
依申请公开	渠道畅通性
	回复及时性
	答复形式规范
	答复内容规范

（三）评估方法

项目组以各自贸区和自贸区片区的网站平台、微信平台和微博平台为依据，采集评估指标体系中各项信息的公开情况。数据采集区间为2024年4月1日至2024年6月30日。其中以网站平台为主要数据来源和评估依据，微信平台与微博平台仅作为平台建设情况版块部分的评估数据来源。

三 评估总体结果

（一）自贸区评估结果

对末端指标达标率的统计显示，22家自贸区中达标率在80%以上的有2家，分别为中国（上海）自由贸易试验区和中国（广东）自由贸易试验区。达标率在70%—80%（包含70%但不包含80%）的有1家，为中国（天津）自由贸易试验区。达标率在60%—70%（包含60%但不包含70%）的自贸区有3家，分别为中国（福建）自由贸易试验区、中国（陕西）自由贸易试验区、中国（湖南）自由贸易试验区。达标率在50%—60%（包含50%但不包含60%）的有3家，分别为中国（浙江）自由贸易试验区、中国（云南）自由贸易试验区、中国（北京）自由贸易试验区。达标率在40%—50%（包含40%但不包含50%）的有11家，分别为中国（安徽）自由贸易试验区、中国（黑龙江）自由贸易试验区、海南自由贸易港、中国（山东）自由贸易试验区、中国（广西）自由贸易试验区、中国（河北）自由贸易试验区、中国（河南）自由贸易试验区、中国（四川）自由贸易试验区、中国（辽宁）自由贸易试验区、中国（湖北）自由贸易试验区、中国（重庆）自由贸易试验区。达标率在20%—40%（包含20%但不包含40%）的有2家，分别为中国（江苏）自由贸易试验区和中国（新疆）自由贸易试验区（见图1）。

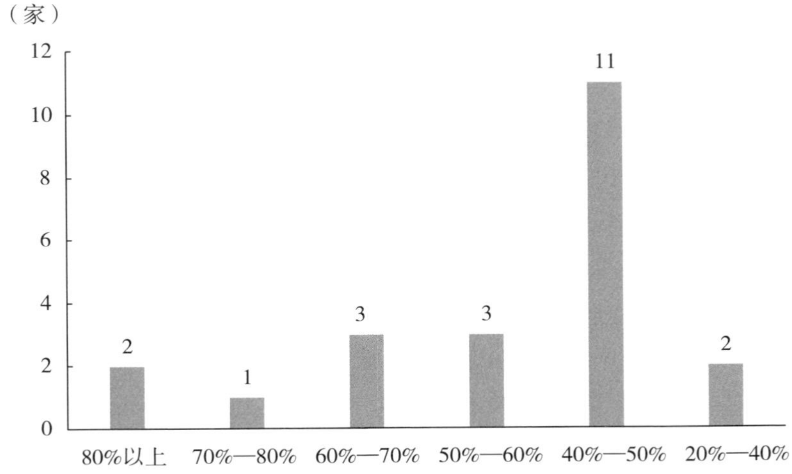

图1　自贸区末端指标100%达标率结果分布区间统计

（二）自贸区片区的评估结果

对末端指标达标率的统计显示。其中，52家自贸区片区中达标率在80%以上的有3家，分别为中国（湖北）自由贸易试验区武汉片区、中国（广东）自由贸易试验区广州南沙新区片区、中国（福建）自由贸易试验区平潭片区。达标率在70%—80%（包含70%但不包含80%）的有11家，分别为中国（上海）自由贸易试验区临港片区、中国（天津）自由贸易试验区滨海新区中心商务片区、中国（上海）自由贸易试验区保税片区、中国（上海）自由贸易试验区金桥开发区、中国（重庆）自由贸易试验区两江片区、中国（陕西）自由贸易试验区西安国际港务区片区、中国（上海）自由贸易试验区陆家嘴金融片区、中国（上海）自由贸易试验区张江高科技片区、中国（辽宁）自由贸易试验区营口片区、中国（上海）自由贸易试验区世博片区、中国（辽宁）自由贸易试验区大连片区。达标率在60%—70%（包含60%但不包含

70%）的有7家，分别为中国（江苏）自由贸易试验区南京片区、中国（广东）自由贸易试验区深圳前海蛇口片区、中国（天津）自由贸易试验区天津港片区、中国（福建）自由贸易试验区厦门片区、中国（广东）自由贸易试验区珠海横琴新区片区、中国（天津）自由贸易试验区天津机场片区、中国（浙江）自由贸易试验区舟山片区。达标率在50%—60%（包含50%但不包含60%）的有4家，分别为中国（广西）自由贸易试验区南宁片区、中国（四川）自由贸易试验区成都天府新区片区、中国（广西）自由贸易试验区钦州港片区、中国（福建）自由贸易试验区福州片区。达标率在40%—50%（包含40%但不包含50%）的有3家，中国（广西）自由贸易试验区崇左片区、中国（四川）自由贸易试验区川南临港片区、中国（辽宁）自由贸易试验区沈阳片区。达标率在30%—40%（包含30%但不包含40%）的有6家，中国（河南）自由贸易试验区郑州片区、中国（陕西）自由贸易试验区杨凌示范区片区、中国（山东）自由贸易试验区济南片区、中国（河北）自由贸易试验区正定片区、中国（湖北）自由贸易试验区襄阳片区、中国（陕西）自由贸易试验区中心片区。达标率在30%以下（不包含30%）的有18家，分别为中国（黑龙江）自由贸易试验区黑河片区、中国（山东）自由贸易试验区青岛片区、中国（河北）自由贸易试验区曹妃甸片区、中国（云南）自由贸易试验区德宏片区、中国（湖南）自由贸易试验区长沙片区、中国（四川）自由贸易试验区成都青白江铁路片区、中国（河北）自由贸易试验区大兴机场片区、中国（安徽）自由贸易试验区蚌埠片区、中国（河南）自由贸易试验区开封片区、中国（湖南）自由贸易试验区岳阳片区、中国（湖南）自由贸易试验区郴州片区、中国（河北）自由贸易试验区雄安、中国（云南）自由贸易试验区昆明、中国（山东）自由贸易试验区烟台片区、中国（安徽）自由贸易试验区芜湖片区、中国（黑龙江）自由贸易试验区绥芬河片区、中国（江苏）自由贸易试验区连云港片区、中国（安徽）自由贸易试验区合肥片区（见图2）。

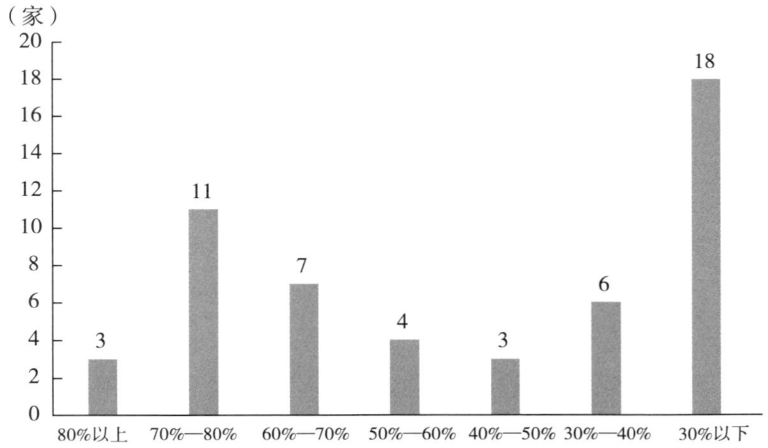

图2 自贸区片区末端指标100%达标率结果分布区间统计

（三）自贸区政务公开总体情况

1. 各自贸区末端指标达标率水平较高，但分层现象仍需改善

总体来看，部分对象的末端指标完成情况较好，但仍出现了明显的分层现象。虽有少数对象达到了80%以上的高标准，但大多数自贸区和自贸区片区的达标率仍集中在达标率不高的某些区间，这表明自贸区和自贸区片区在末端指标的执行上还有较大的提升空间，亟须进一步优化政务公开水平，以实现更高的末端指标达标率，推动自贸区政务公开工作高质量发展。

其中，有2家自贸区和3家自贸区片区的完成情况达到了80%以上的高标准。2家自贸区分别为中国（上海）自由贸易试验区和中国（广东）自由贸易试验区；3家自贸区片区分别为中国（湖北）自由贸易试验区武汉片区、中国（广东）自由贸易试验区广州南沙新区片区和中国（福建）自由贸易试验区平潭片区。大部分自贸区和自贸区片区的达标率集中在40%—60%之间和60%—80%之间，涉及的对象分别有17家和13家。

2. 各自贸区发展水平呈现出地域性差距

从各自贸区的发展趋势来看，地域间的发展水平呈现出较大差距。在经济发展水平较高的地区，例如，中国（上海）自由贸易试验区、中国（广东）自由贸易试验区、中国（天津）自由贸易试验区、中国（福建）自由贸易试验区在政务公开方面表现突出，与经济发展水平较平缓的地区相比公开水平较高。同时，从南北方区域位置来看，达标率位列前茅的10家自贸区中，南方地区占7家，北方地区占3家。前5家自贸区中位于北方地区的自贸区有2家；相较于前两年度评估结果，跻身前十名位于北方地区的自贸区3家自贸区仍然是上两年度评估报告中跻身进前十名的评估对象。

总体来看，自贸区透明度建设地域差距明显，特别体现在经济发达地区与欠发达地区之间，以及南北地区之间。经济发展较好和战略地位显著的自贸区，在政务公开方面表现更为突出，例如，上海作为长江经济带的龙头城市，广东作为粤港澳大湾区建设的核心省份，福建作为21世纪“海上丝绸之路”的重要区域，天津作为京津冀协同发展的关键城市，这些地区都得益于其较高的经济发展水平和重要的区域战略地位，因此在自贸区政务公开方面取得了显著的成绩。此外，南方地区的自贸区政务公开整体表现优于北方地区，这进一步凸显了区域间发展不平衡的现象。

3. 自贸区政务公开平台建设成效显著，但仍需优化提升

相较于2022年度，2023年度各自贸区的评估结果出现了积极的变化。评估发现，自贸区政务公开平台建设取得明显进展，例如中国（广东）深圳前海蛇口片区建设了“惠企政策”信息发布的专栏专区，此举将有效促进涉企优惠政策的及时发布与更新，确保公众能够迅速获取相关信息，不仅加强了信息的时效性，也增强了政策的普及性和可及性。

四 决策公开迈入更高层次阶段，但公开文件质量有待提升

决策公开作为自贸区网站建设的核心组成部分，对公众和企业而言，是获取自贸区政策导向的关键，也是确保商业投资行为具备可预见性的基础。一个健全的决策公开机制，不仅能够增强政策的透明度，还能够为自贸区内的经济市场注入源源不断的活力，促进经济的繁荣发展。因此，构建一个开放、透明的决策公开平台，对于营造一个高透明度的自贸区经济环境至关重要。

1. 决策公开工作取得的进展

评估显示，自贸区现阶段在规范性文件公开、政策解读、总体发展规划、决策预公开方面都有比较突出的表现。

（1）规范性文件公开情况良好。评估显示，有 18 家自贸区设置了规范性文件专栏，占 81.82%，且专栏大多数位于网站明显位置，便于公众查找检索信息。值得一提的是，专栏内公开的规范性文件类型丰富，涵盖跨境业务、招商投资、产业促进、区域创新和人才引进各类文件，其中以上五种类型的政策性文件均发布的有 16 家，占 72.73%。另外，为了考察文件上网的及时性，项目组对这 22 家自贸区的文件发布时间进行了抽查（随机抽查 3 件），发现有 10 家自贸区在被抽查文件成文后的 20 个工作日内，及时将文件公布上网：8 家自贸区存在部分被抽查文件公开不及时的情况，还有 4 家自贸区被抽查的文件发布时间均不及时。从当前结果来看，各自贸区的主要努力方向应当从单一的信息公开逐步过渡到更为深入的公众数据共享。这不仅意味着要高效且及时地向投资者传递关键政策和市场动态，而且还要通过这种方式激发投资者的信心和热情，从而推动自贸区经济市场的快速增长和区域经济的繁荣发展。

同时，政策解读是公众理解政策内容的重要方式，有助于自贸区内的政策落地实施。评估显示，22 家自贸区门户网站中，只有 4 家自贸区门户网站没有设置政策解读公开专栏，在设置了政策解读公开专栏中的 18 家中，有 11 家自贸区门户网站的 2023 年度政策解读类文件数量超过 6 件，占 61.11%；还有 4 家自贸区门户网站在专栏公布了 2023 年度的政策解读类文件，占 22.22%。在政策解读的形式方面，有 6 个自贸区有 3 种及以上的政策解读形式，占 33.33%；3 个自贸区有两种政策解读形式，占 16.67%。其中，有 3 种及以上政策解读形式的 6 家自贸区分别为中国（上海）自由贸易试验区、中国（广东）自由贸易试验区、中国（天津）自由贸易试验区、中国（福建）自由贸易试验区、中国（四川）自由贸易试验区、中国（陕西）自由贸易试验区、政策解读形式多为图片和文字，其中文字有专家解读、问答收集的形式，问答式的解读用通俗易懂的语言对政策法规进行解读，更有利于民众与企业对政策内容加以理解。

同时，自贸区片区的政策解读公开情况也有待改善。根据评估结果，52 家自贸区片区门户网站中，有 45 家自贸区片区在门户网站设置政策解读公开专栏，占 86.54%。在这 45 家自贸区片区中，进一步公开了 2023 年度政策解读类文件的有 40 家，其中有 23 家发布了超过 6 件的政策解读类文件，剩余 17 家在门户网站专栏发布了 2023 年度的政策解读类文件。如中国（广东）自由贸易试验区广州南沙新区片区、中国（河北）自由贸易试验区雄安片区。在政策解读的形式方面，有23家自贸区片区有3种及以上的政策解读形式，占44.23%，有12家自贸区片区有两种及以上的政策解读形式，占23.08%。

（2）自贸区总体发展规划明确，自贸区片区规划计划公开程度待提升。自贸区总体发展规划是一项至关重要的战略行动，也是实现长期稳定发展的关键所在，它不仅为自贸区的未来发展绘制了蓝图，还确立了清晰的指导方针和目标。参与评估的22家自贸区都通过门户网站公开了各自的整体发展规划，实现了100%的透明度。项目组进一步观察52家自贸区片区网站，其中有43家对外公布了本片区的整体发展规划，占比高达82.69%。

在22家自贸区中，有3家自贸区设置了规划计划专栏，分别为中国（福建）自由贸易试验区、中国（广东）自由贸易试验区、中国（新疆）自由贸易试验区；同时，在52家自贸区片区中，门户网站设置了规划计划公开专栏的增加至36家，且各自门户网站专栏内公开了本区域内专项规划、区域规划、项目计划等相关政策，使公众更清楚自贸区的政策定位。与上一年度评估结果相比，自贸区片区在专栏建设方面的表现持续优于自贸区，显示出更高的专栏建设比例，这表明自贸区片区在信息公开和透明度提升方面取得了显著进步。

（3）自贸区公开惠企相关政策有利于市场主体清楚了解政府提供的各种优惠措施，使其能够根据公开的政策信息做出合理的经营决策，降低市场主体的制度性交易成本。评估发现，在22家自贸区中，有8家自贸区公开设置了惠企政策专区，占36.36%；在52家自贸区片区中，有22家自贸区片区设置了惠企政策专区，占42.31%。

（4）决策预公开和草案公开与意见征集工作比较到位，决策预公开是优化营商环境、提升国家治理能力、增强政府公信力的重要措施，对于建设公平、开放、透明的市场环境具有重要意义。评估显示，在22家自贸区中有16家自贸区门户网站公开了过往相关决策草案或征求意见，并且在草案公开通知中明确了意见征集的渠道，占72.73%；52家自贸区片区中则有35家在门户网站公开了过往相关决策草案或征求意见，占67.31%，在公开的35家有21家自贸片区公布了草案解读，其中有15家公布了意见汇总和采纳情况。

2. 决策公开工作中面临的问题

（1）规划计划专栏建设情况亟须优化。

自贸区年度计划公开情况及规划计划专栏设置情况亟待提升，仍有多数自贸区未设置规划计划专栏、未公开年度发展计划。在规划、计划专栏设置一项中，有 19 家自贸区未设置规划公开专栏，有 11 家自贸区未公开 2023 年度发展计划，分别占 86.36% 和 50.00%。

参与评估的 52 家片区中，36 家自贸区片区网站设置了规划、计划专栏，占 69.23%；相比上年度结果，2024 年增加至 12 家自贸区片区公布了 2023 年度发展计划，占 23.08%。

（2）文件上网及时性有待改善。

规范性文件及时上网能够让公众快速了解自贸区的优惠政策和发展方向。评估发现，部分评估对象信息公开流于形式，存在信息公开不及时的情况。项目组通过随机抽查 3 个规范性文件上网情况对规范性文件公开的及时性进行评估。评估发现，仅有 10 家自贸区网站的抽查样本均在文件成文后 20 个工作日内及时上网，占 45.45%；有 8 家自贸区网站在 3 个抽查样本中有 1 个文件上传不及时，占 36.36%；4 家自贸区抽查的文件上传都不及时，占 18.18%。

各自贸区片区情况类似，在随机抽查的 3 个规范性文件上网情况中，有 36 家自贸区网站的抽查样本均在文件成文后 20 个工作日内及时上网，占 69.23%；有 9 家自贸区网站在 3 个抽查样本中有 1 个文件上传不及时，占 17.31%；6 家自贸区网站在 3 个抽查样本中有 2 个文件上传不及时，占 11.54%；6 家自贸区抽查的文件上传都不及时，占 11.54%。

五　重视管理服务公开，但事项清单公开水平待提升

1. 管理和服务公开工作取得进步

（1）自贸区简介信息公开水平较高。

自贸区通过公开简介信息，公开各自的产业定位和发展计划，介绍各自的政策优势、投资信息和激励措施，可以吸引国内外企业和机构全面了解自贸区的营商环境，有助于国内外投资者积极寻求与自贸区的合作，评估发现，有 22 家自贸区都对本区总体情况及特色项目进行了介绍，并对本区下辖自贸区片区情况进行了介绍，占 100%。其中，中国（福建）自由贸易试验区、中国（陕西）自由贸易试验区、海南自由贸易港、中国（天津）自由贸易试验区、中国（广西）自由贸易试验区和中国（河北）自由贸易试验区对本区、下辖片区和本区特色项目均进行了介绍，公开的信息覆盖面较为广泛。

（2）领导信息公开情况较好。

公开自贸区领导的信息有助于公众和投资者更好地对自贸区的日常工作进行监督。评估结果显示，大部分自贸区都公开了领导信息。在22家自贸区中，有13家说明了领导信息，占59.09%。其中，中国（浙江）自由贸易试验区、中国（福建）自由贸易试验区和中国（上海）自由贸易试验区公开的领导信息较为全面，包括领导姓名、领导职务、领导经历和分管事项。

值得积极肯定的是，在被评估的52家自贸区片区中，有43家公开了领导信息，占82.69%，同比增长38.71%。其中，有36家自贸区片区在其门户网站公开了领导的全部信息，包括领导姓名、领导职务、领导经历和分管事项，占69.23%。从公开项上看，领导职务信息的公开情况比领导姓名和分管事项信息的公开情况更好，有40家自贸片区公开了领导职务信息，有38家自贸片区公开了领导姓名、37家自贸片区公开了领导的分管事项，分别占76.92%、73.08%、71.15%。

（3）机构设置相关信息公开情况整体上是积极的。

自贸区公开机构设置相关信息，显著提升了社会公众和企业投资者基于自身需求向相关机构咨询信息和办理业务的效率。有利于优化政务服务，增强公众的满意度和获得感。经评估发现，在22家自贸区中，有17家说明了机构设置信息，并且进一步说明了机关职能，占77.27%。

在片区方面，有39家自贸区片区对机构设置进行了说明，同时，也对机关职能进行了一定程度的说明，占75.00%。其中，有33家自贸区片区公示了机构联系方式，29家自贸区片区公示了各机构负责人姓名，32家自贸区片区公示了各机构办公地址和办公时间；有20家自贸区片区完整地公布了机构设置有关信息，包括机构职能、联系方式、各机构负责人、办公地址和办公时间等；有18家自贸区片区公开了政府人事变动信息。

（4）财政信息公开情况相对较好。

财政公开是政府积极拥抱社会监督的关键环节，它构成了自贸区政府网站依法必须主动公开信息的核心部分。评估结果显示，各自贸区的财政信息公开情况较好。34家自贸区片区设置了财政预决算公开专栏，占65.38%。32家自贸区片区公开了本区2024年财政预算报告，28家自贸区片区公开了本区2023年财政决算报告，35家自贸区片区公开了“三公”经费情况，分别占61.54%、53.85%、67.31%。有25家自贸区片区公开的财政信息全面、详细，设置专栏公开了 2024 年财政预算报告、2023 年财政决算报告以及公开招标公示信息和“三公”经费在内的全部内容。

（5）中介服务事项清单公开情况进步显著。

中介服务事项清单公开有利于提高自贸区服务的可及性和便利性。评估结果显示，在 52 家自贸区片区网站中，有 23 家片区公开了中介服务事项清单，占 44.23%。内容方面，有 16 家片区公开了中介服务事项清单的全部信息，包括项目名称、设定依据、中介服务时限和收费标准。其中，有 23 家片区公开了中介服务事项的项目名称，有 16 家片区公开了中介服务事项的服务时限，有 16 家片区公开了中介服务事项的收费标准。

2. 管理和服务公开工作中仍有待突破的瓶颈

（1）自贸区人事变更信息公开情况不理想。

政府人事变更信息反映自贸区工作动态。在 22 家自贸区中，仍仅有中国（上海）自由贸易试验区 1 家在网站上公开了人事变更信息，但仅公布了部分领导小组组成单位和人员变化，未公布其他的人事变更信息。在 52 家自贸区片区中，有 18 家在网站上公开了人事变更信息，占 34.62%。

（2）负面清单发布情况不理想。

公开负面清单是优化营商环境的关键措施，通过提高政策透明度和市场准入的公平性，激发市场活力，降低企业成本，提升行政效率，从而促进自贸试验区高质量发展。评估结果显示，在数据采集截至目前，只有少数自贸区网站公开了负面清单。22 家被评估对象中有 6 家发布了 2022 年版市场准入负面清单，仅有 7 家自贸区发布了 2022 年版外商投资负面清单，占 31.82%。

在被评估的 52 家自贸区片区中，有 15 家片区发布了 2022 年版市场准入负面清单，占 28.85%，13 家片区发布了 2022 年版外商投资负面清单，占 25.00%。且在这 15 家片区中，负面清单发布的及时性及可读性有待提升。

（3）权责清单公开程度不足。

公开权责清单对于规范政府权力、提高自贸区政府治理效率具有重要意义。它不仅是自贸区政府推进治理体系和治理能力现代化的关键步骤，也是全面深化改革的重要切入点。评估发现，有 27 家自贸区片区公开了权责清单。其中 2 家自贸区片区权责清单需要跳转至当地政务网才能查看，11 家自贸区片区未能做到在权责清单公开后 20 个工作日内上网。

从公开的权责清单内容来看，已公开权责清单的完整度较低。27 家公开权责清单的片区中，仅17家片区完整公开了权力名称、设定依据、行使主体、责任事项、责任形式五项内容，占全部被评估片区的32.69%；2家片区公开了其中的四项内容，占3.85%；2家片区公开了其余三项内容，占3.85%；1家片区公开了其余两项内容，占1.92%；4家片区仅公开了剩余一项内容，占7.69%。

（4）政府采购信息的披露需要进一步提升。

公开政府采购信息为公众提供了监督政府采购活动的窗口，增强了采购过程中的公平竞争。评估显示，自贸区采购相关信息公开情况较差，尤其是在政府采购项目和政府采购合同方面，存在完全未公开或只公开几个敷衍了事的情况。具体而言，有29家自贸区片区公开了2024年政府采购项目，占55.77%，其中有4家需要跳转至当地政府网站等其他网站才能查看；17家自贸区片区公开了2023年政府采购合同，占32.69%，其中2家需要跳转至其他网站查看；28家自贸区片区公开了招标公示信息，占53.85%，其中3家需要跳转至其他网站查看。

（5）证明事项清单的公开化程度需要进一步提高。

公开证明事项清单不仅简化了群众办事流程，还增强了政府透明度，为营造更加公平、高效、透明的政务环境提供了有力支撑。评估结果显示，22家自贸区片区公开了证明事项清单，占42.31%。从证明事项清单的内容来看，设定依据、开具单位、索要单位、办理指南四项中，公开的证明事项清单包含四项的有9家，占被评估对象总数的17.31%；证明事项清单包含其中三项的有3家，占5.77%；证明事项清单包含其中一项的有4家，占7.69%。

（6）行政事业性收费公开尚不完善。

公开行政事业性收费目录清单是规范行政机关收费行为、明确收费权限的重要手段，有助于从根本上遏制行政机关随意收费的现象。52家自贸区片区中，23家公开了行政事业性收费目录清单，占44.23%，其中有3家需要跳转至其他网站才能查看。在公开了行政事业性收费目录清单的自贸区片区中，有18家完整公开了包括收费项目、收费依据、收费标准在内的清单，有23家自贸区片区公开了收费项目清单，有23个自贸区片区公开了收费依据，有18家自贸区片区公开了收费标准这一项内容。

六 涉企补贴资金相关政策文件公开情况较好，但执法结果信息公开不理想

1. 执行和结果公开工作中的突出亮点

（1）涉企补贴资金相关政策文件公开情况较好。

公开涉企补贴资金相关政策文件有助于企业根据企业情况、市场变化和政策规定合理规划和申请补贴资金，提高资源配置效率、优化营商环境。在被评估的22家自贸区中，有11家自贸区设置了惠企政策专区，占50.00%；在被评估的52家自贸区片区中，有11家自贸区片区设置了惠企政策专区，占21.15%。

（2）政府信息公开工作年度报告发布情况良好。

公开政府信息公开工作年度报告能够向社会公众展示自贸区这一年以来的信息公开工作整体情况，也是《政府信息公开条例》所规定的、政府应当履行的义务。在被评估的52家自贸区片区中，有33家自贸区片区设置了信息公开年报专栏，占63.46%，在22家自贸区中，有5家自贸区设置了信息公开年报专栏，占22.73%。其中，有29家自贸区片区公开了2023年信息公开年度报告，占55.76%，有4家自贸区公开了2023年信息公开年度报告。

（3）自贸区片区公开创新试点相关信息程度较高。

多维度、高标准的制度创新试点信息发布有助于自贸区全面释放改革和开放带来的利益。评估发现，在52家自贸区片区中，所有的片区均公开了创新试点方案、创新制度，实现了100%的公开率。其中，有43家自贸区片区公开了试点成果，占82.69%。从总体上来看，自贸区片区在推动信息透明化和政策共享方面做出了积极的努力，为公众和市场参与者提供了全面了解自贸区创新动态的渠道。

2. 执行和结果公开工作中存在的问题

（1）行政处罚公开程度有待提高。

行政处罚信息的公开能够让公众更好地监督行政权力，确保信息公开成为加强行政监督的重要手段。评估发现，自贸区片区行政处罚公开情况有所改善，但仍存在一些不足。首先是行政处罚专栏的设置，52家自贸区片区中有21家自贸区片区设置了行政处罚专栏，占40.38%。其次，在公开行政处罚决

定文件方面，24 家自贸区片区能够做到公开行政处罚决定文件，占 46. 15%。

从公开的行政处罚文件内容来看，有 18 家自贸区片区公开的文件要素完整，占 34. 62%，其他自贸区片区公开的内容需要进一步细化完善。其中，有 35 家未公开行政处罚决定书文号，36 家未公开案件名称，39 家未公开行政相对人统一社会信用代码。

同时，部分自贸区片区的行政处罚申诉、救济渠道公开情况有待提高。有 16 家公开了行政复议、行政诉讼、投诉渠道，其余 37 家均未进行公开。

（2）双随机信息公开水平仍需改善提高。

"双随机、一公开"是政府深化职能转变、推动监管创新、提升服务质量的战略举措，对于加强监管体系的完整和有效起着决定性作用。

评估显示，部分被调研对象在网站设置专栏集中公布"双随机、一公开"相关信息。有 15 家自贸区片区设置了监管公开专栏，便于查找相关信息。但从随机抽查事项清单公开一项来看，公开结果有待提高。在 52 家自贸区片区中，有 18 家公开了随机抽查事项清单，其中仅有 6 家公开的随机抽查事项清单要素完整，其余片区则存在公开内容不全面的问题。

（3）自贸区政府信息公开年报的公开情况有待提升。

政府信息公开年报不仅是全面展现政府信息公开工作情况的重要途径，更是加强政务公开信息管理、展现政府工作成效的关键工具。评估发现，各自贸区的政府信息公开年报的编制和发布工作仍然需要提升。在 22 家自贸区中，只有 5 家设置了信息公开年报专栏，占 22. 73%；4 家公布了 2023 年信息公开工作年报，占 18. 18%。自贸区片区政府信息公开年报的制发情况相对较好。在 52 家自贸区片区中，33 家设置了信息公开年报专栏，占 63. 46%；29 家公开了 2023 年信息公开工作年报，占 55. 77%。

（4）发挥统计数据的"晴雨表"功能。

统计数据作为自贸区经济运行的晴雨表，能直观地反映自贸区经济活动，是市场主体洞察自贸区市场动态、把握经济趋势的重要依据。评估显示，各自贸区在统计数据公开上工作并不到位。在 22 家自贸区中，设置统计专栏数据的有 8 家，占 36. 36%，其中有 6 家在专栏完整公开了 2023 年的经济运行情况数据，分别是中国（上海）自由贸易试验区、中国（广东）自由贸易试验区、中国（福建）自由贸易试验区、中国（浙江）自由贸易试验区、中国（陕西）自由贸易试验区、中国（湖南）自由贸易试验区。

52 家自贸区片区的统计数据公开总体情况略好于自贸区。在 52 家片区中，有 22 家设置了统计数据专栏，占 42.31%，其中有 14 家在专栏完整公开了 2023 年及 2022 年的经济运行情况数据，占全部被评估对象的 26.92%。

（5）建议提案办理结果公开有较大提升空间。

《国务院办公厅关于做好全国人大代表建议和全国政协委员提案办理结果公开工作的通知》中明确指出，对于经审查可以公开的建议和提案办理复文，应采用主动公开的方式予以公开，尤其要发挥政府网站信息公开平台的重要作用，集中展示建议和提案办理结果信息，方便公众查阅。但各自贸区在此项工作上完成情况较差。评估结果显示，在 22 家自贸区中，只有中国（上海）自由贸易试验区 1 家公开了本单位 2023 年度人大代表建议办理的总体情况，同时也公开了 2022 年度政协委员提案办理的总体情况。在 52 家被评估的自贸区片区中，仅 9 家公开了 2023 年度人大代表建议办理总体情况，9 家公开了 2023 年度政协委员提案办理总体情况。

七 以平台建设加强公开与互动，但网站建设仍需改善

1. 平台建设工作中的亮点

（1）网站平台建设完善，利企便民程度较高。

自贸区网站作为信息公开和服务提供的中心枢纽，是公众获取信息以及办理事务的重要途径。评估显示，22 家自贸区已全部建设自己网站，占 100%，网站建设情况总体较好；20 家自贸区在网站中设置了直达下辖片区网站的链接，占 90.91%；19 家自贸区网站设置有信息检索功能且功能正常，便于公众通过关键词获取自己想要的信息。被评估的 52 家自贸区片区都建设有独立的自贸区片区网站，占 100%。

（2）新媒体建设情况较好。

新媒体在信息公开方面有着便捷、快速等多方面优势。评估显示，自贸区新媒体平台建设情况总体较好。在 22 家自贸区总区中，有 19 家自贸区在网站上显示其新媒体平台的入口链接或其他进入方式，其中有 22 家能够及时在新媒体平台上更新信息。在 52 家自贸区片区中，有 43 家在网站上显示其新媒体

平台的入口链接或其他进入方式，其中有46家能够及时在新媒体平台上更新信息。

（3）政企民沟通平台建设程度较高。

政企民沟通平台是政府和企业、社会公众联系的关键桥梁，其建设的完善对于促进双方的互动至关重要。在22家自贸区总区中，有19家总区在网站设置了政企民沟通平台或建言献策渠道，有22家公开了服务热线电话，分别占86.36%和100%。在52家自贸区片区中，48家在网站设置了政企民沟通平台或开通了建言献策渠道，50家公开了服务热线电话，分别占92.31%和96.15%。

2. 网站功能的不完善影响了信息公开的深度和广度

（1）投诉渠道建设不到位。

建设畅通的投诉、举报渠道有助于广泛地收集民意，有利于进一步解决人民群众的"急难愁盼"。评估发现，有12家自贸区和38家自贸区片区建立了网络投诉平台，分别占54.55%和73.08%，自贸区投诉渠道的建设还需要进一步提升与完善。

（2）网站功能仍需强化。

自贸区网站的顺畅运行对于公众获取关键信息至关重要，它直接影响着管理服务的透明度和公众的服务体验。评估发现，仅有3家自贸区、6家自贸区片区网站的信息检索功能无法使用，例如，中国（浙江）自由贸易试验区网站未设置信息检索功能，不能对所需信息进行检索，并且部分自贸区及自贸区片区的网站并未设置无障碍功能，这对部分群体来说是不够友好的，网站建设应不断追求提升用户体验，朝着更加人性化和智能化的方向发展。

八 依申请公开工作仍面临共性问题的挑战

依申请公开作为信息公开的重要途径，能够更好地满足公众对政府信息的个性化需求，弥补主动公开信息的不足，有助于提升政府工作的透明度。但在评估过程中发现依申请公开仍面临诸多问题。

（1）依申请公开渠道建设不到位。

评估发现，多数自贸区设置了依申请公开渠道，在22家自贸区中，有18

家自贸区有明确的依申请公开渠道，在 52 家自贸区片区中，有 44 家自贸区片区有明确的依申请公开渠道，分别占 81.82% 和 84.62%。揭示了自贸区片区在依申请公开渠道的建设方面，相较于自贸区展现出更为成熟和完善的发展态势。

（2）多数单位依申请公开渠道不畅。

评估发现，多家自贸区的依申请公开渠道并不顺畅，甚至还有一些单位的渠道因为存在障碍导致申请难以进行，主要包括以下几个方面。

首先是申请单位的确定存在困难。在被评估的 22 家自贸区中，多数自贸区在政府信息公开申请的指引方面存在一定的不足，未能清晰告知申请人应向哪个具体机构提出申请以及具体的申请流程，这无疑给申请人带来了不小的挑战。项目组在实际操作中发现，尽管多数自贸区并未设立专门的受理机构，而是通过商务厅来接收和处理相关申请，但当申请内容超出商务信息范畴时，商务厅往往会建议申请人向其他相关部门提出申请，这样的做法在一定程度上增加了申请人的负担。以某自贸区片区为例，其官网公布了申请方式，但在成功申请后工作人员却联系申请人要求申请人撤销申请，表示网站即将下线，但并未告知申请人其他申请途径，使申请人难以明确申请主体，这无疑使得政府信息公开申请过程变得极为复杂和困难。

其次是网站功能不全。评估发现，自贸区和自贸区片区中多数单位建立了本单位的独立网站，但是网站中的功能却并不完整，如已经在某自贸区成功进行信息公开申请，但在成功申请后却查询不到相关申请信息，网站系统建设不完善。

（3）部分单位答复不及时或未答复。

评估发现，自贸区的政府信息公开申请中，在申请成功的情况下，有 4 家单位仍未在法定期限内进行答复，未答复率为 18.18%。在自贸区片区的政府信息公开申请中，有 10 家自贸区片区未按期答复，占 19.23%。

（4）答复形式规范性有待提高。

评估发现，在做出了答复的自贸区和自贸区片区中，多数单位提供的答复形式并不规范。在 22 家自贸区中有 2 家的答复方式未采用信函回复，在 52 家自贸区片区中有 3 家自贸区片区的答复方式并未采用信函回复，分别占 9.09% 和 5.77%；在 22 家自贸区中有 2 家自贸区的答复书要素不全缺少公章或文书编号，在 52 家自贸区片区中有 8 家自贸区片区的答复书要素不全缺少公章或文书编号，分别占9.09%和15.38%。

（5）答复内容不规范。

被申请单位在制作答复告知书时，应当遵循法律规定，明确告知申请人如对答复不满意，可以通过哪些途径寻求救济并列明救济渠道。在救济渠道的列举方面，自贸区中有中国（辽宁）自由贸易试验区在答复告知书中未列救济渠道，还有2家自贸区未列全救济渠道，没有明确列明复议机关或者有管辖权法院的具体名称，答复书要素不全；自贸片区中，有4家自贸片区在答复告知书中未列救济渠道，还有1家自贸区未列全救济渠道，综上，自贸区和自贸区片区中未列或未列全救济渠道的分别占13.64%和9.62%。

九 展望

《中共中央关于进一步全面深化改革　推进中国式现代化的决定》强调，进一步全面深化改革的总目标是继续完善和发展中国特色社会主义制度，推进国家治理体系和治理能力现代化，这与自贸区的建设初衷和目标高度契合。自贸区建设需要在新征程上继续围绕全面深化改革、扩大对外开放，探索更广领域、更深层次的制度创新。政务公开是法治建设的基础，是营商环境优化的重要路径，自贸区政务公开工作也应抓住机遇，提升质效，为构建透明可预期的自贸区对外开放环境发挥更大的作用。

首先，加强政务公开与政府管理的业务融合、推动政府工作规范高效。政务公开不仅仅是对外发布信息，还要向社会和公众准确传达政府管理的目标、策略，继而取得社会公众的认同、认可和支持。政务公开做得好不好以及是否可以有效帮助各级政府做好管理，不仅仅取决于有关信息是否公开、网站建设是否美观，更取决于所公开的信息是否真实反映了政府管理的实际以及所反映的政府管理的各方面事项是否符合法治要求、是否符合以人民为中心的宗旨。因此，政务公开能否切实助力政府工作，关键是要杜绝过去长期存在的就公开论公开的现象，并确保所有政府管理的过程和结果都是符合法治、经得起质疑和推敲的。

其次，做好自贸区法定主动公开事项目录编制工作、摸清家底做好规定动作。建议结合落实新时代政务公开工作要求的新形势，在原有政务公开全清单基础上，进一步梳理和更新法定主动公开事项目录，明确公开职责、权限、方式、方法等，以规范政务公开工作。

最后，推动政府管理和政务公开数字化转型、实现公开精准高效便捷。数字政府建设是国家信息化建设的重点任务，是数字赋能法治政府建设的重要环节。准确定位清单的服务对象，并用好数字化技术，实现清单数字化，结合政务办公系统、政务公开系统的优化，实现政务信息实时生成、同步更新、按需推送展示。抓住政府公报数字化转型的机遇，在原有政府公报电子化基础上，推动政府文件数据库建设，加快推进政府管理和政务公开的数字化转型。同时，结合辖区内企业数据库信息，对各类决策类信息细化标签化管理，利用信息及时实现对用户的精准推送，以确保提升各类信息的到达率。而且，要建好自贸区政府门户网站等公开平台，整合网站栏目，加强网站规划，提升网站检索高效智能化水平，方便公众便捷查询各类信息，并将信息化平台打造成自贸区最权威的信息源和知识库。